国家出版基金项目
NATIONAL PUBLICATION FOUNDATION

中华吉祥文化丛书

民间艺术卷

刘德龙 主编
潘文竹 著

泰山出版社 · 济南 ·

图书在版编目（CIP）数据

中华吉祥文化丛书．民间艺术卷 / 刘德龙主编；潘文竹著．-- 济南：泰山出版社，2020. 3
ISBN 978-7-5519-0581-7

Ⅰ．①中… Ⅱ．①刘… ①潘… Ⅲ．①中华文化－通俗读物 ②民间艺术－中国－通俗读物 Ⅳ．① K203-49 ② J12-49

中国版本图书馆 CIP 数据核字 (2020) 第 013377 号

ZHONGHUA JIXIANG WENHUA CONGSHU　MINJIAN YISHU JUAN

中华吉祥文化丛书　民间艺术卷

策　　划　葛玉莹
主　　编　刘德龙
著　　者　潘文竹
责任编辑　王艳艳
装帧设计　路渊源

出版发行　泰山出版社
　　社　　址　济南市泺源大街2号　邮编　250014
　　电　　话　综　合　部（0531）82023579　82022566
　　　　　　　市场营销部（0531）82025510　82020455
　　网　　址　www.tscbs.com
　　电子信箱　tscbs@sohu.com
印　　刷　东港股份有限公司
开　　本　170 毫米 × 240 毫米　16开
印　　张　21
字　　数　330 千字
版　　次　2020 年 3 月第 1 版
印　　次　2020 年 3 月第 1 次印刷
标准书号　ISBN 978-7-5519-0581-7
定　　价　50.00 元

总　序

吉祥，《说文解字》释曰："吉，善也。从士，从口"；"祥，福也。从示，羊声"。此外，吉祥又为梵语，音译作"室利""师利""尸利"，又称为"吉羊"，如吉祥果、吉祥草、吉祥物等，多用于释家。后来，它与中华民族向善向好的美好生活追求相融合，形成了别具特色的中华民族吉祥文化。

吉祥文化在我国影响很大，它深深融入民众生活，不但形成了多姿多彩的吉祥民俗事象，深刻影响着民众的生活、思维、心理、精神，还形成了大量的吉祥语言，丰富了我国各民族的传统文化。

一、吉祥文化的产生

在我国各民族丰富多彩的生产生活实践活动中，在我国历代文化典籍中，都留下了大量的吉祥语言和吉祥事象，成为我国众多民族文化遗产中别具民族特色的一朵奇葩。

吉祥文化是在民众丰富多彩的生产生活中产生、传播和使用的，表达了民众对美好幸福的追求和探索，也体现了民众趋利避害的心理。例如，在农业习俗中，农家以立春作为一年农作的开始，在立春这天，过去有鞭春牛的习俗，现在的习俗则是集体"出行"，放鞭炮，并象征性地刨一刨土，说一套吉利话："一刨金、二刨银、三刨刨了个聚宝盆。"在商业习俗中，开业时往往张贴"金日开业""开门大吉"等吉利语。

我国春秋时期已经有"万寿无疆""天子万寿""南山之寿"等吉祥语的记载。那时的典籍《易经》更被认为是中华吉祥文化集大成者，也是中华吉祥文化的重要源头。它通过测算、预测，再配合某些方法避害趋利。例如关于数字，《易经》中就将其分为吉祥运暗示数、次吉祥运暗示数、凶数运暗示数、首领运暗示数、财富运暗示数、艺能运暗示数、女德运暗示数、女性孤寡运暗示数、孤独运暗示数、刚情运暗示数、温和运暗示数等多种。《易经》认为，“一”最大最吉祥，是“太极”；“三”最佳，象征天地人融洽相处；“八”象征八卦；“五”“九”为九五之尊。“见龙在田”就是吉象，象征有可能遇见贵人，得到重用，走出徒有其志的困境。吉、利、永、贞、元、亨等字，也成为我国吉祥文化中最有典型吉祥意义的表述。

吉祥文化体现的心理和意识，来源于原始信仰。吉祥文化产生于古人对生活的不安全感。先民对大自然带来的一切灾难，对自身疾病、瘟疫和死亡充满迷惑和畏惧，为了寻找精神庇佑，就产生了万物有灵的观念，并且创造了图腾，用以凝聚力量，表达人们避邪求吉的心理，这就是原始信仰。原始信仰后来演化为复杂的民间信仰，形成对观音、财神、土地城隍及家神、自然神等这些臆想的神，以及神话中的人物，或者所谓的精灵等的信仰。古人把这些信仰的对象当成自己贿赂的对象，通过向它们烧香、磕头、许愿，让它们给自己带来利益，完全把崇拜对象看成是自己的保护神。民间信仰与禁忌十分庞杂，包括自然崇拜、动植物崇拜、神灵崇拜、巫术等，也包括民间原始宗教、道教、佛教，以及民间俗信等内容。

人们还赋予动植物以吉祥的象征。如以麒麟为仁兽，认为龙是中华民族的象征，凤为百鸟之王，龟象征尊贵、安闲、长寿。仙鹤、喜鹊、鸳鸯、鸽子、麋鹿、雄狮、猛虎、牛、马、大象、鲤鱼、蝴蝶、蜘蛛等，都被赋予吉祥美好的含义。而花草树木有花有果实，也能够表示吉祥意义，如梅、竹、松、南瓜、长春花、杞菊、槐、红豆、石榴、橘、佛手、芙蓉等。在生肖中，十二生肖都可以构成大量的吉祥用语，表达丰富美好的情感。又如，在端午节，人们把插艾和菖蒲作为节俗的重要内容之一。家家都洒扫庭除，以菖蒲、艾条插于门楣，悬于堂中。还用菖蒲、艾叶、榴花、蒜头、龙船花，制成人形或虎形，称为“艾人”“艾虎”；制成花环、佩饰，妇人争相佩戴，用以驱瘴。

早在几千年前的《诗经》等文学作品中就已经有了许多美好的词语，丰富了我国吉祥文化的审美宝库。它们通过名言警句、优美的篇章、美好的故事，成为吉祥文化重要的载体和重要的创新平台、传播渠道。

明清时期，我国吉祥文化发展到了高峰，突出表现在剪纸、年画、对联、建筑、陶瓷、玉器、菜名以及刺绣、印花、请安祝颂等事象中和社会交际生活的方方面面。

二、吉祥文化的展现

经过几千年中国传统文化的传承与发展，吉祥文化已经非常繁盛。吉祥文化广泛深刻地融入了大众生活，在节庆活动、衣食住行日常生活中，在语言交际、非语言交际过程中，在生产劳动、商贸往来中，在婚丧嫁娶、庆典仪式中，在宗教信仰、精神世界中，都蕴含着大量的吉祥文化因素。徐华龙先生在其《中国吉祥文化》一文中，将吉祥文化分为物体吉祥、行为吉祥、语言吉祥、文字吉祥和数字吉祥等五类。宁业高先生则在其《中国吉祥文化漫谈》一书中将吉祥文化分为语言文字吉祥、祝词贺语吉祥、人名称号吉祥、地舆政域吉祥、天文生物吉祥、时令人事吉祥、衣食住行吉祥等七类。

大量的吉祥语言、吉祥词语，构成了吉祥文化的主要内容。它包括文明礼貌语言、吉利话、誓语、寿福禄语、诫勉语、祈语、问候语、祝贺语、颂词、口彩语、谐音语、委婉语等，是中华民族吉祥文化的主要载体。例如，道光十七年（1837 年）《临清县志》载，旧时下催妆时男家向女家赠一雄鸡，迎亲时，女家将雄鸡配以雌鸡一同送还，俗称“长命鸡”。在给新人铺床时，要撒栗子、枣、花生于床的四周，并且配上一些口彩乞巧话，如“今年吃了栗子枣，明年生个大胖小儿”；娘家在女儿妆盒内也放些麸子、盐，寓贤惠、有福，也寓“福缘”；在送亲途中，队伍前有撒“大吉”帖的，“大吉”帖用四方红纸书一“吉”字，寓吉日良辰。

祭祀是民众生活中的重大活动。在祭品上，讲究三碗菜、三碗水饺，每碗三个水饺，顺“神三鬼四”之说以表示所敬者为“神”；把用榆树枝扎成的挂满纸钱的树状物叫“摇钱树”；烧祭用的纸叫“黄表”“元宝”“金锞子”；香折了忌说“断”，而说“存”。并且在祭奠时每每都有一套讨口彩的顺口溜，如祭灶时，就说“灶君上天，有啥说啥，多加美言，少说闲话”，或说“上天去，您多言好事；下界来，您广降吉祥”。

交际场合，也有很多吉祥事象。例如，宴席必上鱼。以“鱼”谐“余”，表示虽然宴席要结束了，但幸福、快乐没有完结，仍然有余。新人结婚时，亲戚、邻居多赠送红枣、栗子等吉祥之果。在这里用“枣”谐音“早”，用“栗子”谐音“立子”，借此祝福新郎、新娘早生贵子。新娘下轿后，扬烟、栗子、枣、花生于其全身及院落，寓早生子、多子多孙、烟火绵绵；新娘入洞房前要在一个红杌子上坐坐，叫“坐坐性”，寓让其驯服；新娘迈过门槛时，脚要踏糕和筷子，谐音“高”“快”，讨“步步高、快发财、快生子”的口彩。有的新娘进房后，登床走一圈，象征着踩倒婆婆全家，不受夫权管束；新娘坐定床沿，就要吃“宽心面”，也叫“长汤”，谓不想娘家，面条顺滑，寓顺利；然后吃糕，并且故意煮不熟，主持人问新娘“生不生”，新娘一定要回答“生”；新婚之夜要灯烛长明，叫燃“长命灯”，寓意夫妻白头到老。

几乎所有的民间节庆，均有吉祥事象。如山东大部分地区春节必做年糕、枣山、豆腐。鲁中地区还做“团圆饼”，祈求年年高、全家福。鲁东南地区做“合菜”，用粉丝、胡萝卜丝等凉拌而成，红绿相间鲜美可口，象征和睦。元宵节多以灯卜丰歉，灯节时间为正月十四至十六，十四主麦，十五主谷，十六主豆，“正月十五雪打灯，当年有个好收成”。

“中国古典民居是中国古人生活与社会活动及精神世界的展现，是人居和环境和谐统一思想的体现，也是中国古代吉祥文化和各种吉祥物的体现。”[①] 民居通过脊兽、影壁、门枕、墙、门等装饰，巧妙展示了吉祥文化。

房院建设过程中，也有很多吉利话。在选用建房木材时，往往以木材种类名称的谐音讨口彩，如用杏木做门，以求幸福；榆木做梁，以求余粮；松木做叉手，以求长寿。鲁西南地区喜欢用楝木做床，谐音“连子”。在安门窗时，要贴“昨日太公从此过，说是今日好安门”“安门大吉”“安窗大吉”“太公在此”的条幅或横幅。在上梁时要贴“上梁大吉”，以求吉利。梁上拴一红绸，吊一串铜钱，谐“十全”；门两边底石、影壁上刻、画蝙蝠、鹿，或书写“福”“禄”；院内多栽牡丹花、石榴树、槐树，把牡丹花称为“富贵花”，以为“榴开百子”“留子孙”。胶县（今山东省胶州市）有谚“门前一棵槐，不是进宝，就是招财”；滕县（今山东省滕州市）还有吃槐籽的祈子习俗，以求“怀子”。

此外，还有禳解时所用的一套吉利语，有的叫“巧话”，如吃了脏东西，便说“不干不净，吃了没病”；砸碎了器物，便说“旧的不去，新的不来”；钱物受了损失，便说“拿钱买寿，去钱消灾”。有的叫“顺口溜儿”，如杀鸡时，就说“鸡呀鸡，你别怪，你是我的一碗菜；有心不杀你，又怕那客来怪；罢呀罢，还是杀了罢”。有的很长，叫“佛儿”，如老太太抽烟时所唱：“我这个老嬷嬷儿八十八，耳不聋来眼不花，伸手摸起火镰匣儿，吃袋香烟解解乏。大儿做高官，二儿是探花；一对姑娘是灵芝草，一对媳妇是牡丹花。前院里一棵梧桐树，后院里一棵芙蓉花。梧桐树上落凤凰，一辈子一个状元郎，富贵荣华咱是头一家，我念弥陀佛。”

民众还喜欢吉利的数字，如衣扣的数量以单数为吉利，与扣眼合成双；送嫁妆、送粥米的人数喜双，取“成双成对”之意；以三、六、

---

① 陈燕：《浅析中国古典民居中的吉祥文化对旅游的影响》，《乐山师范学院学报》，2011年第26卷第5期，第78页。

九为吉祥数字，特别崇拜“六”，取“六六大顺”之意；又崇拜“八”，对“五一八”“八八八”等数字趋之若鹜；因为“七上八下”的成语，又崇拜“七”，寓意蒸蒸日上。

三、吉祥文化的表达

吉祥文化来自劳动，是在民众的生产劳动、社会生活、与自然和他人交往的过程中被发明创造、不断丰富、传承使用的。

首先，吉祥文化多用象征表意，即借助于一些常见的事物，表示吉祥的含义。例如春节时贴的对联，两句吉语，一方红纸，表示辞旧迎新，祈福增寿，内容多以耕读世家、万象更新、新春欢乐、福寿康宁、春山绿水、五谷丰登、繁荣昌盛为主。还要在床头贴“身体健康”，灯火处贴“小心烛火”，主屋正墙贴“招财进宝”，橱柜上贴“黄金万两”“鱼肉满橱”“衣服满柜”，院墙上贴“吉星高照”，牲畜栏门上贴“六畜兴旺”，车上贴“日行千里”或“牛行虎步，车动雷声”，门口对面墙、树上贴“出门见喜”，其他小件家具上，一律贴“酉”，谐“有”音，寓富有。除夕夜守岁，济宁曲阜一带要在中庭竖一竹竿，上悬灯笼，谓之“天灯”；济南平阴等地，使灯终夜常明，叫“长明灯”；而德州一带则将一捆谷草竖在天井之中点燃，用东西南北中五个方向代表五谷，谷草侧向何方，代表何处谷物来年丰收，叫“照天庭”“照田蚕”；济南长清则在大门外、村外烧蒿草“照天庭”；潍坊昌乐以“掌庭灯”代之；聊城东阿一带则布灯，陈设灯笼或拉出电灯来“照请”，旧时还烧“避瘟月”。这些活动，都具有一定象征意义。全家除夕吃的过年饭，也具有强烈的象征意义：一般主食是用大米和小米一块蒸的“干饭”或者水饺。菜肴讲究必须有鸡，寓“年年大吉”，有鱼，寓“连年有余”，全家人围坐在一桌，喝团圆酒。新年的第一顿水饺也很有讲究，鲁中一带常常包入花生、枣、栗子、钱币、糖块、麸皮等，祈求早得子、多子多福、人丁兴旺、生活甜蜜、发大财。煮水饺破时，不说“碎”“烂”“破”，而说“挣了”“挣了不少”，有时还故意弄碎几个，以讨口彩。

其次，谐音成趣。甲乙两个词语，甲词语的语音形式与乙词语的语音形式相同或相近，而乙词语又具有吉祥、文雅的意义内容，人们便以两词语语音相同为条件故意造成谐音双关，使两词的意义相沟通，以此喻彼，以求吉利。在此基础上形成某种风俗习惯，有的叫“意头”，有的叫“口彩”。民间春节贴福字，“福”以倒贴为好，讨“福到了”的口彩。为了强调谐音含义，民间还附会了许多故事。例如，贴福字据说是为了躲避姜子牙的老婆“穷神”，倒贴“福”字据说是马皇后为了避免朱元璋乱杀人。传说朱元璋让家家门上都贴“福”字，其中有户人家不识字，竟把“福”字贴倒了。第二天，皇帝上街查看，发现这家把“福”字贴倒了，大怒，命令御林军将这家人抓起来，满门抄斩。马皇后忙对朱元璋说：“这家人知道您今日来访，故意把福字贴倒的，这不是‘福到’的意思吗？”皇帝一听有道理，便下令放人。从此人们便将福字倒贴，一求吉利，二为纪念马皇后。在生育习俗方面，曲阜旧时习俗，女子婚后三年不生者，元宵夜到街上偷灯吃，一般偷刘姓（“刘”谐音“留”,寓意留住孩子）和戴姓（“戴”谐音“带”,寓意怀上孩子）的，民谣曰：“偷刘家的灯，当年吃了当年生；有了女孩叫灯哥，有了男孩叫灯成。”牟平、乳山、文登等地“剩”谐音“圣”，当地群众过春节蒸大饽饽临结束时，总要用剩下的几块小面团（有时干脆就是提前预备下的）捏几条头似龙或蛇、身上有刺的所谓“剩虫”。民间认为，有一种能使衣食剩余的神虫，老百姓用节日剩下的面团蒸“剩虫”，将它放在粮仓、囤子及衣橱里，祈求它会带来五谷丰登、衣食有余的好生活。此以“剩”寓“圣”,跟以“鱼”寓“余”有异曲同工之妙。“剩（圣）虫”是一个较常用的方言词。民间比喻某种东西长时间吃不完、用不完或者取不完，便会说“出来剩虫”了。这一带准备过门或过门不久的新媳妇，最希望穿上婆婆给她做的新棉裤，认为穿上婆家的棉裤，以后的新生活将会粮米成仓成库，吃穿不愁，家业兴旺。而婆婆常乐于满足儿媳这一不高的要求。其实，棉裤事小，讨个吉利事大。以“裤”谐“库”，取其寄托之义。

同样的，甲乙两词语音相同，而乙词语的内容与死亡、灾难等不吉利的意思有关，民间便采取某种方式加以避讳。避讳也是为了吉祥。古时候的渔民在渔业生产中缺乏安全保障，遇风浪造成翻船、死人的事情常有发生。久而久之，渔民们便形成一些求平安、保康宁、图吉利的迷信习俗。为了避开“翻船”的“翻”，甚至也避开与“翻”字相同的音，就称翻身为“划身儿”“划个儿”，称“帆”为“篷”，称“帆船”为“篷船”。为避开“完了”“了了”的说法，打完一船鱼叫“满了”，把酒喝完叫“把酒满出来”，如此等等。每到过年之时，胶东一带就要蒸一种很大的馒头，叫作“大饽饽”。蒸的时候，由于火势很猛，常常使大饽饽裂开口子，当地人叫“笑了”，从不说“裂口子”。笑是人的动作，当地人赋予饽饽“笑”的动作，更增加了喜庆色彩。

再次，还用冠以喜庆吉祥的字、词去称代、比喻事物。如用“喜”冠以生育词语，求子叫“拴喜”，怀孕叫“有喜”“害喜”，生孩子叫“添喜”，并到娘家“报喜”，备“喜蛋”。小孩出生后直到成年之前，又以红色庇佑其无病无灾，健康生长，如戴红肚巾、扎红腰带、钉红衣领子；每年端午节，用红布缝小鸡在帽子或衣袖上，再串上辣椒种，取名“鸡餐豆”，以祈不生水痘。传统的风筝多用人物、走兽、花鸟、器物等形象，或者民间喜闻乐见的神话故事，寓意福寿双全、连年有余、四季平安。

此外，还直接使用唱词，用表演性质的语言，表达吉祥的含义，有的叫“佛歌”，有的叫“巧话”。例如，大年初一敬天地，就有相关的吉祥歌词，供人们念叨：“大年初一天气寒，多拜老天一整年。金香炉，银供桌，两把烧香往上搓。五个供，五个馍，五碗干菜随和着，满堂儿女把头磕。”泰安则有上供歌：“大年五更地里寒，灶王老天整一年，金香炉，玉石桌，五碗供，三盘馍，五碗扁食往上托。先烧元宝后烧纸，大男小女把头磕，南无阿弥陀佛。”

最后，使用禁忌进行禁限，也是吉祥文化的一种表现方式。对于出行，从“父母在，不远游”，到“老不上北，少不上南”“老不入川，少不游广”，就是一种禁忌。旧时人出行忌“黑道日”，即每月的初五、十五、二十五不利出行；而“杨公忌”之日更是禁忌出门，即正月十三、二月十一、三月初九、四月初七、五月初五、六月初三、七月初一、七月二十九、八月二十七、九月二十五、十月二十三、十一月二十一、十二月十九，这些日子忌出行。时至今日，“三六九，向外走；二五八，赶回家”仍是大众的普遍习惯。

四、吉祥文化的传承

几千年来，中华传统吉祥文化随着中华民族优秀传统文化的传承创新，一直展现着鲜活的生命力，展现着我们民族的文化心理、文化渊源、情感方式，展现着伟大中华民族追求幸福、平安的美好愿望。

吉祥文化的传承是全面的。生产生活中节庆、交际、商贸、婚嫁以及姓名等各类吉祥文化都在继承中发展，在传承中创新。

姓名。不只是一个符号，在很大程度上，姓名代表的是父辈对后代的希冀。以前有的人家都会花钱请算命先生测孩子的生辰八字，通过五行（即金、木、水、火、土）的旺衰，预测未来喜忌，再用与五行相应的字命名。

年画。年画、剪纸等民间艺术，传承着吉祥文化。年画是喜庆、吉祥之物，能给新年带来好兆头；剪纸、红灯笼、鞭炮、窗花、福字，现在仍然是过春节的标志，烘托着喜气洋洋的节庆氛围。

中国结。一根线绳缠来绕去，环环相扣呈“八”字形，就叫“八结”，又叫“八吉”，原本是佛教法物的“八吉祥”之一，后成为民众喜欢的挂饰。

纪念币。通过经艺术设计的寿桃、蝙蝠、南瓜、藤蔓、莲花、鲤鱼、鸳鸯、并蒂莲等纹饰、图案、符号，再用借喻、比拟、双关、谐音、象征等手法，以此表现中国人的生命意识、审美情趣和民族性格。中国人民银行发行的2015年吉祥文化金银纪念币一套8枚，其中金币4枚，银币4枚。该套吉祥文化金银纪念币分别表现“五福拱寿”“瓜瓞绵绵”“年年有余”“并蒂同心”四大中华传统吉祥文化，为纪念币增添了一抹浓浓的吉祥色彩。

商标。商标是生产者在其商品或者经营标记上，由文字、图形或两者组合构成的，用于区别商品或者服务来源，具有显著特征的标志。借鉴传统吉祥文化，充分体现民族文化价值和意义的设计理念，用吉祥图案的“形”“意”“色”在商标中的创新再现，实现了形式美、形象美、意味美。①

吉祥物。南京举办的中国第十届全运会的吉祥物“金麟”，既是古都“金陵”的谐音，同时也是传统吉祥物麒麟。2008年北京奥运会的会徽采用的是中国印，使用了吉祥色中国红。而2008年奥运会的吉祥物福娃系列更是传统吉祥符号的生动体现。

为了系统展现和传播中华吉祥文化，我们民俗学会的几位同仁从十年前便召开了一系列的吉祥文化研讨会，例如枣庄石榴与吉祥文化研讨会、聊城葫芦与吉祥文化研讨会，开始酝酿研究各类吉祥文化事象，提出了大约十几个选题，准备出版一套有关吉祥文化研究与普及的小丛书，并开始撰写各个选题的初稿。由于同仁工作变动等原因，原定的十几个选题，至今只陆续完成了九部，分别为语言卷、文字卷、服饰卷、饮食卷、商贸卷、民间艺术卷、民间信仰卷、动物卷、人生礼仪卷。

由于吉祥文化研究的融合度大，学术的边际范畴划分模糊，广义

① 参见陈苹：《论中国吉祥文化在商标设计中的运用与创新》，硕士学位论文，苏州大学，2007。

概念很大，狭义概念难以明确，所以，在写作过程中，我们确定了一些原则，首先，必须是吉祥事象、吉祥含义、吉祥语言，不论是哪一卷，所描述、叙写、论述的内容，必须具有吉祥的意义，以示与其他文化的区别。其次，对于相同的吉祥文化载体，按照各卷角度的不同，进行叙述和描写，各卷之间相互独立，单独成书。

还有一点需要说明：在语言风格、叙述描写、论述评价等方面，我们没有强求一致，体例上只划分了一级、二级标题，制订了一些写作规范要求，以便于各位作者能够呈现出各自的风采。

习近平总书记提出了“文化自信”这个宏大而坚定的命题，这给中华优秀传统文化研究和普及带来了又一个春天。泰山出版社高度重视这个选题，积极组织、多次协调，保证了这套书的出版。各位作者对原稿又加大了修改力度，最终使书稿定型为现在的这个样子。张廷兴、王加华两位教授统筹书稿，反复审阅，付出了心血。在此，我作为主编，对他们表示真诚的感谢。盼望本丛书能给读者带来对中华吉祥文化较为系统和感性的认知，一起弘扬中华民族的优秀传统文化。

是为序。

刘德龙

2018 年 5 月 30 日

目 录

前　言

关于“民间艺术”，现行《现代汉语词典》《汉语大词典》等通用工具书均解释为：“劳动人民直接创造的或在劳动群众中广泛流传的艺术，包括音乐、舞蹈、造型艺术、工艺美术等。”[①] 这一通行定义，界定了“民间艺术”概念的内涵与外延：就内涵而言，民间艺术由劳动人民自己创造，并广泛流传于劳动人民中，是一种诞生并服务于劳动人民生产、生活实践的艺术；就外延而言，民间艺术主要有音乐、舞蹈、造型艺术、工艺美术四种类型。

对上述通行定义中“民间艺术”的内涵，当前学界并无异议，但学界研究更为深入。如我国当代艺术学学科主要创始人张道一先生指出：

> 艺术而冠以“民间”加以限制，不是作为艺术的一个门类，而是标志着一个层次，一个最基础的层次。民间艺术有其历史的范畴。从最早的意义上讲，艺术是无所谓民间与否的，它伴随着阶级的产生而产生，也伴随着社会的发展而变化。它既指在民间流传的艺术活动，也指具体的作者和作品。一般地说，在封建社会时期，民间艺术是相对于宫廷艺术、文人士大夫艺术和宗教艺术而言的；在现代，则是指艺术的倾向和风貌，并区别于专业艺术家的艺术。……“民间”一词的概念，不能简单地理解为与“官方”相对。即使手工艺人的作品，由于从事生产的服务性质，

① 中国社会科学院语言研究所词典编辑室：《现代汉语词典（第 7 版）》，商务印书馆，2016，第 908 页。中国汉语大词典编辑委员会、汉语大词典编纂处编：《汉语大词典》，上海辞书出版社，2006，第 1429 页。

有的作品属于民间艺术的，有的却是典型的文人士大夫性质（特别在工艺上），须要具体问题作具体分析。①

据此可知，“民间”二字显示了这一艺术的相对性和独特性。它与“阳春白雪”、霓裳羽衣曲、宋徽宗的画等所代表的宫廷艺术，吴道子画、颜真卿书法、刘禹锡诗歌等所代表的文人艺术，以及西安大雁塔、云冈石窟佛像、武当山古铜殿等宗教艺术等，有着本质上的区别。这一区别在于，民间艺术的创作者和欣赏者大都是所谓的“下里巴人”，民间艺术是属于普通大众的真正“草根”艺术，这就决定了它的本质属性——来自民间、服务大众的民间性（或称“草根”性）。

对通行定义中“民间艺术”的外延，当前学界却各据其理，莫衷一是。如《论民间艺术的形态类型》一文，创新性地按“历时性层面上”的文化意义，将民间艺术划分为原生态、次生态、异化态三种类型，并指出，此“三种形态的民间艺术至今仍并行发展”；② 而张道一先生则在传统分类基础上，提出了广义、狭义二说，认为“民艺之‘艺’既可释为‘艺术’、‘工艺’，又可包括‘技艺’。也就是说，民艺可概括广义的民间艺术，也可狭义的专指民间美术或民间工艺”③；“既可统指民间的美术、音乐、舞蹈、戏曲、杂耍等，也可专指美术”④。近年来，广义民间艺术的应用更为广泛，但对其具体类别，仍是众说纷纭。一方面，学界虽更多采用与前述通行定义相近的四种分类法，而具体类别却各有不同，如钟敬文先生主编的《民俗学概论》一书，将民间艺术概括为民间音乐、民间舞蹈、民间戏曲、民间工艺美术四类；谢天开著《民间艺术二十讲》，则将民间艺术概括为民间造型艺术、民间表演艺术、民间说唱艺术、民间舞蹈艺术等类别。另一方面，随着近

---

① 张道一编著：《张道一选集》，东南大学出版社，2009，第 357 页。
② 徐习文、谢建明：《论民间艺术的形态类型》，《美与时代》，2006（8）。
③ 张道一编著：《张道一选集》，东南大学出版社，2009，第 364 页。
④ 张道一编著：《张道一选集》，东南大学出版社，2009，第 357 页。

年来非物质文化遗产保护工作的深入开展，作为“非遗”重要组成部分的民间艺术受到了广泛关注，各种介绍地方民间艺术的著作如雨后春笋般涌现，这些介绍性的著作往往依据各地实际情况，采取多种多样的分类法。如河北省人民政府新闻办公室主编的《河北民间艺术》一书，将河北民间艺术划分为地方戏曲、民间曲艺、民间歌舞、乡村古乐、民间美术、特色工艺、沧州武术、吴桥杂技八类；淳安县“三大”纪念活动组委会主编的《民间艺术》一书，将浙江淳安的民间艺术划分为民间舞蹈、民间戏曲、民间音乐、民间手工技艺、民间杂技、民间习俗六类；罗晓明、王唯惟主编的《黔山秀水中的乡愁——贵州民族民间艺术研究》一书，将贵州民间艺术划分为音乐、戏曲、舞蹈、服饰四类；李志杰主编《民间艺术》一书，则在民间音乐之外，将四川南充一带的民间艺术又划分为民间舞蹈、戏剧、曲艺及杂技、民间绘画、工艺美术、石雕艺术六类，凡此各种，不胜枚举。

我国当前的非物质文化遗产保护工作，肇端于对联合国教科文组织《非物质文化遗产保护国际公约》所规定义务的履行。该公约源于玻利维亚政府提出的保存、促进和传播民间艺术的建议，初衷在于保护以各国民间艺术为主要内容的非物质文化遗产。在此公约基础上，中华人民共和国国务院于 2006 年 5 月 20 日批准文化部公布了“第一批国家级非物质文化遗产名录”，该名录将我国非物质文化遗产划分为民间文学、民间音乐、民间舞蹈、传统戏剧、曲艺、杂技与竞技、民间美术、传统手工技艺、传统医药、民俗十类。截至 2018 年，已公布的四批“国家级非物质文化遗产名录”，其分类方法大致相同。此外，第十一届全国人民代表大会常务委员会第十九次会议于 2011 年 2 月 25 日审议通过了《中华人民共和国非物质文化遗产法》，其中第二条明确规定：

本法所称非物质文化遗产，是指各族人民世代相传并视为其文化遗产组成部分的各种传统文化表现形式，以及与传统文化表现形式相关的实物和场所。包括：（一）传统口头文学以及作为其载体的语言；（二）传统美术、书法、音乐、舞蹈、戏剧、曲艺和杂技；（三）传统技艺、医药和历法；（四）传统礼仪、节庆等民俗；（五）传统体育和游艺；（六）其他非物质文化遗产。

综合比较以上定义、说法、做法及法规可知，作为非物质文化遗产重要组成部分的民间艺术，应可划分为民间音乐、民间舞蹈、民间戏曲、民间美术（含工艺美术）以及囊括了评弹、大鼓、说书、摊簧等民间说唱艺术的曲艺五类。

不过，此五大类别的艺术，尤其是工艺美术，当如前引张道一先生所说，不可一概论定为民间艺术，而应依据手工艺人"从事生产的服务性质"，"具体问题作具体分析"，因为民间艺术是"伴随着阶级的产生而产生，也伴随着社会的发展而变化"的。也就是说，早期的艺术并无所谓的民间、宫廷、文人等区别，这种区别是随着阶级的产生和社会的发展而悄然出现并不断变化的。而且，在宫廷艺术、文人艺术占据主流地位的古代社会中，民间艺术虽因其民间性而备受王公大臣、文人士大夫等的歧视，却因反映了普通大众的真实意愿而广受欢迎，并不断地演变着、传承着。这就导致了民间艺术的又一特性——发展性（或传承性）。

在漫长的发展传承中，我国民间艺术不仅形成了异于其他阶层、其他民族的审美风格和艺术特征，而且以其真实生动的思想内容、丰富多样的表现形式，有效地刺激了中华优秀传统文化，尤其是吉祥文化的发展和演变。"吉祥文化在中华传统文化中的层次虽然不高，但非常普及，面广量大"，"涉及人生的诸多方面"，是"一种全民性的文化"。[①]它"是人类向往和追求吉庆祥瑞观念的反映，源起于人类社会发展的低级阶段，并随着人类生存空间的拓展、创造手段的丰富及

① 张道一：《吉祥文化论》，重庆大学出版社，2011，第 11 页。

生命意识的增强而越来越曲奇庞杂”[1]。早在文字出现之前,我国的吉祥文化即开始萌芽。在今广西左江、云南沧源、宁夏贺兰山、内蒙古阴山、新疆呼图壁和阿勒泰等地发现的岩画中,不仅发现了种类繁多、形态各异的动植物图案,还有日月星辰等天象图以及狩猎、歌舞、祭祀等人类生产生活场景图;甘肃临洮马家窑村、河南渑池仰韶村、山东泰安大汶口镇、浙江余姚河姆渡村等地出土的原始彩陶,往往装饰有鱼、蛙、葫芦、水波、人面、舞蹈等图案或纹饰,有的甚至直接制作成人、鸭等形状。这些远古岩画和原始彩陶中的不少图案、场景、纹样等,已被现代学界认定具有祭祀祈福、欢乐庆祝等吉祥意义。至商周时期,我国的吉祥文化已悄然生成。如殷墟出土的大量刻有占卜文字的龟甲兽骨、《周易》中种种占求吉利之辞,充分显示了求吉文化对国家、社会事务以及人们日常生活的重大影响。而《周易·系辞下传》“吉事有祥;象事知器,占事知来”等语中对当时凡事皆占求吉祥与否现象的记载,以及将“吉”“祥”二字并用的做法,也或直接或间接地证明了吉祥文化的普遍性和重要性。春秋战国时期的吉祥文化,更是达到了渐趋成熟的地步。一方面,在现存的这一时期的青铜礼器、瓦当、漆器等文物中,屡现后世常见的鱼、龙、凤等吉祥图案或纹样;另一方面,关于这一时期吉祥文化的文字资料更加丰富,如《尚书·洪范》篇首次记载了对后世影响深远的“五福”观念;而《诗经》一书中,不仅有“宜尔子孙”“绵绵瓜瓞”“万寿无疆”乃至“九如”[2]等吉祥致语,并有婚嫁、宴饮、祭祀等吉庆活动使用器乐、歌舞的记载,其中有些诗歌如《周南·螽斯》《唐风·椒聊》《大雅·既醉》《大雅·绵》等,应该可以直接用作此类吉庆活动;《庄子》的《天

① 沈利华、钱玉莲:《中国吉祥文化》,内蒙古人民出版社,2005,第1页。

② 九如:指《诗经·小雅·天保》一诗中提及的“如山如阜,如冈如陵,如川之方至”“如月之恒,如日之升,如南山之寿”“如松柏之茂”等;详见周振甫译注:《诗经译注》,中华书局,2002,第239-241页。

地》篇中记载了华封人祝福尧帝“寿、富、多男子”的“三多”致语，《人间世》篇中则首次出现“吉”“祥”二字连用现象，即“虚室生白，吉祥止止”。由此可见，中华吉祥文化确实是在“社会发展的低级阶段”即已孕育生成，并随着中华民族生存能力的增强而日趋“曲奇庞杂”。而且，早在孕育生成之初，中华吉祥文化就借助美术、歌谣、器乐、舞蹈等艺术手段呈现于世人面前，二者的不断融合促成了中国吉祥艺术的生成。

综上可知，中国民间吉祥艺术是民间艺术的重要组成部分，内涵上具有区别于宫廷艺术、文人艺术、宗教艺术等主流艺术的民间性（或“草根”性），类别上主要有民间音乐、舞蹈、戏曲、美术（含工艺美术）、曲艺五类。同时，中国民间吉祥艺术也是中华传统吉祥文化的重要载体，内容上主要反映历代中华儿女的“吉庆祥瑞观念”，时间上具有与时俱进、不断演变的发展性和传承性。

在中国民间艺术和中华吉祥文化的发展传承进程中，民间吉祥艺术一直发挥着非常重要的促进作用，但相较于民间艺术和吉祥文化的研究，它的研究现状可谓比较落寞：不仅专门性研究成果少，且已有成果大多借用“民间艺术”的狭义概念，将“民间吉祥艺术”界定在吉祥美术方面，并局限于对民间吉祥艺术某一主题或某一类别的展示和介绍，缺乏综合性、深入性的研究。在本书写成之前，笔者所见相关专著寥寥可数。其中，江西美术出版社 2004 年出版的“中国吉祥艺术丛书”，是一套用图片形式分别展示中华吉祥美术中“福、禄、寿、喜、财、吉”主题的丛书；张彤、耿默著的《中国民间吉祥艺术博览》，鹿耀世编的《吉祥艺术》，张彤、耿默编著的《中国古美术经典图式·民间吉祥艺术卷》等著作，则是传统吉祥图案的博览性、图典性、介绍性之作。相比而言，李振球、乔晓光编著的《中国民间吉祥艺术》和陈勤建、尹笑非著的《点击中国吉祥艺术》二书稍有研究意味，前者在深入阐释传统吉祥文化观的基础上，综合介绍了民间信仰、礼仪、岁时节日、建筑及居住习俗、生活用器等中的吉祥艺术；后者虽仍局限于民间美术，但研究成分增强，分动物、植物、人物、符图四篇，图文并茂地介绍了传统吉祥美术中的相关物象、图案及其寓意。因此，本书拟从文化传承视角系统展示我国民间吉祥艺术不同类别的发展演变概况，并试图发掘其“历时性”审美风格和艺术特色，以期总结经验教训，促进其在当代的良性发展和传承，充分发挥其在中华优秀吉祥文化传承进程中的作用。

需要说明的是，在系统考察民间吉祥艺术发展简史和综合比较现有分类法的基础上，结合个人实际能力，笔者将自己不十分了解且与吉祥文化关系并不十分密切的曲艺，排除在研究对象之外，同时将民间吉祥音乐区分为以吟、诵、唱等口头表演为主的吉祥歌谣和以乐器演奏为主的吉祥器乐两类，并将民间吉祥美术笼统视作一个广义概念，凡反映广大民众吉祥意愿者，如岩画、壁画、纸画等民间手工绘画作品和铜、铁、陶、瓷、金、银等不同材质器物中的吉祥图案和纹样，以及民间剪纸、刺绣、织染、雕刻、雕版印刷等工艺美术作品中的吉祥图案和纹样，皆纳入考察范围。亦即，本书所论中国民间吉祥艺术，主要包括以图案和纹样为主的吉祥美术、吉祥歌谣、吉祥舞蹈、吉祥器乐、吉祥戏曲五类。不当之处，尚祈方家斧正。

第一章　民间吉祥艺术概说

对于中国艺术，张道一先生曾提出“多渠道发展”说，即“就艺术的面貌、风格、形式特点而言”，中国艺术自汉代以后“逐渐形成了宫廷艺术、文人艺术、宗教艺术和民间艺术的并行发展”，其中，“民间艺术带有母体的性质，其他艺术都是在民间艺术的哺育下成长的”；但“在表现的题材内容上，（各类艺术）则有很大的共同性，尤其是对于吉祥的观念”。[①]可见，就艺术的题材内容而言，民间吉祥艺术实可谓中国一切艺术的母体！在数千年的中华文明史中，它一直以独特的方式，纵情抒写着中华民族最质朴的生活理想和生命愿望，精心演绎着中华民族最普通的生活情趣和审美哲学，深刻彰显着中华民族最本质的创作理念和艺术特征。因此，它也像其所承载的中华吉祥文化一样，早已融汇到广大民众日常生产生活的方方面面，渗透到历代中华儿女的灵魂深处。

一、民间吉祥艺术的三大主题

作为中华传统吉祥文化的重要载体，“吉祥”是民间吉祥艺术最重要的母题。民间吉祥艺术“展现了中国人民独特的生命观念、生活智慧、思维方式、审美情趣以及人格培养和传统道德操守模式”，其中“浸透了民众对自身生命的存在和生命质量”的“吉祥”期盼。[②]关于“吉祥文化”的具体类别，当前学界分歧颇大。如宁业高和夏国

① 张道一：《吉祥文化论》，重庆大学出版社，2011，第 259 页。
② 陈勤建、尹笑非：《点击中国吉祥艺术》，上海人民美术出版社，2006，第 15 页。

珍将他们所著的《中国吉祥文化漫谈》分为七章，分别论述语言文字吉祥、祝词贺语吉祥、人名称号吉祥、地舆政域吉祥、天文生物吉祥、时令人事吉祥、衣食住行吉祥，显然将传统吉祥文化分作此七类；沈利华、钱玉莲著的《中国吉祥文化》，首章提出了物体吉祥、行为吉祥、语言吉祥的三分法，后八章分别论述春节吉祥文化、四时吉祥文化、家宅吉祥文化、婚嫁吉祥文化、求财与求仕吉祥文化、祈寿吉祥文化与乞子吉祥习俗、吉祥民神、吉祥纹图等内容；张道一先生则在他的《吉祥文化论》中提出了三种不同分类法，一是按民俗生活标准划分为岁时节令、人生礼仪、日常生活、娱乐游艺、信仰禁忌五类，二是按吉祥内容概括为福、禄、寿、喜、财、吉、和、安、养、全（即“吉祥十字”）十类，三是按寓意手法划分为象征、谐音、表号三类。可见，分类标准不一，传统吉祥文化的类别也迥然不同。笔者以为，中华传统文化博大精深，作为其组成部分之一的吉祥文化同样繁复深邃，其类别自可各从其说。因此，本书拟以所承载的祈吉主题为依据，将民间吉祥艺术大致划分为以下三类：

1. 驱邪辟恶保平安

驱邪辟恶是中华传统吉祥文化的重要主题，这一主题的形成与远古人类生存环境恶劣、认知水平和生产能力低下等，有着密不可分的关系。面对众多来自大自然的生存威胁和令人恐惧、难解的自然现象，中华民族的先民逐渐形成了万物有灵的原始观念和以此观念为基础的多神信仰，创作出众多来自现实却又高于现实的形象，作为本部族或部落乃至整个民族保护神（或图腾），从而形成了各部族或部落独有的神灵（或图腾）崇拜。如羌族以羊为图腾，蒙古族以狼为图腾，苗族以蝴蝶、枫树等为图腾，汉族人民至今仍崇拜龙、凤、麒麟等神兽，等等。而且，中华民族的先民很早就形成了将本部族或部落图腾刻于木石、绘于器物的习俗。这一做法，既有宣示将此图腾作为氏族保护神之意，也有祈求此图腾显示神威、驱除邪恶、庇佑本部族或部落民众之意。如浙江仙居上张乡的古越先民蛇形岩画、宁夏贺兰山岩画中

山东胶州布老虎

的人面神等，都可能是古代部族的图腾，也是古人驱邪辟恶、祈福心理的反映。这种绘制图腾图案或纹饰以驱邪辟恶、庇佑众生的做法世代相传，便孕育生成了后世傩神、辟邪、四灵、门神、五毒等形象各异的各种驱恶神灵形象，也刺激了与这些神灵形象和驱恶习俗密切相关的民间吉祥美术作品的生成，如至今仍在民间广为传用的傩神面具、门神画、小儿五毒衣、虎头童鞋童帽、老虎玩具等。

随着远古图腾崇拜的发展和演变，一种建立在原始驱恶仪式上的傩文化便应运而生了。傩，最初只是一种祭祀、祈求神灵驱除邪恶、庇佑民众的仪式，从时间上分为春傩、秋傩、冬傩三种，规模最大的是所有民众都可参与的冬傩。如今存《周礼·夏官》中较为详细地记录了一次驱傩场景："方相氏：掌蒙熊皮、黄金四目、玄衣朱裳、执戈扬盾，帅百隶而时难（通'傩'），以索室驱疫。"在这次驱傩仪式中，主持者手蒙熊皮，脸戴黄金面具[①]，身穿上黑下红的衣裳，装扮成人们信奉的"方相氏"，然后一手执戈，一手持盾，带领上百人的队伍，一边舞蹈，一边挨家挨户地搜寻、驱除疫鬼。这种始自远古驱恶仪式的傩文化，直接或间接地孕育生成了流传至今的傩舞、傩戏、木偶戏、皮影戏等民间歌舞、戏曲和与之相应的器乐艺术，以及与傩仪相关的面具、木偶、皮影、门神、剪纸等民间美术。

① 关于方相氏的"黄金四目"，历来众说纷纭，比较主流的是面具说，但对面具具体样式的描述各不相同。详可参阅曹琳：《黄金四目再检讨》，载白庚胜、俞向党、钟健华主编《追根问傩：国际傩文化学术研讨会论文集》，江西人民出版社，2007，第126-136页。

2. 祈寿求子纳五福

早在上古时期，中华民族的先民就形成了比较成熟的“五福”观念。如《尚书·洪范》载，禹称帝后，即以“五福”观念有意识地引导和治理民众：“一曰寿，二曰富，三曰康宁，四曰攸好德，五曰考终命。”这种以长寿、有财、无疾病、尚美德、尽天年为“五福”的教民、治民理念，经过漫长的发展演变，逐渐转变为普通民众对福、禄、寿、喜、财的自觉追捧，从而成为民间吉祥艺术的核心主题之一。

而在早期的“五福”观念中，除了位居第一的“寿”，“康宁”和“考终命”也强调个体生命的健康长寿，可见中华民族的先民对作为生产力第一要素的劳动者的重要性的深刻认识。正是基于这一认识，中华传统文化中又衍生出“多子多福”这一最为根深蒂固的吉祥观念。从远古岩画中的男女性交、牲畜交配等直接形象的生殖崇拜图，到半坡彩陶上的鱼纹、蛙纹、人面鱼纹等间接抽象的生殖崇拜符号，民间绘画、雕刻、刺绣、印染等艺术中的生育繁衍类题材，逐渐发育成熟。如现代民间艺术中，陕西、山西民间剪纸中的抓髻娃娃，大都头梳双髻，手中或举或持象征生育繁衍的鸟、鸡等吉祥物，明确表达了祈求生育繁衍的意愿；河南淮阳民间祭祀人祖伏羲和女娲的泥泥狗泥塑以及广西苗族的芒蒿舞、河南西华的羽人戏蟾舞等，也都直观地体现了这种源自远古时期的生殖崇拜。现代民间的婚礼仪式，更是鱼戏莲、凤穿牡丹、麒麟送子、莲生贵子、榴开百子等生殖崇拜类吉祥图案和纹饰的大汇展。

山东胶州民间剪纸鱼戏莲

“富”在早期的“五福”观念中位居第二，可见中华民族的先民对物阜年丰、充足安定的物质生活的重视和向往。在生产力整体低下的中国古代社会，风调雨顺、农业丰收是实现农耕民族物质充足的基本保障，因而产生了以风雨雷电、日月山川、土地禾稷等自然神灵为对象的众多祭祀祈福活动。这些祈福活动的发展演变和世代相承，便刺激了相应的娱神歌舞、器乐、戏曲等民间吉祥艺术的发育成熟。从今存广西花山的祭水神岩画、内蒙古磴口县阴山的日月祖神像等远古祭神图，到现代春节期间的五谷丰登、吉庆有余、连年有余等年画、剪纸作品，以及供奉天地神灵的枣山、饭山、花馍等面塑作品；从先秦祈求丰收的南风、祷雨、祈雨等歌谣以及拟兽舞、圆圈舞等舞蹈，到今天民间的祈雨歌、扫晴谣以及舞龙、舞春牛、舞旱船和采茶戏、秧歌戏等民间歌舞和戏曲……祈求风调雨顺、农业丰收，俨然已成为民间吉祥艺术世代相承的又一重要内容。

尽管不同时代、不同个体对“福”的理解可能存在差异，但祈求个体生命的健康兴旺、渴望现世生活的美满安定，是中华民族的共同追求。这种祈求和渴望世代相承，成为中华吉祥文化和民间吉祥艺术的不朽母题之一。

3. 欢庆祝贺享太平

自远古时代始，每当狩猎成功或农作物丰收之际，人们都会举办一些集体参与的大型活动来酬谢神灵、庆祝成功或丰收。如《吕氏春秋·仲夏纪·古乐》记载：“昔葛天氏之乐，三人操牛尾，投足以歌八阕。”这手持牛尾、踏足而歌的“葛天氏之乐”，应该就是早期人类感谢神灵、庆祝丰收的吉庆乐舞。两汉以来，这种酬谢神灵、庆祝丰收的活动逐渐发展为常规性的春、秋两季祭祀社神行为，而且往往由官方人员主祭，全体民众均可参与，遍及全国各地。这种大规模的祭祀活动，逐渐促进了打春牛、舞龙等吉祥艺术的发展。至两宋时期，这种赛社活动更是发展成全民性的娱乐活动——社火，并孕育生成了高跷、秧歌、耍大头、舞傀儡等多种多样的民间歌舞艺术。即使在蒙古人入主中原的元代，这种赛社活动也一如既往地兴盛着。如王恽《[越调]平湖乐·尧庙秋社》一曲，这样记载民间秋社的热闹场面：“社坛烟淡散林鸦，把酒观多稼。霹雳弦声斗高下，笑喧哗，壤歌亭外山如画。”①

毫无疑问，这些集体性的庆祝和娱乐活动，直接刺激了歌舞、器乐、戏曲等民间喜庆艺术的发展演变。如国家博物馆收藏的一枚宋代铜镜上的图案，正中幕布后有一位双手操作木偶表演的演员，周围则有六位或坐或卧、凝神观看或倾听的观众，其中有男有女，有老有少，而整个演出场景，似是在露天的台阶下。可见，至两宋时，傀儡戏已发展成为一种较受欢迎的民间娱乐艺术。另如北宋时四川民间出现了一种极为珍贵的织锦——灯笼锦，其上遍布由莲花、如意、寿字、蜜蜂、谷穗等纹样共同组成的灯笼图案，其“五谷丰登”的欢庆祝贺之意不言而喻，因此曾被名臣文彦博作为吉祥珍品贡献给宋仁宗的宠妃张贵妃。这种与北宋时兴盛起来的元宵灯会关系密切的吉祥灯笼图案，此后被广泛应用于刺绣、印染、剪纸、木雕等民间美术中，流传至今。

国家博物馆藏宋代傀儡戏青铜镜

如今，除了全国性的元宵灯会，我国多地还保留有各种各样的庆祝习俗，如贵州苗族农历十月的过苗年，台湾花莲、阿里山一带原住民在每年七八月份举行的“丰年祭”等。在这些世代相传的节庆活动中，往往会有舞狮、跳灯、过年调、正月歌、丰收锣鼓等民间艺术的踪迹。欢庆祝贺，是民间吉祥艺术的又一重要主题。

① 徐培均、沈鸿鑫主编：《元曲三百首辞典》，汉语大辞典出版社，2002，第 35 页。

二、民间吉祥艺术的审美风格

在漫长的形成和发展进程中，民间吉祥艺术主动承担起传承中华优秀吉祥文化的重任，使古老的吉祥文化在历经数千年风雨巨变之后愈加根深蒂固、枝繁叶茂。而且，在驱除邪恶、迎来丰收和幸福的千古期盼中，民间吉祥艺术还不断衍生出形式多变、底蕴深厚的新样式，使民间吉祥艺术大家庭的队伍愈来愈庞大，充分展示出无穷的魅力和永恒的生命力。而民间吉祥艺术无穷魅力和永恒生命力的生成因素，除了广大民众翘首期盼的“吉祥”母题，还在于它区别于文人和宫廷艺术的审美观。

1. 寓意吉祥的圆满美

自古以来，中华民族就崇尚圆满之美，如在祝贺活动或事业成功时，人们最经常采用的词语就是“圆满”。这种对“圆满”的追求和崇尚，直接刺激了民间吉祥艺术这一显著审美风格的生成。

这种寓意吉祥的圆满美，首先体现在对有始有终的“圆”的刻意追求。如民间吉祥美术往往会刻意追求一种构图的对称性和尚圆性，民间吉祥舞蹈则经常追求个体舞蹈动作和整体队形上的圆转，民间吉祥歌谣、器乐等则极为重视结构上的回环往复、相互照应，民间吉祥戏曲更是刻意营造一种情节结构上的大团圆式收场。如左图为1955年出土于河南洛阳涧西十六工区76号唐墓的一枚宴乐图螺钿铜镜的背面图，其中主要表现了两人饮酒作乐的情景，两位男子相对而坐，周围装饰花树、鸟鹤、祥云、花瓣等物，画面整体呈圆形，构图也基本遵循了对称的原则，体现了制镜者对“圆”的刻意

国家博物馆藏唐代宴乐图螺钿铜镜背面

青岛民间吉祥团花剪纸

追求。另如青岛现代民间艺人管茹的吉祥团花剪纸，其圆形构图中充满了对金玉满堂、福寿延绵的祈祝。

其次，民间吉祥艺术还刻意追求极致的饱满和浓艳。这里的饱满，特指民间吉祥艺术蕴藏着一种能够冲击视觉、听觉等人类感知器官极限的力量，且这种力量已经达到，甚至将要超越人类感官能够承受的界限。这种饱满美，在剪纸、木版年画等民间吉祥美术作品中，体现为构图上的见缝插针、密不透风，这与古代文人画为求"空灵"美而刻意"留白"的构图完全相反，如上图青岛民间吉祥团花剪纸和下图平度宗家庄日月门神木版画；在民间喜庆舞蹈中，体现为鼓舞、龙舞、狮舞、秧歌等彩带飞扬、人和道具一起腾挪翻滚的震撼场面；在民间喜庆器乐中，体现为《丰收锣鼓》《百鸟朝凤》中那种百鸟竞鸣的热闹劲儿；在民间喜庆歌谣和戏曲中，体现为对所有美好事物、美好生活愿望的简单罗列和极限堆砌。如这首流传在辽宁盘锦一带的祝寿歌：

平度宗家庄日月门神木版画

四福挂中堂，万寿多吉祥。

麒麟来送子，辈辈状元郎。

当朝一品做高官，两朵喜花戴胸前；

三顶银盔头上戴，四时吉庆福万年；

五子登科常富贵，六和通顺美名传；

七财子孝家和美，八仙贺寿献金鞍；

九世同居古来有，十日皇门中状元。

此歌汇集了福寿双全、子孙满堂、世代高官、父慈子孝、家财万贯、九世同居等众多人间美满之事，因符合了特定生活背景下普通民众最迫切的真实愿望，非但没有粗劣、庸俗之感，反而有一种质朴的和谐自然之美。另如在民间婚庆礼仪中，床上用品、窗帘、门帘等往往都装饰有或对称或环绕或回转的各种吉祥图案，窗户、墙壁上则贴满大红双喜和密布吉祥图案的剪纸，供桌上摆满做成龙凤、双燕、双鱼等形状的喜庆面塑，大门也被大红的灯笼、对联等装饰一新，大门外更有主家请来助兴的欢腾热闹的敲锣鼓、舞狮、扭秧歌等不同形式的民间艺术团队。所有的一切，融汇成一曲民间喜庆活动的欢歌，使围观者在强烈的感官冲击中体味到浓郁的喜庆气氛和民间吉祥艺术独有的圆满美。

青岛黄岛填色福字剪纸

陕西民间皮影

这里的浓艳，主要指民间吉祥美术以大红、大绿、大紫、大金等寓意吉祥喜庆、对比鲜明的色彩搭配所带来的视觉冲击力。红色向来被视为狂野之色，却是中国传统的吉祥喜庆之色，而且，民间俗有“红搭绿，一块玉”“红间黄，喜煞娘”“粉笼黄，胜增光”“紫是骨头绿是筋，配上红黄色更新”等说法。在这些传统经验的指导下，民间艺人将狂野难控的红与浓艳的绿、耀眼的金、厚重的紫等颜色“杂糅”，在一种看起来色彩稍显浓重、形式稍显混乱的氛围中，营造出中华民族认可的绚丽、热闹、红火的喜庆气氛。民间填色剪纸、刺绣等美术作品，往往尤为重视这种浓艳之美。如青岛市黄岛民间艺人焦丽华的填色福字剪纸、陕西民间皮影人物等，都采用这种浓艳的色彩搭配，营造出一种中华独有的喜庆之美。

此外，民间喜庆戏曲也善于以浓艳之美营造一种喜庆氛围。其中，演员们浓艳华美的妆容、富贵亮丽的服饰、或高亢嘹亮或婉转多变的唱腔、或花哨俏丽或矫健威武的舞步，以及乐师们或响彻云霄或嘈杂喧闹的器乐伴奏，共同营造了一种重磅冲击观众多种感官的浓艳之美。

这种饱满和浓艳进一步渲染了民间吉祥艺术的喜庆色彩，也使中华民族刻意追求的那种以圆满为特征的幸福理想在热烈、喧闹的氛围中得以体现。

2. 违背常规的和谐美

局部看，民间吉祥艺术中存在不少极其不合常规的现象，如民间美术、舞蹈类作品中，有图案或造型夸张失真、色彩搭配或服饰比例严重失衡现象；民间歌谣、戏曲类作品中，有用语俚俗、不讲文采和韵律、简单堆砌诸多生活愿望等现象；民间器乐（含戏曲唱腔）作品中，有一味追求震天动地的音效或繁杂喧闹的乐音等现象。但就整体而言，民间吉祥艺术的种种不合常规现象之中，往往蕴藏着一种古朴而真实的和谐美，反映着广大普通民众古拙质朴的审美观。

这种不合常规的和谐美，首先体现在讲究造型艺术和色彩搭配的

贵州西江苗族博物馆藏苗绣《捕鱼图》

民间吉祥美术中。如陕西民间吉祥剪纸中，侧面的老虎、鱼等动物形象往往都有两只眼睛；寓意“多子”的大肥猪肚子上，装饰有活泼可爱的小猪；碗、罐等器物的口虽剪成圆形，但底却往往是直线式的。再如贵州黔东南苗族侗族自治州苗族刺绣作品《捕鱼图》中，被捕获的鱼夸张地张着大嘴巴，飞翔的鸟儿不仅伸出一双比例严重失衡的大脚爪，还自在地舒展着漂亮的尾羽，两个忙着捕鱼的人都瞪着一只几乎要从脸上蹦出来的大眼睛。另如农民画家金花的《回娘家》画作中，扭身亲吻妻子的丈夫动作极其夸张，夫妻二人的脸有一部分挤在同一个平面中，妻子的一只眼睛甚至出现在丈夫的脸上。除了图案或造型夸张、失真外，这些美术作品的色彩搭配也大都不合常规，如天空、大地往往使用喜庆的红色和金黄色，空中飞翔的小鸟则大都是五颜六色的。

在朴实的民间艺人眼中，所有这些不合常规都是理所应当的。侧面的动物，也是有两只眼睛的；大肥猪的肚子里，本来就有小猪；碗、罐等物品，本来就是平放着的；被捕获的鱼，本来就是大张着嘴巴的；鸟儿的尾羽，本来就是能舒展开的；渔人捕鱼时，本来就是努力睁大眼睛的；丈夫亲吻妻子时，妻子的眼睛，本来就是贴在丈夫脸上的；而天、地、鸟等的颜色，在喜庆热闹的时节，本来就应该是这样的。民间艺人这种直观再现生活原型的做法，虽不合常规，却抓住了事物的本质和生活的本真，体现了原始本真的思维模式和直观质朴的审美观。在这种思维模式和审美观的基础之上，民间艺人还大胆采用超现实的想象手法，创造出众多不合常规，但和谐本真的吉祥图案和纹样。如土家族织锦中的“龙凤龟”造型[①]，是一个由龙头、龟身、凤尾组成的“复合怪兽”。这是因为，土家族人希望本族男子像龙一样威武强悍，女子像凤一样美丽动人，整个民族像龟一样健康长寿。于是，艺人们采用写实与抽象相结合的手法，塑造出这个融合多种具体物象特征，却又明显高于生活原型的吉祥物。另如传统年画、门神画以及民间刺绣、雕刻、彩塑等作品中的神灵造型，吉祥戏曲和舞狮等所用的脸谱、道具造型等，也都采用了这种杂取多种现实物象而抽象成新物象的手法，塑造出诸如龙头马身鸟翼牛尾的汉家麒麟、人首牛角蛇身鱼尾的苗家龙等圣物形象。这种用既写实又抽象的方法创作出来的物象看似简单甚至拙劣，却远比现代派通过单纯抽象复合、写实派通过直接模拟描摹等方法得到的造型，更具有一种原始、本真且充满神秘感的和谐之美，也更容易被广大民众所接受。

此外，民间戏曲艺术中也充满了这种由写实与抽象相结合而产生的违背常规的和谐美。民间艺人们总是会用匪夷所思的艺术想象力，将观众带入一个虚无缥缈却又触手可及的艺术世界。因此，观看民间戏曲时，人们基本无法应用理性思维。例如民间戏曲大舞台上，竟然出现了《关公战秦琼》《关云长大战蚩尤》等让不同时期历史人物与神话人物同台演出的关公戏，这些在文人士大夫看来莫名其妙、无法理解的戏曲，却广受普通民众欢迎。再如民间戏曲中，手握马鞭的演员一抬腿，便表示跨上马鞍；鞭一扬，便已驰骋至万水千山之中；两个演员刀来枪往地打斗一番，就可演绎从小小的二人冲突到大规模的两军相战，甚至历时数年的国家级战争等多种场景。抬腿、扬鞭，是

① 单海鹰：《论土家族民间织锦中的动物造型》，《武汉科技学院学报》，2004（2）。

现实生活中骑马驰骋的常见动作，在戏曲舞台上却象征了复杂艰辛的驱马奔驰活动；刀来枪往，是现实生活中争斗、战争的常见场面，在戏曲舞台上却以花样好看的打斗动作象征残酷血腥的战争场面。民间戏曲动作就这样巧妙地在写实与抽象的统一之中，营造出与民间喜庆氛围相一致的违背常规的和谐之美。而且，民间戏曲动作还与简单堆砌众多生活愿望的唱词、夸张失真的演员脸谱、鲜艳粗糙的舞台道具、刻意追求震天动地音效和繁杂喧闹声音的吉祥器乐一起，共同构成了民间吉祥戏曲刻意追求的热闹喜庆氛围，也凸显了其违背常规的和谐美的特点。

三、民间吉祥艺术的基本特征

如前所述，与传统文人艺术、宫廷艺术等相比，民间艺术的本质属性在其民间性（或“草根”性），但民间吉祥艺术的本质属性应在民间性（或“草根”性）之外，同时兼具吉祥文化的吉祥性。这就决定了它区别于其他民间艺术以及文人艺术、宫廷艺术等的基本特征。

1. 喜庆的民俗性

在数千年的传承进程中，中华吉祥文化往往与衣食住行、生产劳动、人生礼仪、岁时节庆、语言游艺、信仰禁忌等密切结合，从而产生了因时因地而异的众多吉祥民俗。作为“一个国家或民族的民众集体创造、共同享用并世代传承的生活文化”①，中华吉祥民俗的最显著特征，莫过于喜庆。在中华儿女看来，人的一生中，有诸多可喜之事。凡嫁娶生育、庆生做寿、求学上进、仕宦升职、农渔丰收、经营得财、开业搬迁、佳节良会，乃至大病初愈、高龄而亡等，皆可谓喜，皆需有庆。吉祥民俗与人生喜事的美好交汇，促成了作为吉祥文化重要载

① 李建：《中国吉祥民俗》，天津科学技术出版社，2011，第 1 页。

体的民间吉祥艺术的这一显著特征。概括而言，这种喜庆的民俗性，主要源自两类中华传统吉祥民俗：

一是丰富多彩的节庆习俗。在传统社会生活和神灵信仰需要、四时生产规律等①的影响下，古老的中华民族形成了众多吉祥节日与喜庆习俗，如古有上巳采兰祀高禖②、端午戴艾驱瘟神、七夕祭神乞巧、腊日驱傩祭百神以及春祈秋报、岁末祭祖等节令习俗，如今更有春节、元宵、中秋、元旦等全国性节庆活动和正月送穷、佛诞日祭佛、中元祭祖、小年祀灶以及丰收社火、祭神庙会等地方特色鲜明的各种小规模节俗活动。这些节俗活动往往与神圣庄严的祭神仪式、喜庆热闹的娱神节目等交相融汇，从而成为民间吉祥艺术发挥其一己之长的“用武之地”。如岁末祭神祈福习俗，促进了祭祀面塑及驱邪祭祀类歌舞、器乐、戏曲等民间吉祥艺术的生成与发展；春节贴年画、窗花、门神等习俗，促成了民间雕版年画、剪纸等吉祥美术的发展与繁荣；在正月十五闹花灯、二月二龙抬头、三月三放风筝等节庆习俗的影响下，以花灯、龙舞道具、风筝等为载体的吉祥美术得以生成和发展，鼓舞、灯舞、狮舞、龙舞等吉祥舞蹈也得以繁荣、兴盛。

二是因地而异的喜庆礼俗。数千年来，中华民族还形成了多种多样的吉祥礼俗。如前所述，当个体生命所祈求之“福”如嫁女娶妻、添丁增口、上梁立房、升官发财、寿至期颐等得以实现时，人们往往奔走相告，举家甚至举族庆祝，正可谓“人逢喜事精神爽”。而这些以家族或家庭为单位的小型庆祝活动，虽大多因地而异、各具特色，却都少不了庆祝个体生命之“喜”的吉祥艺术。如绘画、剪纸、刺绣、雕刻等美术作品重在呈现龙凤呈祥、三多九如、马上封侯、一路连科等主题，吉庆歌谣则以哭嫁歌、撒帐谣、洗三语、祝寿词、起屋上梁

① 周武、陈江、冯贤亮：《岁时节令：中国古代节日文化》，广陵书社，2004，第2-94页。
② 葛兰言：《古代中国的节庆与歌谣》，赵丙祥、张宏明译，广西师范大学出版社，2005，第136-144页。

吉祥话等为代表，而以跳加官、打八仙为代表的开场例戏和《天仙配》《红鸾喜》《碧天贺寿》《六国封相》为代表的喜庆剧目以及以抬花轿、喜相逢、一锭金、步步高、龙凤呈祥、八仙庆寿、跌落金钱为代表的喜庆器乐等，更是庆祝个体生命之喜的礼俗活动中必不可少者。

2. 含蓄的谐意性

民间吉祥艺术这一特征的生成，与中国民间艺术独有的表情达意方式密切相关。中国民间艺术常用的表达方式，主要有与传统民间文学一脉相承的谐音、借喻、双关、比兴等。其中，谐音尤为常见。如在民间吉祥美术中，蝠、鹿谐音福、禄，猫、蝶谐音耄、耋，莲、鲶鱼谐音连、年、余。因此，蝙蝠和鹿组合寓意福禄双全，猫和蝴蝶组合寓意耄耋延年，莲和鲶鱼组合寓意连年有余，等等。这种由谐音物象构成的组合，巧妙表达了中华儿女对富贵、长寿、幸福的期盼。这一独特的表达方式，在吉祥歌谣、吉祥戏曲等其他艺术样式中也普遍存在。

民间吉祥艺术的这一特征，集中体现为经由谐意方式形成的众多祥瑞意象。在数千年的传承演变中，民间艺术形成了一些可以表达祥瑞含义的人、物、现象、传说、故事及其图案、纹样等，从而形成了众多寓意吉祥的特定“意象”。其中，有的来自远古氏族图腾，如龙、凤、虎、云、火、风等；有的来自古代神话传说，如麒麟、辟邪、饕餮、貔貅、西王母、羽人等；有的来自土生土长的道教故事，如灵芝、仙鹤、八仙、玉皇等；有的来自域外传来的佛教故事，如宝幢、海螺、法轮、莲花、佛陀等。还有一些，则来自丰富多彩的民间信仰，如在生育崇拜、多子多福等观念影响下，繁殖能力极强的鱼、螽斯（一种蝗类昆虫）等动物，结子数量众多的石榴、葡萄等植物，都成为民间艺术中常见的“多子”意象；而莲、菊、牡丹等原本喻指女性的意象，也与鱼、蝈蝈、凤等原本喻指男性的意象结合起来，生成了鱼戏莲、蝈蝈戏菊、凤穿牡丹等中华特有的祈子求福图案。

可见，要了解中国民间吉祥艺术，不仅要了解谐音谐意等中华民族独有的表达方式，还要了解中华民族特有的种种意象。而这一源自民间信仰的祥瑞艺术的表达方式，充分体现了民间吉祥艺术的民族性特征。

3. 活态的传承性

民间吉祥艺术的活态传承性，主要体现为后世对前代的继承和发扬。最为典型的，莫过于沿袭自远古傩仪的驱邪歌舞、音乐、戏曲、绘画艺术。此处仅以吉祥歌舞为例，简析如下。

自远古伊耆氏始，中华民族就以“土反其宅，水归其壑，昆虫毋作，草木归其泽”（《礼记·郊特性》）这种命令式的祈福之词，明确表达驱除邪恶的美好意愿。葛天氏时期的人们则以“持牛尾，投足以歌”（《吕氏春秋·仲夏纪·古乐》）的歌舞方式祭祀神灵，乞求神灵带来吉祥。这些一般在岁末举行的祭祀祈福仪式,与后来被称作“傩”的驱恶祈福仪式应有一定关系。周王朝时期的傩仪上，人们开始在头戴面具（“黄金四目”）、身披兽皮（“掌蒙熊皮”）的主持人“方相氏”（《周礼·夏官·方相氏》）的率领下，载歌载舞、逐门挨户地驱恶祈福，从而形成了后世驱邪傩舞、傀儡舞等的雏形。两汉时期,周王朝时的“方相”舞已为新的“十二相舞”所取代。从山东嘉祥武氏祠出土的汉画像石看，汉代的“十二相舞”沿袭了“方相氏”头戴面具、身披兽皮的外在样式，人数已相应地固定为十二个。四川白马藏族人生活的地区至今仍在流传的“十二相舞”，应是这种舞蹈的直接遗存。

隋唐以来的民族大融合，给民间传统的驱辟类舞蹈带来了耳目一新的变化：洋溢着西域风采的威武狮舞和飘动着江南水乡灵动特色的鱼龙舞，发展成为民间傩舞的新成员。两宋社火活动的兴盛，更刺激了民间驱傩歌舞的大繁荣：与远古傩舞具有一定关系的傀儡舞，衍生出抱锣、舞判、硬鬼、舞钟馗、耍和尚等多种新样式，以及杖头傀儡、悬丝傀儡、药发傀儡等多种类似于今天木偶戏的新样式，并生成了判官、钟馗、魁星、门神等众多驱恶赐福的新神灵形象。明清时期，随着民间戏曲艺术的发展繁荣，民间狮舞、傩舞、十二兽舞等吉祥舞蹈开始融入戏曲，成为吉祥戏曲的重要组成部分，而民间戏曲舞蹈的发展兴盛，又反过来刺激了民间吉祥舞蹈新样式的出现。如明清民间戏班岁末必演的封箱例戏“跳灵官”，本是旧时一种专用于戏班演出前驱邪仪式的舞蹈，后来演变成为用于观赏、可独立表演的吉祥舞蹈。据此可知，发端于远古祭祀仪式的驱傩舞蹈，始终处于积极的活态传承过程中。

在中华民族文明史上，吉祥文化曾以其特有的民族凝聚力、向心力、吸引力、亲和力，唤起民众的认同感、归属感、安全感，在经济全球化、信息数字化、文化多元化的今天，吉祥文化仍是中华儿女的不灭记忆和永恒精神家园。而作为其重要载体的民间吉祥艺术，也必会像吉祥文化一样，将中华儿女最质朴的生活理想和生命愿望，最普通的生活情趣和审美哲学，最本质的创作理念和艺术特征“活态”地传承下去，在中华优秀传统文化的发展、繁荣进程中发挥积极作用。

第二章 民间吉祥美术

门神门神骑红马，贴在门上守住家。

门神门神扛大刀，大鬼小鬼进不来。

这首反映春节前张贴门神以驱邪辟恶民俗的民间歌谣，曾伴随着电影《白毛女》的热播而唱遍大江南北，充分显示了民间美术、歌谣等与传统祈吉习俗的密切关系。

一、古代吉祥美术

数千年来，在不断发展成熟的吉祥文化的滋养下，我国古代民间美术逐渐孕育出各类寓意吉祥、品种丰富、影响深远的吉祥图案和吉祥符号，并形成了独具时代特色的吉祥美术。

1. 远古岩画陶器中的稷神和人面

远古时期，人类对大自然的认知非常有限，认为万物皆有灵，而且这些万物之灵能控制人类，只有顺从这些神灵，才能获得生存的机会。于是，趋吉避凶成为原始人类寻求生存的本能，各种神灵崇拜，如生殖崇拜、图腾崇拜、祖先崇拜、稷神崇拜等，也便成为原始人类生活中不可或缺的一部分。对神灵的崇拜活动，被原始人类虔诚而恭敬地以图画形式记录在岩石、彩陶、玉器等载体上。我国民间吉祥美术的种子，便悄然在远古岩画、彩陶、玉器中那些笔触稚嫩、造型简陋、比例失调的祭祀与祈福图案中孕育、萌发了。

原始人类涂刻在岩石上的各种岩画，是对祈求神灵保佑的祭祀活动的忠实记录。如近年来，内蒙古阿拉善右旗发现了多达七十六个手印岩画[1]，这些手印应有特定的祈福驱恶寓意，只是我们尚未能彻底了解。另如内蒙古巴彦淖尔市磴口县默勒赫图沟发现的新石器时代阴山岩画中，有众多反映远古人类祭祀、祈福的画面，如男根女阴图、男女交媾图、日月祖神像、人面神灵像、兽面神灵像、拜日图、巫师作法图等。其中的人面神形象各异，有的头部像是一轮光芒四射的太阳，有的四周装饰花瓣状物，有的只在大圆圈内刻出两只圆眼睛和月牙形嘴巴。这些形态各异的人面图案，其实都寄托了原始人类祈求保佑的美好愿望。再如江苏连云港将军崖岩画中，有祖先神、稷神、太阳神、凤鸟等多种图案，在稷神图[2]中，人面与植物连成一体，上面满是植物纹饰，充分显露出原始人类对谷物丰收的崇敬和期盼之情。

陶制器皿是原始人类记录其美好祈愿的另一常见载体。今存远古彩陶中，有大量的祥瑞图案和纹样。如浙江余姚河姆渡文化（距今约7000年）遗址出土的陶器中，便有纹猪、鱼藻纹、稻穗纹、五叶纹等多种吉祥图案或纹饰；河南三门峡仰韶文化（距今约7000—5000年）遗址中有饰有鱼、鹿、蛙、鸟等动物图案或纹样的陶器，也有水鸟啄鱼纹船形壶、人面纹彩陶盆、鱼蛙纹彩陶盆、鹳衔鱼纹彩陶缸等装饰复杂图案的陶器。另如同属仰韶文化的甘肃天水秦安大地湾遗址出土的人头形器上，装饰有相互缠结的神秘纹饰；河南郑州大河村遗址出土的一个彩陶罐上，饰有十二太阳图案；西

甘肃博物馆藏人头形器

① 赵占魁：《2007年磴口县默勒赫图沟岩画调查报告》，《草原文物》，2008（1）。

② 范正生：《将军崖岩画与大汶口陶符考释——史前泰山文化追踪之一》，《泰山学院学报》，2007（1）。另有学者认为这是一幅祖先崇拜图，如孙新周《岩画·鹿石·嬴秦民族寻根》一文即认为该图是“东夷人的祖神——颛顼的形象”。

安半坡遗址出土陶器中，大多饰有游鱼、奔鹿图案和蛙纹、云纹、水涡纹、太阳纹、人面纹等纹样，其中的人面鱼纹盆尤为著名。此外，山东大汶口文化（距今约6100—4600年）遗址则出土了众多装饰有回纹、云雷纹、八角纹等纹样的彩陶，其中一陶尊上甚至饰有神圣的社树图案；浙江良渚文化（距今约5300—4000年）遗址出土的众多陶器上，大都装饰有精美而繁复的蟠螭纹和禽鸟纹。这些原始陶器上的吉祥图案和纹饰，都显示着早期人类对大自然的虔诚膜拜和衷心祈愿。其中最为常见的，应是一直被中华民族视为生殖图腾的鱼的图案和纹饰。

国家博物馆藏人面鱼纹盆

近年来，随着考古工作的推进，一些新石器时代的玉器、象牙器物等不断被发现，上面雕刻的图案都显示出远古吉祥美术的造诣。其中，在红山文化、龙山文化、良渚文化及石家河文化的广大地域内，出土了众多饰有吉祥图案或纹样的器物。如浙江余姚河姆渡文化遗址出土的器物中，著名的双鸟纹象牙蝶形器上雕刻有双鸟朝阳图，双头鸟纹骨匕上则雕刻有神圣的双头鸟图。这些鸟形图案和纹饰都反映了远古的鸟崇拜，且与流传至今的凤崇拜应有一定联系。另如浙江良渚文化遗址出土的标志性文物兽面玉琮上，装饰有迄今已成为玉器常见吉祥纹饰的神人兽面纹：象征眼睛的圆圈一侧加上了象征眼角的短横线，象征嘴巴的弧线内则加上了以交错开来的短竖线或小三角代表的牙齿。这一纹样与远古岩画上的人身兽面神灵、夏商周时期青铜礼器上大量出现的兽面人纹，以及后世普遍出现在平民百姓家瓦当、铺首等器物上的饕餮纹之间，应有一定的承继关系。另外，新石器时代晚期的三星堆遗址和金沙遗址，还出土了一些与太阳崇拜图案有关的物品，如三星堆遗址二号坑出土的青铜神树上有十只飞鸟造型和弧形芒纹饰，金沙遗址出土的金箔“太阳神鸟”中则出现了“四鸟绕日”的吉祥图案。

2. 商周铜器瓦当上的饕餮和云雷

商周时期，统治阶层为神化其政权，往往会在祭祀礼器、建筑构件等重要器物上绘制各种吉祥图案和纹饰。这些器物虽非民间所用，但其中的图案和纹饰对民间美术的形成和发展都产生了直接影响，因此可借助这些图案和纹饰来了解当时的民间吉祥美术。大致说来，这些吉祥图案和纹饰按其今存载体可划分为三类：

一是青铜礼器中的吉祥图案和纹饰。青铜器物是夏商周时期的主要礼器，这些器物上的图案和纹饰呈现出与远古时期不同的特色。首先是龙（夔）凤、鱼鸟、虎鹿、饕餮等吉祥动物图案和纹饰的丰富与完善。如商周青铜礼器中的饕餮纹，显然是对此前陶质和玉质礼器中兽面纹饰的继承，但它更加突出兽面的双目和双角，所用线条也更加简洁、灵动。其次是吉祥图案和纹饰组合的日趋复杂化。这一时期的青铜礼器上，出现了一些构图更为复杂、寓意更加丰富的图案。如湖南出土的殷商饕餮食人卣（又名虎食人卣）上，造型似虎、面目凶狠的饕餮（或虎）用前爪抓住一人，人头正置于其张开的巨齿之下。因无相关文字资料，此图案的寓意一直有辟邪、献神、哺乳、交媾、巫师通灵等多种说法。① 又如河南新郑出土的春秋中期莲鹤青铜方壶，其顶部是双层莲瓣上立着一只展翅欲飞、引吭高歌的仙鹤，壶通体饰有相互缠绕、不分主次的蟠螭纹，两侧各铸有一细长的龙形耳，腹部四角各铸一飞龙，圈足则为两只伏虎造型。② 仙鹤、飞龙、伏虎图案和相互缠绕的蟠螭纹共同构成一幅复杂的画面，完整表达了古人的祈吉心愿。再如山东博物馆收藏的春秋时期鱼龙纹盘，底部以抽象的盘

① 徐良高：《商周青铜器“人兽母题”纹饰考释》，《考古》，1991（5）。

② 张国华、左河玉等编著：《图说中国文化：器物卷》，吉林人民出版社，2007，第 97 页。

山东博物馆藏鱼龙纹盘

龙纹为中心，周围环绕连绵不断的云雷纹，内壁则雕饰一圈顺向而游的鱼。此青铜盘应为盛水礼器，其鱼龙、云雷等图案和纹饰的祈吉之意不言而喻。此外，云雷纹、水涡纹等也成为这一时期尤其是战国中晚期的青铜礼器上不可或缺的装饰纹样。

二是瓦当和漆器上的吉祥纹饰。夏商周时期，具有护椽防雨作用的瓦当成为建筑中的重要构件，其上出现了花草、动物、人物等多种装饰图案。如河北易县燕国故都出土的瓦当纹饰，以饕餮、对兽纹为主；河南洛阳东周王城出土的瓦当纹饰，则以云纹为主，兼有饕餮纹、虎纹、龙纹、朱雀纹等。这些瓦当纹饰中的双夔角兽面纹和牛角兽面纹，与商周青铜礼器上的兽面纹有着极其明显的承继关系。这一时期的漆器中也装饰有大量的吉祥纹饰。古人很早就认识到漆树汁液的性能，到春秋战国时期，已将其用作染料应用在多种器物上，并在许多漆器上绘制出各种彩色的吉祥纹饰。如湖北随州战国时期曾侯乙墓中的漆器有 200 余件，其中，内棺外绘龙凤、神兽、怪鸟等多种图案，一件漆木衣箱盖上绘有青龙、白虎、北斗星等图案，另一件漆木衣箱上绘有完整的精卫填海、后羿射日等神话故事图案，另有雷纹、云纹、龙纹、凤纹、饕餮纹等多种吉祥纹饰。①

三是岩画上的吉祥图案。夏商周时期，民间吉祥美术主要体现在各地风格迥异，但祈福愿望大同小异的岩画作品中。如新疆呼图壁县康家石门子岩画中的男女交合图、双头同体人和三头同体人形象等，

① 湖北省博物馆编：《曾侯乙墓：战国早期的礼乐文明》，文物出版社，2007，第 82–95 页。

表达了古人对人丁繁衍的期盼；[1]而内蒙古磴口县托林沟石壁上的拟兽舞蹈岩画、宁夏贺兰山独体岩画中多种多样的卧羊、立羊、奔羊、双羊图，以及甘肃马鬃山岩画中数量多达三百二十五只的羊图等，表达的则是祖先对狩猎成功的祈愿。这一时期的岩画中，多种多样的动物形象间接反映了人类狩猎技能的进步。

3. 两汉画像等中的四灵与神仙

秦汉时期的民间美术作品，主要保存在画像石、画像砖、壁画、织锦、漆器、玉器等载体中，其中大量出现的神兽异禽、神话人物、升仙故事等图案，反映了这一时期道家神仙思想的深刻印记。大致说来，这一时期的吉祥图案在内容上可分为三类：

一是辟邪类。两汉时期，随着儒家思想体系的逐渐完善并成为主流意识形态，以及神化儒家经学的谶纬之学的兴起，鬼神信仰、升仙思想、祥瑞观念也蔚然盛起，民间的驱恶辟邪之风也因之大兴。人们不仅在疾病、灾异之时要驱鬼逐疫，就连正常死亡之际，也要举行一系列的辟邪仪式。因而，辟邪类吉祥图案在两汉民间美术中得到了极为充分的应用。

首先是画像砖石、瓦当、漆器等器物上，逐渐出现了意在驱恶辟邪的四神形象。四神也称四灵，是青龙、白虎、朱雀、玄武四种具有驱避功能的神奇动物的合称。其中，青龙、朱雀、玄武都是古人想象中的动物。青龙是神兽之中最为尊贵者，自商周时就被当作吉祥之物。朱雀是一种神鸟，其形象与孔雀、锦鸡、绶带鸟等现实鸟类有一定的相似性，与传说中的鸾、凤凰、夔凤等神鸟更为接近。玄武是一种神兽，其造型是笨拙的龟与灵动的蛇的合成体。白虎则是四神中唯一存在于人类现实生活中的猛兽。虎自古以来就因其威猛而被视为神圣之物，因而常被用作重要信物的象征。制成虎形的符节，先秦时期即被

① 孙大卫主编：《中国新疆古代艺术宝典·绘画卷·4》，新疆人民出版社，2006，第55-62页。

国家博物馆藏战国“王命＝传”铜虎节

用作出入关驿的凭证，两汉时更是被最高统治者用作调动军队的信物，如相传出土于安徽寿县的战国“王命＝传”铜虎节、西汉错金铭文铜虎节等。在民间，虎也一直被视为具有驱恶辟邪功能的神兽。如东汉应劭《风俗通义・祀典》记载，河南民间有“腊除夕，饰桃人，垂苇茭，画虎于门”的风俗。至今，河南项城民间仍保留有以黄表纸剪老虎形象张贴于门神两侧以驱灾异的习俗。

其次，汉画中还出现了神荼、郁垒、衔环铺首等驱恶辟邪类的神兽形象。神荼和郁垒是一组擅长捉鬼的神兽，其形象常出现在大门上，后来演变成门神。如河南南阳汉墓出土的一幅神荼郁垒图中，二神皆头梳发髻，下着短裤。神荼左掌向外，右手持刀，呈格斗状；郁垒则右掌向外，左手执钺，呈守卫状。至南北朝时，宗懔所撰《荆楚岁时记》中记载，民间已有于正月初一“绘二神贴户左右，左神荼，右郁垒”的习俗，且有了“门神”的俗称。衔环铺首是一种面目狰狞的神兽，它口衔圆环，面貌极似后世的饕餮神兽，多用作大门上的驱邪性装饰图案，也常出现在两汉画像中。如四川芦山王晖墓出土的石棺棺盖前端，即绘有面目狰狞的衔环铺首。另外，汉画中还出现了一些展现驱傩仪式的场景。如河南南阳赵寨汉墓出土的一块被现代学者称为“升天傩舞图”的画像石中，最右面刻着一位骑虎者，正弯弓搭箭，准备射向眼前一只作势欲逃，却又回头张望的怪兽；接着，是一只展翅欲飞的朱雀和一个头戴斗笠、肩生双翼、两臂张开的仙人；仙人旁边是头戴面具的方相氏，他身体下蹲，正作舞蹈状；最后，是另一只展翅而飞的朱雀和一只正在云雾中飞腾的青龙。[1]此图被认定为驱傩图，主要是因为中间那个头戴面具、身体下蹲、作舞蹈状的人物形象。近年出土的一些关于驱傩仪式的汉画像石中，也大都有头戴面具的方相氏形象，且往往都手执利刃，身体下蹲，呈舞蹈状。

二是祈福类。两汉时期，受新兴神仙思想的影响，祈福这一传统的吉祥文化题材也染上了浓郁的道教神仙色彩。如传统祈福观念中，最为重要的就是对多子多孙、人丁兴旺的祈求。两汉画像在表现这一主题时，没有采用传统的生殖图腾——鱼的图案或纹样，而是采用了人首蛇身、相传为人类始祖的伏羲和女娲相向或相背交尾的图样。而且，两汉时期的伏羲女娲交尾图中，还出现了龙、乌、狐等神话传说中的多种形象。如四川出土的伏羲女娲双龙画像砖上，伏羲、女娲相互交缠的尾部向下延伸，又神奇地转化为首相望、尾相交的二龙。山东临沂白庄汉墓出土的一块画像石上，人身蛇尾的伏羲身上饰有象征太阳的日轮及金乌、九尾狐等长生不老神物，身下则有一山字形大树，树干两边是蛇尾神人，树间则布满兽面纹、小人纹等。[2]这些祈求生育繁衍、家族兴盛的图画中，显然都融入了道教的神仙思想。此外，这一时期的生育题材画像石中，还出现了"共首连体"的神奇图案，如三鱼共首、人蛇连体、人鸟连体、人兽连体、禽兽连体等，都明晰地表达了对生命绵延不绝、生生不息的期盼之情。

汉画的祈福主题，还通过对祈谷与籍田祭祀仪式的摹画来展现，其中出现了神农、后稷（也叫灵星神）等农业神灵的形象。籍田本是古代天子的亲耕之田，每逢春耕，天子、诸侯等要亲耕籍田，为天下农人做表率，并寓"祈谷"（祈求谷物丰收）之意。如《礼记·月令》载："是月（孟春之月）也，天子乃以元日祈谷于上帝。乃择元辰，天子

① 顾雅男：《汉代乐舞百戏画像石研究》，硕士学位论文，山西师范大学，2013年，第49页。

② 山东省博物馆、山东省文物考古研究所编：《山东汉画像石选集》，齐鲁书社，1982，图472。

国家博物馆藏牛耕图画像石

亲载耒耜……躬耕帝藉。”两汉时，这种曾经为皇家专用的祈福仪式，逐渐演变成普通民众也可参与的祭祀神灵（如土地神、天帝等）、祈求农业丰收的活动。汉画像展现这一活动的最好方式，就是各种充满祈愿丰收的牛耕图。如今藏于国家博物馆的出土于徐州睢宁双沟汉墓的画像石中，底部是一幅充满田家辛勤劳作意味的牛耕图，绘刻有奋力拉犁的老牛、扶犁扬鞭的农夫和紧跟其后、挥手播种的少年，以及持锄耘田的农妇、荷担送饭的老人、闲荡游玩的小牛、停放在地头的牛车等；中部是由主、客、仆多人及鸟、马等组成的拜谒图，互拜的二人之间有一株疑似嘉禾的植物；上部则绘刻有骑鹿人和多种神兽的升仙图。这幅跟拜谒图、升仙图并列在一起的牛耕图，显然反映的是传统民俗中具有祭祀祈福意义的耕种仪式。至今，这种寓有祈求丰收之意的牛耕图、春牛图等，仍是剪纸、年画等民间吉祥美术的重要题材。

汉画的祈福主题还具体表现在对摇钱树、金饼形象和图案及纹样的应用上，真实地反映了古人的求财心理。今存的汉代吉祥器物中，最为独特的应是东汉大中型墓葬中出土的摇钱树，多见于以四川为中心的西南地区。这些反映了汉人求财欲望的摇钱树，一般由陶质或石质底座、青铜铸就的树干和叶片构成，叶片上常铸有吉祥动植物和西王母等神话人物以及钱币图案，树座上则绘刻挂满方孔圆钱的神树图案。其中，四川眉山江口汉崖墓博物馆收藏有一棵被认定为国家特级文物的摇钱树，其树干上缀满了外圆内方的五铢钱，并装饰有伏羲、西王母、乘鹿人、牛郎、织女、仙人、侍者、乐舞杂伎以及朱雀、青鸟、神鹿、玉兔等上百个人物和动物形象，清晰表达了汉人的求财、求仙愿望。同时，在已经出土的汉代画像砖石中，也涌现出大量的摇钱树、金饼图案与纹饰。如四川简阳鬼头山三号画像石棺的左侧面图饰中，在榜题为“日月”的两个羽人之下，有一棵枝叶繁茂的大树，榜文“柱铢”二字，显然是汉人对此树的称呼。“柱”意为树木高大直立，“铢”在汉代常用以指代钱币，“柱铢”意即像柱子一样高可通天的钱树，可见这棵树应是吉祥摇钱树图案的雏形。随着汉人求财欲望发展成熟的，还有吉祥金饼纹饰。该纹饰多表现为重环纹或成排的圆环纹、交错并现的柿蒂纹和方格纹，以及交错并现的豆点纹和五铢钱图案等。这些关于摇钱树、金饼的形象、图案或纹饰，其实是汉代民间艺术家们对当时求财求富心理和求仙得道思想的直观展示。

此外，汉画像的祈福题材中，还出现了大量的吉祥动植物图案。动物类主要有象征天下大治、人民安居乐业的六足兽、比肩兽、比目鱼、比翼鸟等；植物类则有状如蘑菇、能使人延年益寿的灵芝仙草，形似大棵谷子、象征天下太平以及粮食作物丰收的嘉禾，来自不同根系的枝干缠绕在一起、寄托着兄弟手足之情永存的连理木，等等。山东嘉祥武梁祠汉画中即有大量的此类图案，江苏白集汉墓中甚至出现了交颈鸟的图样。另外，汉画中还出现了将多种吉祥动植物绘刻在一起，构成完整的祥瑞图的做法。如山东临沂出土的一块画像砖上，出现了羊首、双鱼、双鸟齐聚的现象；江苏邳州燕子埠出土的一块汉画像石，则将福德羊、麒麟、朱鸟、玄武并录。[①]而最典型的，莫过于甘肃天井山《西狭颂》（又称《惠安西表》）摩崖石刻右面的《五瑞图》[②]。上部为龙、鹿，下部为枝干相连的两树、一棵硕大的禾苗和一个头顶托盘站在一棵树下的人，榜题则分别为“黄龙”“白鹿”“木连理”“嘉禾”“甘露降”。此图应是东汉的“邑池五瑞”，是政通人和、五谷丰登、民乐其居的象征，也充分反映了当时官方和民间对祥瑞的刻意追求。

① 牛存明：《图像生存：汉画像田野考察散记》，广西人民出版社，2007，第68-72页。
② 图见樊军：《〈西狭颂〉研究》，兰州大学出版社，2007，第147-149页。

三是祈求成仙与长生类。这是受两汉神仙思想直接影响而形成的一类吉祥图案。首先体现为汉画中大量出现的掌管不死之药的西王母、长生不死的神人、能导引人飞升的羽人等神仙形象，金乌、青鸟、蟾蜍、玉兔、九尾狐、兽面人等神兽形象，以及能令人长生不老的灵芝、琼浆、灵药等神奇之物。如青岛崇汉轩汉画像砖博物馆收藏的一块出土于四川新津的东汉条形画像砖上，右起分别是跪坐捣药的玉兔、九尾狐、端坐在龙虎座上的西王母、求药的仙人、三足乌和正持械相互搏击的

青岛崇汉轩汉画像砖博物馆藏东汉条形画像砖

两人；陕西绥德黄家塔九号汉墓的门楣画像石上，上部刻羽人、九尾狐、玉兔等，下部刻马、虎、麒麟、桃祓、翼龙等。其次体现为汉画中新出现的一些关于升仙的神话故事图。其中，最为典型的应是嫦娥奔月图，另有仙人或羽人骑乘龙、虎、鹿、龟、飞廉、神兽等吉祥物遨游图。最后体现为汉画中最常用的吉祥纹饰——“云虚纹”，即在传统云纹中加画各种吉祥神兽、神鸟、神草和神仙形象的图案。这是汉人在求道成仙思想影响下，从战国时即出现的吉祥云纹演变而来的一种新纹样，其中的众多图样共同表达了驱邪辟恶、成仙得道的美好愿望。这一时期的云纹，还出现了云龙纹、云鸟纹、云凤纹、云气纹、花叶云纹等众多新的复合样式。

今天能见到的汉代吉祥图案，另有少部分保存在漆器、铜器等其他器物中。如两汉铜镜中，除具有驱邪辟恶功能的四神纹饰外，还出现了蟠螭纹、龙虎纹、夔凤纹、神兽纹、草叶纹、星云纹等多种吉祥纹饰，且这些纹饰常与“常富贵”“乐未央”“长宜子孙”“君宜高官”

等吉祥用语组合在一起，共同表达先民对吉祥的期盼和祝福之情。

4. 魏晋南北朝时期的菩萨与魂瓶

魏晋南北朝时期，传统的道教神仙思想继续流传、发展，并一度衍生出神秘的玄学，同时，由印度传入的佛教思想不断吸收儒、道等中国本土文化的精华，也得到了极大的发展。在佛、道思想的双重影响下，民间传统的吉祥美术产生了诸多新的变化。

首先是出现了众多佛教吉祥图案与纹饰。最为常见的是佛、菩萨、诸天等佛教人物，孔雀、狮子、白象等佛教祥禽瑞兽，莲花、宝相花、云物、宝塔等佛教吉祥物。这一时期的此类作品，主要保存在新疆克孜尔石窟、甘肃天水麦积山石窟和敦煌莫高窟的壁画中，而擅长创作此类作品的画家，见载于典籍的，有东吴曹不兴、西晋张墨和卫协、东晋顾恺之、梁代张僧繇父子、北齐曹仲达等人。其中，顾恺之画佛像的技艺尤为高超。如唐代张彦远《历代名画记》卷五“顾恺之”条载：

> 兴宁中，瓦棺寺初置，僧众设会，请朝贤鸣刹注疏，其时士大夫莫有过十万者。既至长康（即顾恺之），直打刹注百万。长康素贫，众以为大言。后寺众请勾疏，长康曰：“宜备一壁。”遂闭户往来一月余日，所画维摩诘一躯，工毕，将欲点眸子，乃谓寺僧曰：“第一日观者请施十万，第二日可五万，第三日可任例责施。”及开户，光照一寺，施者填咽，俄而得百万钱。①

以月余日画维摩诘一像且能在三日之内得善男信女施舍百万钱，顾恺之画佛像之功力、当时民众对佛像之崇信，可见一斑。只是，时代湮远，顾恺之等知名画家所画佛像今已荡然无存。而留存至今的新疆、甘肃等地的佛教洞窟壁画，虽多为默默无闻的民间普通画工所作，但其中的佛、菩萨、诸天、力士等诸神，无不神圣而庄严，充满了世

① 张彦远：《历代名画记》，辽宁教育出版社，2001，第51页。

人对神秘、幸福、不死生活的向往。如新疆库木吐喇石窟第二十一窟的洞顶画[①]，正中间是一个抽象成数个同心圆的吉祥莲花图案，从莲花最外圈的花纹处，又向外辐射出十二个梯形条幅，其中精心绘制了十二尊供养菩萨像。这些菩萨像都绘制得极细致，衣着、打扮、神态、动作各有不同，使人在叹服其华丽、绚烂的外表之余，油然而生一种难以遏制的崇敬、艳羡之情。而且，这十二尊菩萨像周边，还装饰有美丽而飘逸的七宝楼台、飞天伎乐、莲池荷影等图案和纹饰，处处激发着世人对富足、安乐、不朽生活的憧憬。

其次，这一时期的民间吉祥美术出现了佛道思想杂糅的倾向。如作为传统吉祥纹样之一的忍冬纹，也称卷草纹，由俗称金银花的蔓生植物演变而来。这种植物本性耐寒，凌冬不凋，《本草纲目》认为它有神奇的药效，久服可以“轻身”“长年”“益寿”，因而一直被道教视为仙物，并广泛应用于道教吉祥绘画作品中。随着佛教的中国化，这种植物也被佛教借用，成为可以使人灵魂不灭、轮回永生的神圣植物。至六朝时，佛教美术也开始广泛采用这一吉祥纹饰。再如魂瓶，一般制成五个连成一体的小罐形状，罐中可盛放五谷，民间俗称“五谷囤”（或五谷堆）。这种专用于墓葬的明器，显然是传统灵魂不死观念的产物。在道教升仙思想的影响下，魏晋南北朝时期的魂瓶出现了加饰楼阁的变异现象。国家博物馆收藏的出土于江苏南京的黑釉楼阁佛像陶魂瓶，在楼阁外又环饰有众多法力无边的佛教保护神形象，完美诠释了传统灵魂观念与道教神仙思想、佛教思想的融合。另如甘肃酒泉丁家闸五号墓的前室壁画中，主体是道家神话图，周围装饰的则是佛教复瓣莲花纹；河北磁县的湾漳北齐大墓、大冢营村东魏茹茹公主墓，也都发现了青龙、白虎等道教四神形象与佛教吉祥莲瓣纹完美

① 中国美术全集编辑委员会编：《中国美术全集 绘画编 16 新疆石窟壁画》，文物出版社，1988，第 148–151 页。

国家博物馆藏三国时吴国
黑釉楼阁佛像陶魂瓶

组合在一起的壁画。

最后，由于魏晋玄学的影响，民间美术在保留两汉以来传统吉祥图案和纹饰（如辟邪、四神、门神、羽人、飞升等）的基础上，又繁衍出一个全新的吉祥图样——山水。山水图是为迎合魏晋名士崇尚个性自由、雅好山水的癖好而产生的，它以山、水等自然景物为表现内容，具有缥缈、空灵的艺术特点。在民间，其凭借“山高水长”的吉祥寓意，受到世俗民众的追捧，并逐渐发展演变为一种专用于祝寿的喜庆题材。而今，山水图又演变出流水生财、洪福齐天、迎客招财等众多吉祥寓意，在民间盛传不衰。

5. 隋唐铜镜壁画中的神灵与飞天

东汉时，民间就出现了以祥瑞为主题的绘画作品，如前述甘肃天井山摩崖石刻《西狭颂》旁的五瑞图中，即摹刻了黄龙、白鹿、木连理、嘉禾、甘露降这五类祥瑞之物。魏晋南北朝时，民间还出现了有意汇集各种吉祥瑞庆图样和事物而成的艺术作品。据记载，东吴孙亮曾创作了一架绘有瑞应图的琉璃屏风，其上共绘有一百二十种吉祥图案。到隋唐时，这种有意辑录祥瑞之物的做法仍然盛行，如唐张彦远《历代名画记》卷三记载，当时民间流传有无名氏辑录的《祥瑞图》《符瑞图》《白泽图》等多种辑瑞作品；唐刘庚辑录的《稽瑞》一书，更是流传至今，并有多种传本。这种辑汇各种祥瑞之物、之事、之兆以成书的做法，深深影响了当时的民间吉祥美术。大致说来，隋唐民间吉祥美术体现在以下方面：

一是铜镜中的吉祥纹饰。铜镜，在商周时便已成为贵族阶层的奢侈之物。至战国时期，其背面已开始装饰蟠螭、云雷、花瓣等简单而吉祥的图案或纹样。两汉至六朝时期，铜镜背面的装饰图案更趋繁复，四神、龙虎、凤鸟等祥禽瑞兽图案在今存实物中均可见到。隋唐五代时期，随着冶炼技术的发展和物质生活水平的极大改善，铜镜已由贵族阶层的专用之物成为寻常百姓的家用之物，且常用作女子出嫁时的陪嫁用品。如唐代贾岛《友人婚杨氏催妆》诗说："谁道芙蓉水中种，青铜镜里一枝开。"王建《老妇叹镜》诗说："嫁时明镜老犹在，黄金镂画双凤背。"据此也可知，其上的装饰图案和纹样，或为水芙蓉（即荷花），或为双凤，呈现出世俗化、平民化、大众化的趋向。

隋唐铜镜上的纹饰和图案，来源广泛。有的来自传统民间神灵崇拜，如四神纹、八卦纹（日月星辰八卦纹、十二生肖八卦纹等）、十二生肖纹、瑞兽纹（如夔龙纹、龙凤纹、盘蛇纹等）、神话故事纹（月宫纹、飞仙纹、真子飞霜纹等）等；有的来自佛教神物，如佛教诸神像（佛、菩萨、飞天等）、佛教法器纹、祥禽瑞兽纹、吉祥植物纹（如缠枝纹、忍冬纹、莲花纹、宝相花纹等）；还有的来自异域奇物，西域的葡萄、南海的异兽，皆可入图，如甘肃博物馆收藏的唐代海兽葡萄纹铜镜。而且，这一时期的铜镜纹饰，开始集合更为繁复的吉祥图案和纹样，表达更为深厚的祈吉意蕴。如在陕西西安隋李静训墓出土的"光正随人"四神十二生肖铜镜[①]上，正中铜钮外圈是"光正随人，长命宜新"的八字楷书铭文，字圈外是始自两汉的驱邪四神，再外是六朝时始出现的十二生肖保护神。这幅由文字、四灵、保护神等共同组成的复杂图案所寄寓的驱恶祈福意蕴，不言而喻。另如旅顺博物馆收藏有一枚唐代

甘肃博物馆藏唐代海兽葡萄纹铜镜

① 赵力光、李文英编著：《中国古代铜镜》，陕西人民出版社，1997，第111页。

双鹊月宫盘龙镜[1]，也称月宫双鹊衔绶带葵花镜，居中铜钮左右是一对口衔绶带、相对而飞的喜鹊，充满了对夫妻生活幸福美满的祝福；铜钮上方是充实而忙碌的月宫和月宫外吉祥如意的云纹，月宫正中是一株长势茂盛的桂树，桂树左右分别是忙着捣药的玉兔和正奋力跳跃的蟾蜍，寄托了对长生不老的神仙生活的向往；铜钮下方则是矫健勇猛的出水盘龙、激荡而起的水波纹和祥云纹；铜镜的最外缘则制成八出葵花的样子。上、中、下多层次的纹样图案及外廓的八出葵花形状，共同体现了丰富多彩、吉祥祈愿的寓意。再如陕西凤翔出土的四神铭文镜（由四神图案、叶瓣纹和吉祥铭文“宝□[2]临心，佳丽新□，堀前照□，□散□光，娟姿独绝，石映无双”组合而成）、四兽禽鸟葡萄镜（由四瑞兽、葡萄、禽鸟和流云纹、瑞花纹等组合而成）、双鹊衔绶鸳鸯镜（由口衔吉祥绶带的双雀、覆翅而立的鸳鸯、四株折枝花和四只蜂蝶组合而成）、千秋双鸾系绶荷叶镜（由颈系绶带的双鸾、荷叶、荷花、荷苞、莲蓬、折枝花、方胜、如意云头纹及“千”“秋”二字组成）等，其图案均繁复而生动，充满了祥和吉庆的气氛。

二是寺庙、石窟、墓室壁画中的吉祥美术。唐张彦远《历代名画记》中记载的两京外州寺观壁画非常丰富，可惜留传至今的极少。石窟壁画则因多处于僻远地区而得以保存下来，今存数量较多、较集中的莫过于敦煌莫高窟。而莫高窟的隋唐壁画中，佛教吉祥图案和纹样占有相当大的比重。其中较常见有佛、菩萨、天王、力士、金刚、观音及飞天、供养人等人物图案，狮子、白象、莲花、宝相花等动植物图案或纹样。需特别指出的是，宝相花是一种呈放射状的团花，其花瓣层层累积，并有云头纹装饰，它其实是一种融汇牡丹、芍药、莲花等中华传统吉祥花卉图案而成的新图样。作为佛教吉祥物的宝相花，隋唐

---

① 旅顺博物馆编：《旅顺博物馆藏铜镜》，文物出版社，1997，第117页。

② □：原文漫漶莫辨，因此以符号代替，下同。

时期已广泛应用于日常生活中，至今仍是广受民众喜爱的吉祥花卉。

甘肃博物馆藏唐代黄地宝相花纹锦残片

从今存敦煌莫高窟隋唐壁画可知，最为世人喜爱的吉祥人物形象，应是融合了印度佛教天人、中国道教羽人、西域飞天三者特色的飞天仙女形象。莫高窟四百九十二个洞窟中，几乎窟窟都有飞天们美妙绝伦的动人身姿，她们不仅姿容姣好，而且能歌善舞、多才多艺，象征了俗世凡人对美好人生的许多期盼。如第四百二十七窟（隋）四壁和藻井中共画有一百零八个飞天，是飞天画像最为丰富的一个洞窟。这些飞天有的手持莲花或花盘，似乎正要将吉祥之花洒向人间；有的手持琵琶、箜篌等乐器，似乎正在演奏喜庆祥和的音乐。其他如第三百二十九窟（初唐）窟顶藻井上，围绕双层宝相花翩翩起舞的十六个形态各异的飞天；第三百二十窟唐阿弥陀经变故事中，在佛宝盖两侧边追逐嬉戏、边轻松抛撒鲜花的散花飞天；第一百五十八窟唐涅槃经变故事中，围着菩提宝盖凌空而舞的各种供养飞天[①]；第一百五十三窟报恩吉祥窟中的八大菩萨像；第三百一十一窟藻井中的莲花童子等，无不透露着对世俗人生的美好期盼。

除了佛教吉祥题材，莫高窟还保存了一些反映传统的吉祥神话和

① 各种飞天图可参阅中国旅游出版社编：《敦煌飞天》，中国旅游出版社，1980；范兴儒临摹：《敦煌飞天》，敦煌文艺出版社，2008。

甘肃敦煌莫高窟第三百二十九窟飞天

民俗题材的隋唐壁画，其中出现了祈雨、禳灾、婚娶等吉祥场面。如莫高窟第二十三窟唐北壁左上角的壁画中，在细雨漫天的田地上，一农夫在扬鞭赶牛犁地，另一农夫肩挑庄稼而行；此图下方，则是热闹而祥和的宴饮、乐舞场面。因此，有现代学者认为这是一幅反映祈雨活动的"雨中耕作图"[①]。

隋唐时期的墓室壁画则更多地保留了四神、云鹤、蜂蝶、花树等传统吉祥图案和纹样。如在西安西郊陕棉十厂出土的唐墓室南北壁画中，分别绘有驱恶辟邪的朱雀、白虎，四壁上部均以吉祥的流云纹装饰。[②]河南洛阳出土的唐代唐、崔二孺人墓道壁画中，具有驱恶辟邪作用的吉祥神兽则是青龙、白虎。而北京八里庄出土的唐代王公淑及其夫人的墓室北壁壁画[③]，以吉祥富贵的牡丹花丛为中心，其下绘两只芦雁，其上是飞舞的蝴蝶，墙壁最下角还有吉祥的秋葵和百合花等。当然，隋唐墓室壁画中还绘有大量的歌舞、狩猎、礼宾、宴饮图。这些图画都充满了对人世幸福享乐生活的留恋和向往。

三是门神画等日常生活中的吉祥美术。相传，门神画起源于秦汉时期画白虎或神荼和郁垒、挂苇索或桃人于门以驱邪祈福的风俗。至六朝时，民间多以能捉鬼怪、驱邪祟的神荼和郁垒及金鸡、白虎等为门神。如《荆楚岁时记》记载：南朝荆楚一带，民间俗于正月"贴画鸡，或斫镂五采及土鸡于户上。造桃板著户，谓之仙木。绘二神贴户左右，左神荼，右郁垒，俗谓之门神"。历经六朝之变后，唐代的门神形象

① 赵玉平：《敦煌壁画"雨中耕作图"与唐五代赛祆祈雨活动》，《新疆艺术学院学报》，2009(3)。
② 马志军、张建林：《西安西郊陕棉十厂唐壁画墓清理简报》，《考古与文物》，2002(1)。
③ 罗世平：《观王公淑墓壁画〈牡丹芦雁图〉小记》，《文物》，1996(8)。

在继承传统的基础上也发生了新变。传统的如段成式《酉阳杂俎·续集》卷四《贬误》所载，当时民间“俗好于门上画虎头”以“息疟疠”，新变则是出现了以面相凶恶而著称的捉鬼能手——钟馗。据传说，钟馗是陕西终南山人，在唐武德年间（618—627）的武举考试中，虽武艺超群，却因相貌丑陋而被除名，遂愤而自杀。后来，唐玄宗梦见钟馗化为神，能捉拿鬼怪、保佑宫廷平安，遂命人将其画像张贴在宫门以辟邪。这一做法传到民间，并为道教所接受，于是产生了钟馗这个祛恶镇鬼的新门神形象。此外，今存敦煌文书中有多首题作《儿郎伟》的驱傩词，其中屡屡出现“钟馗”之名，如“驱傩之法，自昔轩辕。钟馗、白泽，统领居仙”，“教使朱砂染赤，咸称我是钟馗。捉取浮游浪鬼，积郡扫出三峗”，等等。[①]由此可知，至唐末，钟馗也成为具有驱恶辟邪功能的傩神之一。于今，尽管人们已不再将钟馗画像张贴于大门之上，但它的驱恶祈福意义却从来没有改变过。

此外，隋唐时期的民间日用器物如桌椅屏风等家具、琴瑟等乐器、杯盘等餐具、服装床幔等衣物中，皆随处可见吉祥图案或纹样的踪迹。另考隋唐时期著名画师的画作，如袁倩《二龙图》、朱抱一《张果像》、张素卿《寿星像》和《天官图》等，其原作虽已无存，然据题名可知，当时的民间绘画中已出现了流传至今的二龙戏珠、八仙、寿星、天官等吉祥图样。

6. 宋元年画风俗画中的门神与婴孩

随着祈吉文化的发展成熟，宋元民间吉祥图案的种类日渐丰富。植物类如梅、兰、竹、菊、石榴、迎春等，皆有祥和之意；动物类如鸳鸯、双鱼、双雁、双鹊、群鹤等，无不蕴藏着更为深厚的寓意；人物类如福禄寿三星、五百灵官、八百罗汉等，不仅阵容庞大，且充满宗教色彩。就其载体而言，宋元民间吉祥美术可分为以下三类：

---

① 黄征、吴伟校注：《敦煌愿文集》，岳麓书社，1995，第945、964页。

一是木版年画及其常见图案。隋唐时期，随着造纸技术的发展进步，手绘纸质美术作品开始进入寻常百姓家，带有驱恶祈福性质的门神、年画作品比较常见。但门神、年画等纸质吉祥美术作品的真正发展繁荣，应始自两宋时期。这一时期，造纸术更趋成熟，雕版印刷技术也得到飞速发展，这不仅直接促成了年画、门神画等吉祥美术作品进入寻常百姓家，也间接促成了屏风画、瓷器画、壁画等手工绘画业的大发展。

两宋时期的雕版印刷画作，往往称作“纸画”。如北宋孟元老《东京梦华录》卷二“宣德楼前省府宫宇”条载：“至州桥投西大街，乃果子行。街北都亭驿（大辽人使驿也），相对梁家珠子铺。馀皆卖时行纸画花果铺席。”卷三“天晓诸人入市”条载：“果木亦集于朱雀门外及州桥之西，谓之果子行。纸画儿亦在彼处，行贩不绝。”据此则知，北宋都城开封城中卖“纸画”的店铺为数较多，主要集中于朱雀门外和州桥西大街一带，而且，北宋时的“纸画”，与传统的节庆习俗密切相关。如《东京梦华录》卷十“十二月”条又载：“近岁节，市井皆印卖门神、钟馗、桃板、桃符，及财门钝驴、回头鹿马之天行帖子。”卷六“立春”条则载，“立春前一日”，“百姓卖小春牛，往往花装栏坐，上列百戏人物，春幡雪柳，各相献遗。”南宋吴自牧《梦粱录》卷六“十二月”条亦载：“岁旦在迩，席铺百货，画门神桃符，迎春牌儿，纸马铺印钟馗、财马、回头马等，馈与主顾。”[①] 据此可知，北宋时的“纸画”，除了春节之前的年画，还有立春前一日开卖的“小春牛”；而春节年画中，不仅有门神、钟馗、桃符等驱邪性图案，还有财门钝驴、回头鹿、回头马、财马等祈财性图案。

值得注意的是，两宋时期的门神画，不仅继承了传统以狰狞凶恶

---

① 孟元老等著，周峰点校：《东京梦华录（外四种）》，文化艺术出版社，1998，第 12、24、69、37、168 页。

为特征的神荼、郁垒、钟馗等神话人物形象，还出现了与此类“武”门神相对、文静儒雅的“文”门神形象。如台北故宫博物院收藏的南宋画家李嵩《岁朝图》中，即出现了风格截然不同的两种门神：一是院门上戴盔穿甲、气势威严的武将门神，一是正房门上持笏躬身、谦卑有礼的文官门神。经过历代文人和艺术家的改编，伍子胥、赵云、秦琼、尉迟恭等曾在现实生活中真实存在过的历史名人，也逐渐加入门神的队列。如二十世纪在内蒙古黑水城出土的三幅宋代年画木版中，有一幅就是三国名将关羽。有时，甚至连敌方将领的形象也可以贴到民间木门之上，成为庇佑众生的门神。如《全宋笔记》中《枫窗小牍》中载：“靖康（1126—1127）已前，汴中家户门神多番样，戴虎头盔。”[①]两国交战之际，京城百姓在门上张贴这些番将模样的门神，充分显示了处于战乱之中的平民百姓对和平安定生活的祈愿和向往。

二是民间绘画作品及其吉祥图案。随着商业经济的发展和城市文化的兴起，两宋民间喜庆活动出现了一些新的趋向，但凡喜庆宴集，往往好以屏风、画帐、字画等渲染气氛。因此，北宋的开封、南宋的临安等地，都有专门的纸画铺；北宋都城开封的大相国寺每月数次的庙会、南宋都城临安屡屡开张的夜市上，也都有售卖民间绘画作品的摊点。在这种市场需求下，民间画师开始成批量创作喜庆热闹的吉祥画。如邓椿《画继》卷六“人物传写”条载，北宋开封著名画师刘宗道善画一种叫作“照盆孩儿”的扇面，图中小儿以手指水、水中倒影亦以手指之，但他“每作一扇必画数百本然后出货，即日流布”。[②]这种成批量绘制、同时销售的行为，显然是为了杜绝他人仿冒。“照盆孩儿”扇面的广受欢迎，正显示了传统祈吉文化的强大生命力。

两宋民间绘画作品中，还出现了大量反映民俗的节令画和反映市

---

① 上海师范大学古籍整理研究所编：《全宋笔记·第四编·五》，大象出版社，2008，第241页。
② 中国书画全书编纂委员会编：《中国书画全书》（二），上海书画出版社，1993，第716页。

井平凡生活的风俗画。常见的节令画有《大傩图》《九九消寒图》《春牛图》《观灯图》等，其中最受欢迎的当属《春牛图》。这是一种类似于后世“月份牌”的历画，其中标有二十四节气，且绘有手执牛鞭的芒神和色彩明艳的耕牛。芒神又名句芒、木神、春神等，是主宰万物生长和农业生产之神。在《春牛图》中，芝神穿鞋与否、站立位置等均表示不同的含义：穿鞋说明当年天旱，赤脚则雨水大，一脚穿鞋、一脚赤足代表是不旱也不涝的好年景；站在牛前表示当年春来早，站在牛后代表当年春来晚。可见，此图具有指导农业生产的现实价值，因而成为乡村民众新年必贴之“画”。南宋文人刘克庄《寿昌》诗说道：“新年台历无人寄，且就村翁壁上看。”这张贴于“村翁壁上”的，显然就是《春牛图》。直至清代，《春牛图》仍盛行于民间。如清袁景澜《吴郡岁华纪丽》卷一载，吴地“乡村人家，新年粘春牛图于壁，以观四时节序，借以代时宪书，取其便览”[①]。

常见的风俗画则有《耕织图》《牧牛图》《婴戏图》《夜市图》等。其中，活泼可爱并有祈子寓意的《婴戏图》最受欢迎。两宋以画婴孩闻名的画家，除前述专画“照盆婴儿”的刘宗道，另有专画婴儿的北宋末画家“杜孩儿”、写儿童“深得其状貌而更尽神情”的南宋画家苏汉臣及其因《端阳戏婴图》而闻名的儿子苏焯。大致说来，两宋婴戏图不仅演变出形态不同、人数不等的多种样式，还与传统节令画结合，最终发展成至今仍广受民间欢迎的年画品种之一。如苏汉臣的今存画作《秋庭婴戏图》中，高高的山石下，两个孩童正在聚精会神地玩推枣磨游戏；《五瑞图》中，五个小孩子分别扮作丑公子、货郎、官人、卖药郎中和判官，正在模仿祈福纳吉歌舞，兴高采烈地“过家家”；《百子戏春图》中，三十五个孩童在殿阁上下玩耍，阁上小儿有放风筝的、看画的、下棋的、弹琴的、玩木偶的，台下小儿有爬树折

① 袁景澜撰，甘兰经、吴琴点校：《吴郡岁华纪丽》，江苏古籍出版社，1998，第42页。

现代邮票中的古代孩童

桂的、沿池采莲的、玩皮影的、玩抬人游戏的、拜佛的、舞狮的，或坐或卧，或动或静，或演或看，不一而足，共同营造了一幅热闹欢乐的场面。[①]婴戏图之所以成为备受广大民众和画师绘工们钟爱的题材，应是因为无忧无虑、快乐嬉戏的孩童形象，不仅寄托着普通民众对幸福如意生活的期盼，也蕴藏着中华传统多子多福的观念。至今，天真可爱的古代孩童形象仍深受绘画艺术家和广大民众的喜爱，如上图这枚现代艺术家设计的邮票中，那些憨态可掬的孩童依然是整幅画作的中心。

三是其他民间绘画作品及其吉祥图案。这一时期的壁画主要保存在敦煌莫高窟、山西高平开化寺、陕西蒲城洞耳村等地，有石窟、寺庙、墓室三种。其中，敦煌莫高窟共有九十多个宋元石窟，壁画内容以佛教故事为主，大都绘有庄严慈祥的佛教人物像、神圣的佛教吉祥物（如香炉、灯烛、宝幢、幡盖、莲座等）的图案或纹样，但也有不少来自中华传统的吉祥图案，充分反映了宋元时人们虔诚的宗教信仰和传统祈福求吉文化的融合。如第二百三十四窟（宋）窟顶的盘龙藻井纹样、第四百窟（西夏）窟顶的凤首龙身图案，显然是对中华传统吉祥图案的继承。陕西蒲城洞耳村的元墓壁画也明显具有这一特色，其在描述日常生活的对坐图、献酒图、乐舞图外，不仅装饰有戏花童子、双雁对飞等传统吉祥图案，还杂糅了火焰纹、如意云头纹、曲蔓卷草纹等来自佛教的吉祥纹样。[②]山西永济永乐宫三清殿的元代壁画《朝元图》，

---

① 梁济海编：《中国古代绘画图录：宋辽金元部分（一）》，人民美术出版社，1991，第180、182页。

② 刘恒武：《陕西蒲城洞耳村元墓壁画》，《收藏家》，1999（2）。

描绘的是道教六天帝率领众仙人朝元的情景：六天帝分别为南极长生大帝、三十二天帝、中宫紫微北极大帝、勾陈星君天皇大帝、太上昊天玉皇上帝和扶桑大帝，众仙人则有东极青华太乙求苦天尊、天罡大圣、玄元十子、十二元神、五岳诸神、雷雨诸神以及由传统的四神演变而成的青龙君、白虎君等。[1]这幅壁画绘制的二百八十四位道家神祇，共同构成了一个秩序井然、温馨和谐的仙界体系，其中无疑蕴藏了世人对理想的和谐社会的期盼。

宋元瓷器的装饰图案也非常丰富。常见的婴戏图开始与传统的莲、牡丹等吉祥植物图案结合形成寓意更加丰富的物象，如国家博物馆收藏的元代磁州窑婴戏图瓷罐上，画面中心是一个天真无邪、伏地而卧的童子，他手握花枝，回首顾视，似正在炫耀手中的花；在他的周围，遍布以粗犷大气的笔触绘饰的丰满舒展的牡丹花。这个戏花婴孩不仅寄寓了多子多孙的美好期盼，也表达了希望孩子像盛开的牡丹一样健康美丽、富贵成长的愿望。而该时期瓷器上的动物图案，仍以传统的龙凤、麒麟、鹿鹤、鱼、鸳鸯、乌鹊等为主，偶尔有四神中的白虎形象，也已与传统吉祥植物、水波纹等结合。如甘肃博物馆收藏有一个烧制于北宋明道元年（1032 年）的虎纹瓷枕，其上绘制有驱恶辟邪的白虎、折枝或缠枝牡丹、梅花点、卷叶、卷草、水波等多种纹饰。而且，这一时期里，鲤鱼戏水、鸳鸯戏水、双龙戏珠、凤穿牡丹、喜鹊登梅、梅开五福、竹报平安等后世常见的复合吉祥图案，开始出现雏形。如广东海康出土了一个宋元时期的褐彩凤鸟纹荷叶盖罐，其肩部是衬以菊花纹饰、

国家博物馆藏元代磁州窑婴戏图瓷罐

① 曹彦伟主编：《永乐宫壁画·朝元图》，安徽美术出版社，2013，第 1-7 页。

甘肃博物馆藏北宋磁州窑虎纹瓷枕

互相对称的双凤和四鹊，腹部是菱形四开光内的折枝花卉，腹下部至足上部是短直线分成的四格椭圆形开光内的折枝菊花，各图案间以钱纹和卷草纹分隔。这些组合在一起的图案和纹样，充满了对夫妻生活富贵和谐、美满如意的祝愿。

此外，这一时期的雕刻、泥塑、刺绣、纺织、印染等其他民间美术作品中，也往往装饰有吉祥图案或纹样，并体现出与佛教吉祥思想相融的迹象。如甘肃博物馆收藏的这枚宋代瓦当上，即装饰有佛教吉祥神鸟迦陵频伽（也称妙音鸟）的形象。

甘肃博物馆藏宋代瓦当上的迦陵频迦

7. 明清日常器物中的“意必吉祥”

明清时期，尤其是清王朝统治时期，我国民间祈吉文化发展到无以复加的地步。日常生活用语讲求吉祥，连具有法律效力的契约文书中也出现了“丰年大熟”“永远大吉”“兴隆大发”等吉祥用语；[1] 以器物制作为代表的各行各业，更是刻意追求一种“工必有意，意必吉祥”的艺术理念，所制器物上必定装饰有寓意吉祥的图案和纹样。这些装饰在器物上的吉祥图案和纹样，直接构成了明清时期吉祥美术的主体。依据器物材质差异，明清时期的吉祥美术可分为以下类型：

一是木版年画中的吉祥美术。如前所述，木版年画在宋元时即流行于民间，到明清时期，已发展成为最能代表民间吉祥美术的艺术样式。至清末，民间已形成了许多颇具规模的年画产地，除至今仍享有盛誉的天津杨柳青、山东杨家埠、苏州桃花坞、河南朱仙镇外，河北武强、广东佛山、福建泉州和漳州等地的版画作坊也较有影响。今存明清木版年画实物，较著名的有刻印于明弘治元年（1488 年）的《九九消寒图》、明隆庆年间（1567—1572）的《寿星图》、明末的《门神》《户尉》，以及清道光四年（1824 年）的《丰稔图》、光绪年间（1875—1908）的《蟾宫折桂》等。一些明清年画老版，至今仍在民间流传，较著名的有杨柳青年画《天官赐福》《八仙过海》《金玉满堂》《富贵有余》，杨家埠年画《钟馗捉鬼》《刘海戏蟾》《封侯挂印》，桃花坞年画《戏婴图》《百子图》，漳州年画《日日进财》《年年添丁》，等等。这些留存至今的年画实物与年画老版，充分证明了木版年画的受欢迎

年画《戏彩娱亲》

杨家埠戏曲人物年画

① 冯学伟：《明清契约中的“吉祥语”和吉祥文化》，《法制与社会发展》，2010（4）。

程度。而根据明清年画老版重新印制的年画作品，也受到现今广大民众的喜爱和追捧。

明清木版年画中，最值一提的是门神画。明清的门神形象，以面目狰狞的武将门神为主。如相传明代才子祝枝山创作的《门神赞》中写道："手持板斧面朝天，随你新鲜只一年。厉鬼邪魔俱敛迹，岂容小丑倚门边。"[①] 此诗所写门神，显然为武将门神。但这一时期的武将门神形象，呈现出因地而异的特点。如河南、河北一带，多以赵云、马超、马岱等三国武将为门神；陕西一带的门神，则多选用孙膑、庞涓、孟良、焦赞等武将；而老北京民间的武将门神，不仅有秦琼、尉迟恭、解珍、解宝等男将，甚至出现了穆桂英、梁红玉等戏曲中的巾帼英雄。

宋元时开始出现文官门神，至明末时呈现出文官门神与武将门神对立并举的趋势。如明冯应京《月令广义》卷二十"十二月令"中载："道家谓门神左曰门丞，右为门尉。盖司门之神，其义本自桃符，以神荼、郁垒辟邪，故树之于门。后世画将军、朝官诸式，复加爵、鹿、蝠、喜、马、宝、瓶、鞍等状，皆取美名，以迎祥祉。"可见，此时民间

五子登科门神画

① 冯学伟：《明清契约中的"吉祥语"和吉祥文化》，《法制与社会发展》，2010（4）。

门神已流行左文官（门丞或朝官）、右武将（门尉或将军）的张贴形式。而且，原本单一的门神形象中还添加了寓意爵禄福喜、马报平安的爵、鹿、蝙蝠、喜鹊（或喜蛛）、骏马、元宝、花瓶、马鞍等图案，使其在原来的驱恶寓意外，又增祈福新愿。在山东潍坊，民间更是将祈愿多子多福的五子登科图也贴到了房门上。

清代，各种新颖的祈福门神形象更是层出不穷。如手提金钱的“刘海戏蟾”门神、捧“冠”持“鹿”的“加官进禄”门神、怀抱如意或童子的“天官赐福”门神、持荷捧盒的“和合二仙”[①]门神、弄莲嬉戏的童子门神、俊秀飘逸的美女门神，等等。甚至还出现了专用于牛棚马厩、鸡埘猪圈等的“六畜门神”，如河北武强民间有保护牛马的猴门神“避马瘟”，山东潍坊民间有形似钟馗的猪圈神“打猪鬼”（也叫“拦门判”），苏州桃花坞民间有张贴于蚕室、保佑蚕宝宝的“逼鼠蚕猫”门神，等等。

此外，需特别关注的是明清木版年画中的钟馗画和戏曲画。明清之前，以驱邪魔、斩鬼怪而闻名的钟馗，往往只被用作张贴于大门之上的门神。而至明清时期，随着雕版印刷技术的发展成熟，钟馗年画的形象日趋多样，其功能也在驱恶辟邪之外，发展出祈福得福、求财得财、盼子得子等多种神通。如老北京民间年画中的钟馗，双手合抱一枚超大铜钱，直白地表达了求财之愿；天津杨柳青年画中的钟馗手舞宝剑，不改威猛本性，但其周边却装饰流云、八宝、双喜等图案，清晰传递驱邪、祈福的双重功能；苏州桃花坞年画中的钟馗，不仅诙谐有趣地骑在一头大耳朵毛驴背上，还手执旧时高级官吏上朝时才用的牙笏，目不转睛地注视着眼前飞舞着的蝙蝠（“福在眼前”）或从天而降的喜蛛（“喜从天降”），充分表达了平民百姓驱恶、求官、求福、

① 和合二仙：其原型为唐代高僧寒山、拾得二人，旧时民间嫁娶喜挂二人像，取其“和谐好合”之意以祝婚姻美满。

求喜的多重愿望。

明清时期的戏曲年画，与民间戏曲的发展繁荣密不可分。它的出现，不仅迎合了普通民众的祈吉传统，也迎合了普通民众对地方戏曲的嗜好。如晋南木版年画《三进士》，来自深受民众喜爱的同名蒲剧，以山西平阳（今山西临汾）考中进士、振兴家族的张文达父子三人的形象入画，迎合了广大民众对家族兴盛的期盼。明清时期尤其是清代的戏曲年画中，最受欢迎的往往是正面人物形象，如出自《三国演义》《杨家将》《精忠岳传》等历史戏曲中的忠臣良将，出自《七侠五义》《包公案》《施公案》等公案戏中的清官侠士，等等。这一现象间接反映了广大民众对能担起治国平天下大任、为百姓排忧解难的优秀人物的期盼。另外，明清年画中广受民众欢迎的戏曲人物，是来自爱情故事的痴情男女和来自经典神仙戏的仙道人物，如《白蛇传》中的白蛇女和许仙，《西厢记》中的莺莺和张生，《牛郎织女》中的织女和牛郎，以及《八仙过海》中的八仙、《群仙祝寿》中的群仙、《三星高照》中的福禄寿星，等等。这些戏曲人物，因其悲欢离合的人生故事迎合了普通民众对幸福美满婚姻生活和长生不老神仙生活的向往，而成功走入明清年画人物队列。

二是玉器、瓷器等日用生活器物中的吉祥美术。自明代始，民间日常生活器物上的装饰图案，开始呈现出以吉祥动物图案为主、以吉祥植物纹样为辅的新倾向。这一倾向，应与明洪武年间（1368—1398）出台的官员朝服制度关系密切。《明史·舆服志三》载，明洪武二十四年（1391 年）制订的官服制度明确规定："公、侯、驸马、伯服，绣麒麟、白泽。文官一品仙鹤，二品锦鸡，三品孔雀，四品云雁，五品白鹇，六品鹭鸶，七品鸂鶒，八品黄鹂，九品鹌鹑；杂职练鹊，风宪官獬廌。武官一品、二品狮子，三品、四品虎豹，五品熊罴，六品、七品彪，八品犀牛，九品海马。”[①] 可见，官吏品阶不同，其官服上所绣动物的形象也迥然而异。这一官方规定，直接推动了明清时期民间吉祥美术纹样以动物为主的新变。明清时期常见的吉祥动物图案有龙、凤、鹿、鹤、鱼、狮、麒麟、鸳鸯、蝙蝠等，象征着富贵和权力顶峰的龙图案发展得尤为成熟。就数量而言，明清器物中的龙纹有单龙、双龙、五龙、九龙、十龙等多种；就形状而言，则有团龙（又称盘龙）、行龙、云间龙、海中龙、戏珠龙、戏花龙等多种。这一时期的吉祥植物纹样，仍以传统的梅、兰、竹、菊、莲荷、水草、牡丹、灵芝等为主，其中最常见的就是莲，并形成了番莲、团莲、折枝莲、缠枝莲等多种样式。

明清日常生活器物的吉祥人物图案，还呈现出队列日益壮大的倾向。这一队列里，不仅有来自历史的公侯将相、英雄侠士、名匠神医、才子佳人，如屈原、岳飞、鲁班、李时珍、扬州八怪、西施和卓文君等；还有出自神话传说、佛道故事、小说戏剧等中的虚构人物，如女娲、嫦娥、西王母、牛郎织女、观音、罗汉、八仙、武松、鲁智深等。比较而言，明清民间器物中最常采用的吉祥人物，还是仕女、童子、文人、武将、飞天、刘海、和合、佛、观音、寿星、魁星等。其中，童子形象在明清器物中尤为常见。当时的玉雕器物上，尤喜装饰戏荷童子、持榴童子、抱鱼童子、如意童子等童子形象，而在瓷器绘画中，群婴嬉戏图更受欢迎。如民国许之衡《饮流斋说瓷》载：

> 绘小儿游戏之画亦自明始，谓之“耍娃娃”，有五子、有八子、有九子、有十六子、有百子；百子之制，道光时尤为盛行。近所见百子舞龙灯、十六子在鱼缸边游戏之类，则新制甚夥，殊不足贵。九子穿串枝莲之瓶，若乾窑者价

---

① 张廷玉等：《明史》，中华书局，2000，第 1094 页。

青岛博物馆藏清末民国象牙婴戏图插屏

值殊钜。至五子夺魁、或九子夺魁之属，则稍近于平庸矣。[①]

可见，这一时期的婴戏图，已开始追求数量上的“多”，但官民皆爱的百子图中，“百”并非实指，而是一个概数，借以表达对人丁兴旺、富贵满堂的期盼。如青岛市博物馆收藏的清末民国象牙婴戏图插屏，在两棵对向相接的葡萄藤下，十个天真可爱的孩童正在采摘葡萄。其中最突出的是那个骑在同伴肩膀上的孩童，他右手抓住同伴的抓髻，左手握着工具向前探出，头部却转向身后，似乎正在招呼其他人赶快接住已经割下来、正在掉向地面的一穗葡萄。整幅画面恬淡祥和，洋溢着一种难以掩抑的幸福感和满足感。

明清时期，日常生活器物中的吉祥图案和纹样组合更加复杂，寓意也更为丰富。如山东民间爱好者收藏的清代瓷盘，图案以龙凤呈祥

山东民间清代龙凤呈祥瓷盘

国家博物馆藏明嘉靖青花五彩瓷盖罐

① 许之衡、涂重阳：《〈饮流斋说瓷〉详注》，《景德镇陶瓷》，1996（1）。

为主，并装饰龙珠、火纹、花草纹等纹样；国家博物馆收藏的明嘉靖年间（1522—1566）的青花五彩瓷盖罐，罐身和罐盖图案都以鱼戏莲为主，又装饰了密不透风的水草纹、花纹等。另如河北省文物总店收藏有一个明崇祯“乙亥”款人物笔筒，其正面绘一群手持仪仗、锦包的侍者簇拥着三位衣锦还乡的学士，侧面绘一只活泼可爱的梅花鹿，并题有“祖孙父子三学士，承恩就禄锦荣归”字样。整幅画面由吉祥人物（三学士）、动物（鹿）和文字联组成，共同表达了门第昌盛、尽享荣华的美好愿望。

而且，明清时期的器物上，悄然生成了众多约定俗成的吉祥组合。如祝寿类有鹿鹤同春、龟鹤同龄、连年益寿、寿山福海、麻姑献寿、八仙祝寿、仙人乘槎等，贺婚类有和合二仙、龙凤呈祥、龙凤戏珠、鸾凤和鸣、凤穿牡丹、鱼戏莲等，祈福类有福寿如意、四喜如意、吉庆有余、三多九如、三阳开泰、岁岁平安、太平有象、刘海戏蟾、马上封侯、一路连科等。一些原本仅用单一物象表示吉祥寓意的图案，也演变出更多更复杂的寓意。如蝙蝠图样呈现出这样的新特色：一是数量增多，最常见的是以五只蝙蝠象征“五福”，多只蝙蝠象征“多福”；二是常与其他吉祥物组合成寓意更为丰富的新图样，如与祥云纹饰组合就是“洪福齐天”，与葫芦图案组合就是“福禄双全”，与山石、海水等组合在一起就是“寿山福海”，与桃树、灵芝、松树等象征长寿的图案组合就是“福寿双全”“多福多寿”，与抬头仰望的童子或老者形象组合就是“福从天降”“福在眼前”，五只蝙蝠环寿桃或“寿”字而飞是“五福捧寿”，五只蝙蝠口衔绶带、寿桃等吉祥物而飞是“福寿万代”，多只蝙蝠绕“寿”字、卍字纹等飞翔是“万寿万福”，百只蝙蝠和百只葫芦就是“百福百禄”，等等。

值得注意的是清陈元龙所撰《格致镜原》一书，其卷三十六记载了众多当时青花白地陶器上的图样，其中既有里外满池娇花样碗、里升降戏龙外凤穿花碟、福寿康宁花钟、里万岁藤外抢珠龙花茶钟、灵芝捧八宝罐、转枝宝相花托八宝礶等装饰较为简单的复合图案的器物，也有赶珠龙外一秤金娃娃花碗、满池娇鲭鲌鲤鳜水藻鱼罐、竹叶灵芝团云鹤穿花花样龙凤碗、转枝莲托八宝八吉祥一秤金娃娃花坛、外四季花要娃娃里出水云龙花草瓯等装饰更加繁杂的复合图案的器物，还有外海水苍龙捧八卦寿比南山久福如东海深里三仙炼丹花碗、外双云龙芙蓉花喜相逢贯套海石榴回回花里穿花翟鸡青瀏鶒荷花人物狮子故事一秤金全黄暗龙钟等装饰图案极其繁复的器物。[①] 虽然陈云龙未绘制这些器物的具体图样，但仅从所录名称即可看出其寓意的复杂性、多样性。

三是日常建筑物中的吉祥美术。明清时期的民间建筑物，尤其是家族祠堂、戏楼等公共建筑物，特别注重雕饰寓意吉祥的图案，因而也成为这一时期民间吉祥美术的重要组成部分。明清民间建筑物中的吉祥美术，首先体现在梁柱、门窗、栏板等部位的木雕（刻）中。明清民间建筑物的木雕图案中，较为常见的是象征福、禄、寿、喜、子的蝙蝠、鹿、桃子、喜鹊、石榴等传统图案，以及卍字纹、寿字纹等吉祥纹样。集合多种吉祥图案，寓意更为丰富的百福、百禄、百子、八仙祝寿、天官赐福、蟾宫折桂等组合图样，也较为普遍，如山西平遥乔家大院门窗上的寿字纹木雕和民间爱好者收藏的山东老建筑上的年年有余木雕。

山西平遥乔家大院寿字纹门窗木雕

山东民间年年有余木雕

① 陈元龙：《格致镜原》，清光绪二十二年（1896）上海积山书局石印本。

现保存较好的明清建筑物木雕制品多在徽州。该地区的明清建筑，多于屋梁、门窗、栏板等处雕饰吉祥图案和纹饰，其中最受重视的是位于檐柱外侧、因斜向支撑檐枋而被俗称为“牛腿”的撑拱。此处一般雕饰狮子，取其辟邪祈禄（狮与“师”谐音，喻“官拜太师”）、求吉（狮与“事”谐音，喻“事事平安”）之意，也可雕饰猴、鹿。如安徽源泉徽文化民俗博物馆收藏的一块侯禄撑拱木雕上，即以猴、鹿为饰：鹿角上是一只正用树枝捅马蜂窝的猴子，寓意马上封侯；鹿口中则含灵芝喂小鹿，寓意厚禄代代相传。明清徽州建筑其他部位的木雕，图案繁杂不一，也都有浓厚的祈福之意。如安徽休宁黄村明代建筑“进士第”门楼的横梁上，雕绘有龙、凤、狮、虎等珍禽异兽；安徽祁门历溪村明代建筑“五凤楼”的正厅横梁上，雕饰有龙凤呈祥、五兽车马等图案；江西婺源汪口村的清代建筑“俞氏宗祠”，则在梁枋、斗拱、檐柱等处雕饰双龙戏珠、双凤朝阳、万象更新、福如东海、瓜瓞绵绵、松鹤延年等百余幅吉祥图案。

明清时期，其他地区也非常重视建筑物上的吉祥雕饰。如山西襄汾丁村保存下来的明清民居，最重视雀替部位的装饰。雀替像徽州建筑中的撑拱一样，是位于梁柱交接处起支撑作用的木质构件，其图案以象征喜、禄、封、侯的喜鹊、梅花鹿、蜜蜂、猴子为主，也有传统的龙、凤、鹤、蝙蝠、梅、荷、牡丹等吉祥物。常见的组合图样则有吉庆有余（鸡、磬、鱼）、六合同春（鹿、鹤）、喜事连连（喜鹊、柿子、莲花）、五福捧寿、麒麟送子、八仙庆寿等。湘南、赣南一带明清民居的木雕，似乎更重视驱邪功能，几乎所有民居的门楣之上都绘刻有驱恶祈福的兽面神灵吞口神：它怒目圆睁、口衔利刃、牙齿外露，据说与商周青铜器上的饕餮、汉画中的铺首等一样，都具有驱邪除祟、镇宅纳福的功用。

砖（石）雕是明清民间建筑美术的又一重要载体。那些雕刻在砖石上的精美图案和纹样，清晰地表达了传统祈福迎吉、驱邪禳灾等主题。明清民间建筑上的砖雕图案，也以传统的祥禽瑞兽、奇珍异草、吉祥神灵为主，采用的也是约定俗成的谐音、隐喻等手法。其中以繁复、精巧闻名的是明清徽州民居中的门楼砖（石）雕。其重点装饰部位——通景枋上，雕饰有多达六七层的画面。如保存至今的安徽歙县明代建筑许国石坊（又称大学士牌坊、八脚牌楼等）上，满是细致精美、寓意吉祥的浮雕图案：梁枋两端镌满吉祥的如意头、缠枝花纹样，中间菱形框内分别雕饰巨龙腾飞、瑞鹤翔云、英姿焕发（鹰、雉、獾）、鱼跃龙门、凤穿牡丹、麒麟绣球等复合图样；八根直柱上是嵌在散点团花式锦纹中，既有“一品当朝”之意，又有“延年益寿”之求的群鹤图；八个柱基外侧装饰着具有驱恶辟邪、保佑平安功能的十二尊大狮子，内侧则刻绘多姿多彩、象征清官廉吏的獬豸图。每一幅画面都洋溢着对家族兴盛、人丁平安、尽享荣华富贵的期盼和祈求。

明清北方民间建筑上的砖石雕刻，则以山西最为有名。如保存最为完整的乔家大院，其建筑物的影壁、山墙、阶石、栏杆、柱基等构件上，大都装饰有吉祥图案。那些数不胜数的百寿图、百禄（鹿）图、耄耋图（猫、蝴蝶、秋菊）、喜鹊登梅图、马上封侯图、指日高升图、光明富贵图（古铜镜、古钱串）、四季富贵图（牡丹、莲花、菊花、梅花）、四时如意图（四只狮子、一枚如意）、吉庆如意图（戟、磬、如意）、万福流云图（蝙蝠、卷云）等，无一不述说着对幸福吉祥生活的期盼。明清时期的其他民间建筑物中，如山东周村古商城中的明清建筑、浙

山西平遥乔家大院凤鸟朝日砖雕

山东周村双凤牡丹砖雕

江龙游的鸡鸣山民居、福建永泰县的嵩口镇民居、广西玉林的高山村民居等，都保存有大量的吉祥砖、石雕饰图案。

民居壁画是明清民间建筑物上又一吉祥美术样式。与洞窟、寺观、墓室等壁画相比，明清民居壁画的祈吉主题更为丰富多彩。其中不仅有以宣扬儒、释、道思想为主的教化壁画，还有以演绎民间风俗、传说、戏曲、神话为主的祈福壁画。而且，民居壁画的绘制部位、表现主题等，都有很大的地域差异。明清时期的湖南民居，多于厅堂正面外墙上绘戏婴、山水、花鸟、戏曲故事等。如今存湘中柏荫堂墙面上，仍绘有婴戏图、山水图、山居图、拜高堂图等。其中的婴戏图，绘几个裸身童子在荷花深处自由嬉戏之景，充满了对子孙茁壮成长的期盼之情；拜高堂图，绘一头戴官帽的年轻男子跪拜手扶拐杖，并由年轻女子搀扶的老母情景，明显表达了对母慈子孝、家庭和睦的期盼，也反映了对子孙显贵、光耀门庭的希望。安徽黟县的明清民居，则喜欢将壁画绘制在相对隐秘的厢房和阁楼中，其内容则重在表现民间传说、历史故事中的忠孝节义观和来自传统吉祥文化的多子多福多寿观，偶尔也涉及成功徽商的生活经历。如黟县文物局珍藏有一幅《骑白象游云南》彩绘壁画，其中反映的就是徽商远涉云南经商的故事。此外，今存徽州明清民居的厢房壁画中，《张公艺百忍图》《郭子仪上寿图》《荣华富贵图》（由绶带鸟、牡丹花组成）等较为常见。而潮汕地区的明清民居，尤其注重在房门之上和正厅墙壁上绘饰图画。其房门之上的壁画，大多来自戏剧故事、神话传说，如穆桂英挂帅、仙姬送子、郭子仪得宝等；正厅中的壁画，则多绘十仙贺寿图之类，往往是民间传统吉祥花卉、鸟兽、人物（如八仙、童子等）等图案和纹样的大集合。

明清时期可谓是民间传统祈吉美术前所未有的繁荣兴盛期。这一时期里，尤其是清代，人们不仅在餐具、酒具、茶具等小型日常用物上绘饰吉祥图案，就连屏风、床板、几案等大型生活器具，也要雕饰上充满期盼的吉祥图案。那些专用于赏玩的各种材质的手工艺品，如金、银、玉、石、竹、木、纸、帛等制成的艺术品上，更是少不了寓意吉祥的种种精美图案的烘托与陪衬，呈现出“工必有意，意必吉祥”的繁荣景象。而且，其他民间艺术样式中，也广泛应用了吉祥美术图案。演艺类，如戏曲表演艺术中面具或脸谱画、服饰及舞台道具、布景等中的刺绣图案，皮影戏、木偶戏等表演艺术中的人物绘刻，等等；游艺类，如元宵花灯上木版刻印或手工绘制的灯画，泥塑玩具、节庆面塑等上的绘画，等等；手工类，如家常衣物、床饰等纺织品上的刺绣、织染图案，等等。凡此种种，不一而足，充分展现了传统祈吉文化的强大生命力。

二、现代吉祥美术

中华人民共和国成立以来，传统祈吉文化并未因科学技术的飞速发展、文化水平的普遍提高而趋于衰落，反而随着社会整体经济水平的日益提高而继续发展繁荣，民间吉祥美术也获得了长足的发展。概括而言，现代民间吉祥美术喜用以小见大方式，直观表现积极乐观的人生态度、幸福美好的生活愿望、喜庆吉祥的乡风民俗等主题。据其材质和制作技艺的不同，大致可划分为以下五类：

1. 现代农民画中的吉祥

不容否认，二十世纪六七十年代尤其是改革开放以来，随着物质、文化水平的日益提高，广大民众的生活习俗、审美风格不断变迁，某些品类的民间手工绘画逐渐衰落。如随着普通民众生活和居住习惯的日趋现代化，民居样式发生了翻天覆地的新变化，而老一代民间画师日益老去，曾经普遍存在于传统民居中的手绘壁画，正在悄然退出传统吉祥美术的历史大舞台。目前，仅有少数地区还保留着以壁画装饰民居的传统。如江西婺源，民间至今仍有聘请画师在居室外墙绘制壁画的习俗，其图案以人物、花卉、动物为主，较为常见的是龙、凤、狮子、十二生肖等传统吉祥动物，以及梅、兰、竹、菊、石榴、柑橘、荔枝等传统吉祥植物，来自传说故事、戏曲故事、乡风民俗等的火烧赤壁、杨门女将、戏婴、舞龙、耍花灯等场景，也广受欢迎。不过，可喜的是，在另外一些方面，现代民间手工绘画实现了前所未有的繁荣发展。

一是新兴经济、文化大潮下飞速崛起的现代农民画。手工绘制在各种纸质载体上的农民画，是随着农村现代经济、文化浪潮的兴盛而发展起来的。它继承了壁画、玻璃画、箱柜画等传统民间吉祥绘画的风格特点，又融入了现代农民的审美情趣和生活理想，洋溢着朴实的乡土气息和浓郁的现代气息。形式上，现代农民画的最大特色是色彩明艳、造型朴拙、画面丰满；内容上，多表现生活中的丰收场景、乡风民俗中的喜庆和驱邪场面以及古老神话、民间传说、戏曲故事中的欢乐情景等。如上海金山农民画师曹秀文创作于1979年的《渔家乐》，主体采用民间传统的圆式结构，正中白底圆圈内是一位正在月牙小船上用网捕鱼的渔翁，小船周围布满红艳艳的鲤鱼和色彩淡雅的花卉、水草等；圆圈外虽采用方形结构，但新颖的渔网状构图又巧妙营造出一种超视觉的圆式感觉；蓝底网纹背景下那一条条颜色鲜红、跳跃扭动着的鲤鱼以及各种或黄或绿的花卉水草，与画面正中圆圈内的渔翁、轻舟、鲤鱼、花草等共同描绘出忙碌幸福、安定祥和的现代渔民生活。她另一幅题为《采药姑娘》的画作中，上穿白衣、下着黑蓝裙、头戴草帽的采药姑娘握手站立在画面正中，下巴上交叉系着两根湛蓝色的长帽带，耳边垂下两根乌黑的长发辫，胸前佩戴着缀有“先进工作者”字样的鲜艳大红花，人物左右则缀满了密密麻麻、色彩浓艳的花叶、蝴蝶等物。[①] 另如山东胶南农民创作的《渔业丰收》年画，整体上也采用了民间传统的近似于圆的结构，画面以在椭圆形小船（或陆地）上忙碌着的男男女女和自在嬉戏的儿童为中心，周围则见缝插针地绘

① 中国现代美术全集编辑委员会编：《中国现代美术全集·农民画》，湖南美术出版社，1998，第8页。

满各种海洋生物，形象、直观地展示了“渔业丰收”的幸福主题。由此二例可知，现代农民吉祥画在色彩上喜用红、蓝、黄等基本色，构图上则倾向于采用传统的圆形结构，且大多具有密不透风、满到极致的特色，显示了民间传统的审美风格。

山东胶南年画《渔业丰收》

现代农民画已不仅是农民创作者们表达美好生活理想的一种途径，还是他们勤劳致富、改善物质生活水平的一种手段。在政府有关部门的扶持下，不少地方的农民画家凭借手中的画笔，不仅绘出自己的理想和愿望，还闯出一条新型致富之路，实现了美满幸福的生活理想。河南民权“画虎村”王公庄、孟津“画牡丹村”平乐村，都是依靠创作农民画实现致富梦的新典型。迄今，各地已涌现出多个被称为“农民画之乡”的地区，如陕西的鄠邑，江苏的邳州、六合，浙江的象山、奉化、慈溪，以及上海金山，河北辛集，河南舞阳，云南马关，广东龙门，福建晋江，山东日照，吉林东丰，青海湟中，新疆麦盖提县等地。此外，颇值一提的是山东高密的扑灰年画。这是一种融汇了传统文人写意画风格和传统壁画“扑粉”拓印技法的民间手工年画，它以“扑灰”临摹起稿，手绘而成，早期作品以灶王、财神、门神等人物画为主，现在则以仕女、戏婴、八仙、福禄寿三星等为主。如下图是表达

山东高密扑灰年画
《姑嫂闲话》

姑嫂相亲、家庭和谐愿望的《姑嫂闲话》。就主题而言，现代高密农民创作的扑灰年画基本沿袭了传统吉祥主题；在色彩运用上，则开始突破传统民间吉祥美术的浓艳，有意向传统文化画的柔和、雅致转变。而特有的半印半画风格及粗放简约画法，兼以和谐、柔美的色彩搭配，使得高密扑灰年画焕发新风采，受到现代收藏者和爱好者青睐。

二是伴随现代审美、科技而发生新变的民俗工艺画。这里的民俗工艺画特指与各种吉庆民俗相伴而生的民间工艺画，包括与各种节庆习俗、人生礼俗相应而生的民间艺术品上的绘画，如与祭祖、祭神等礼仪活动相伴而生的泥塑上的绘画，用于春节祭祖、端午驱邪、七夕乞巧等节俗和结婚、生子、立房、迁居、庆典等礼俗中的面塑上的绘画，以及元宵灯会的彩灯画、三月三风筝节的风筝画，等等。此处仅以其中传播最广也最受欢迎的吉祥泥塑画为例，略加展示。

传统吉祥泥塑主要流传在陕西、河南、山东、北京等北方地区，多以寓意吉祥、色彩浓艳的绘饰闻名。这些绘饰不仅使原本质朴无华的泥塑变得光彩照人，也将普通民众质朴丰满的生活理想和审美情趣演绎得真实而生动。大致说来，传统吉祥泥塑的造型或玄幻神秘或古拙质朴，往往青睐那种满至极致的构图和绚烂浓艳的色彩。如河南淮阳一带每年农历二月太昊陵庙会上售卖的“泥泥狗”中，无论是强调祖先崇拜意识的人祖猴，还是突出生育繁衍意识的草帽虎、两头鸟、人面孕猴、双头孕猴等，都在黑色的基本背景上，点满对比鲜明的红、青、黄、白等颜色，从而通过神秘的造型、饱满的构图、浓艳的色彩

山东莱西泥叫虎

山东高密泥叫虎

等充分反映出河南民众的祈福意愿和独特审美。[①]相比而言，当代泥泥狗的造型、构图、色彩均保持了传统特色，但艺人们使用的现代颜料色彩更加明艳，在更加鲜明的对比中尽情彰显泥泥狗的浓艳美，而其原本的祭祀、祈福色彩正在被逐渐掩盖。另如陕西凤翔一带意在驱恶辟邪的虎面挂片、坐虎、坐狮等泥塑作品，也以饱满的构图、浓艳的色彩而闻名。[②]其中的虎形象，大多暴额凸睛、口张齿露，全是威猛刚勇、凛然不可侵犯的样子，但夸张变异的大耳朵，饰满下巴、脸颊、额头、耳朵的莲花、牡丹、五谷、卍字纹等吉祥图案和纹饰，以及红、黄、黑、绿等浓重艳丽且对比鲜明的色彩搭配，又使它显得俏丽活泼，令人爱不释手。再如山东半岛一带于春节期间售卖、因能发声而得名的泥叫虎，造型上大都怒目圆睁、血口半张，却凭借对比鲜明的色彩装饰而令人爱不释手。山东莱西泥叫虎，巧妙的红、黄、黑色搭配，配以灵动可爱的圆耳朵和圆尾巴，使它显得调皮又温顺；山东高密的泥叫虎虽没有莱西泥叫虎可爱的圆耳朵和圆尾巴，却因粗犷质朴的吉祥花饰和艳丽浓重的色彩对比而显得憨态可掬。像河南睢阳泥泥狗一样，

① 参见倪宝诚、倪珉子编著：《泥泥狗·泥咕咕》，上海远东出版社，2009；潘鲁生主编，黄永健著：《泥咕咕》，河北美术出版社，2003；等。

② 参见王瑶安、华年编著：《凤翔泥塑》，湖南美术出版社，1999；林通雁、杨学芹编著：《石雕·泥塑》，陕西人民美术出版社，2004；等。

陕西凤翔泥塑和山东半岛泥叫虎都保持了传统的造型、构图和色彩搭配，但所用现代颜料的色彩都更加明艳，突出了重对比、尚浓艳的艺术风格，其驱邪祈福意蕴更加弱化。

在现代民间艺人的努力下，一些传统吉祥玩具泥塑画还发生了更为显著的变化，在此仅以传统吉祥玩具泥塑中比较有名气的江苏无锡惠山“大阿福”和老北京“兔儿爷”为例。张道一先生以为，无锡“大阿福”的发音具有“都阿福”的祈吉之意，它与北宋“磨喝乐”、南宋“黄胖”等吉祥泥偶应有一定关系。[①] 抛开其历史渊源，单是大阿福形态上的“和气、憨厚、丰颐”等，即充满了符合中华民族吉祥观念的审美情趣和生活哲学。与旧时大阿福相比，现代大阿福造型上发扬了传统团形之外的圆形、立形，人物上新增更具现代气息的男娃女娃形象；色彩上，在传统浓艳之外创出以肉色和粉色为主、点缀以红色的更符合现代审美观念的喜庆雅致的搭配。老北京八月中秋期间常见的“兔儿爷”兔脸人身，一般内穿铠甲，外罩蟒袍，坐在虎、狮、鹿等瑞兽上或山石（石前往往有花，寓意花开富贵）上，尤以坐虎者为多；[②] 虎多绘以黑、白、黄三色，兔儿爷则多饰以浓艳的红、绿、黄等色。奇特的构图和斑斓的色彩，充满了祝愿小儿健康成长之意。而在现代艺人手下，兔儿爷及其骑坐的虎出现了各种造型，兔儿爷和虎身上可装饰“福”字、蝙蝠、祥云等各种吉祥字样、图案和纹样，且在传统红、绿、黄色之外使用了粉、紫、蓝等多种现代明艳之色，甚至出现了像无锡惠山大阿福一样呈圆团状的兔儿爷。再如现代民间泥塑大师双起翔先生，在此二种传统吉祥泥塑的基础上创作出一种新型的现代吉祥泥塑——北京娃娃，它造型上似无锡大阿福的圆团状，却是现代胖娃娃的形象，色彩上采用了传统的黑、红、蓝三色，显示了现代艺

---

① 张道一：《道一论艺：艺术与艺术学文集》，苏州大学出版社，2008，第 369-375 页。

② 李滨声绘：《燕京画旧》，人民美术出版社，2003，第 134 页；白铁铮编著：《老北平的故古典儿》，百花文艺出版社，2010，第 218-219 页。

山东莱西不倒蛋娃娃画

人对传统泥塑的大胆改造和对孩童健康成长的美好祝福。①

除了吉祥泥塑画，其他现代民间吉祥工艺画，如北方民间办喜事时挂在门上的灯笼画、山东潍坊民间的风筝画、深圳平湖纸龙舞中的纸龙画、各地喜庆戏曲中的脸谱画等，仍在民间有所流传，并在发生着构图、色彩等方面的新变。有些民间艺人甚至将传统吉祥绘画手法大胆应用到新工艺品的创制中，上图是山东莱西民间艺人创作的不倒蛋娃娃，其形象设计、图样选用、色彩搭配等，显然都来自传统民间吉祥美术，但蛋壳材质的选用，则充分体现了现代物质的丰富和现代民间画师的大胆创新。由于缺乏广泛、深入的田野调查，笔者亲见民间艺人的创新之举仅此一例，但据此亦可大致推知，传统吉祥文化在民间手工绘画中仍在活态传承，并不断产生新变，这种新变依赖的既是民间画师的大胆创新，也是植根于广大民众灵魂深处的中华传统祈吉文化的底蕴。

2. 现代剪纸艺术中的吉祥

剪纸艺术出现的时间，当不晚于隋代。造纸术的发展成熟为民间剪纸的传播和发展提供了便利条件。即使再偏僻再闭塞的地方，只要

① 参见王连海：《双起翔：老北京泥玩具传人》，湖南美术出版社，2004。

有一把剪刀、几张红纸，就可以装饰出欢乐热闹的喜庆气氛。现存最早的剪纸实物，是出土于新疆吐鲁番阿斯塔那古墓群、属于南北朝梁武帝时期的“高昌五剪”。[①]这些剪纸实物都是殉葬品，还很难将其与吉祥文化联系起来。但从唐代开始，剪纸已用于岁时节令头饰、居室装饰物、招魂驱鬼仪式等，它所承载的驱恶祈福寓意已非常明显。唐代诗文中频繁出现的“春燕”“春胜”“春蝶”“春钱”“春虫”等，都是立春时节用于头部的剪纸装饰物的名称。此后，剪纸艺术在民间一直流传不衰。到明清时，绚丽多姿、寓意吉祥的剪纸还被用作民间婚庆喜房的装饰物，就连清代皇帝的婚房——故宫坤宁宫内，都会张贴喜庆的龙凤剪纸。而且，清代广东佛山等地不仅出现了独立的剪纸行业，还形成了专门的剪纸行会，该地的民间剪纸作品甚至远销到东南亚地区。现今，剪纸艺术仍在民间广泛流传，其种类非常丰富。如按剪纸工具分，有用剪刀剪的剪纸、用刻刀刻的刻纸、用手撕的撕纸；按剪纸材料分，有单色剪纸和彩色剪纸；按剪纸的功用分，则有装饰花、礼品花、礼仪花、绣样花等。

其中，装饰花主要应用于春节和婚庆时的居室，按张贴位置不同可分为门笺、窗花、顶棚花、墙围花等品种。门笺多为方形，图案多样。以铜钱为主的图案，寓“招财进宝”之意；以蝙蝠、寿桃为主的，突出“福寿双全”之求；以花鸟为主的，则是欢庆“春回大地”“万象更新”。山西太原民间则盛行在家门上张贴一种造型独特的狮子剪纸，由狮头、狮尾、前肢、后肢四部分拼贴而成，其辟邪之意不言而喻。窗花一般以团花为主，偶尔也配以对折的角花；图案以吉祥花卉、动物、人物等组合而成的四季平安、五谷丰登、六畜兴旺、人寿年丰、事事如意、连年有余为主，常饰以金钱纹、卷云纹、瑞草纹等传统吉祥纹样，也有老鼠嫁女、桃园结义等来自民间传说、戏曲、小说等的

① 王伯敏：《高昌对马》，山东美术出版社，2009，第5-19页。

山东莱西彩色墙围花

喜庆故事。墙围花应为民间居室剪纸中传布最广、内容最丰富、形式最多样的品种。其图案在较为常见的十二生肖之外，另有寓意多样的百子图、百凤图、百蝶图、百狮图、金玉满堂、鹿鹤同春、福贵双全、四季平安、五福临门、招财进宝等。上图为曾经流传于山东莱西民间的吊挂式彩色墙围花，图案由美人、孩童、吉祥花鸟、驱恶辟邪的狮子、多子多福的葡萄等共同组成，色彩则以鲜亮喜庆的红、粉、金为主。民间墙围花也因地而异，如以寄寓夫妻生活和谐、子孙繁衍昌盛之意的主题为例：陕西剪纸流行鱼戏莲、龙戏珠、鹰抓兔、蛇盘兔、凤凰穿牡丹、娃娃戏葫芦、老鼠吃南瓜（或葡萄）等图案，山西剪纸则爱用喜娃、坐莲娃娃、钻莲娃娃、采莲娃娃、等燕娃娃、坐笙娃娃、枣山娃娃、葫芦娃娃、花瓶娃娃、元宝娃娃等娃娃图案，江苏、浙江一带偏爱龙凤呈祥、百年好合、鸳鸯戏水、喜鹊登梅、麒麟送子等传统图案。

礼品花旧时常用于婚庆、祝寿、庆生等，现在主要用于婚庆，婚嫁双方均可使用。河南民间一般仅在女方陪送物品上放置礼品花，如象征夫妻双方白头到老的白头翁、暗示夫妻生活和谐的鱼戏莲等；山东烟台民间则习惯在男方的迎亲礼品中放置吉祥剪纸，如贴在饽饽（大馒头）上的饽饽花、贴在方肉上的鸳鸯肉花、贴在猪头上的猪头花，图案多为双喜临门、连生贵子等。福建、广东民间在定亲、成婚时都用礼品花。定亲时，男女双方要互赠礼品花：男方所送猪肉聘礼上用猪头花，多表达寿、喜、财主题；女方回礼上要用特定的“猪肝花”，即一种剪成凤头、凤身、凤翅形状的剪纸。成婚时，则要在双方婚后使用的米篮、箱柜等物品上，贴满喜庆剪纸，如双龙、双凤、石榴、喜鹊、蝴蝶、鸳鸯等。此外，一些地区还沿袭了在祝寿、乔迁等喜庆活动中使用剪纸的传统。如河南民间老人寿诞时，儿女们会在祝贺礼品上放置用金纸或红纸剪出的寿桃、八仙、蝙蝠、鹿鹤等图案，以及长寿字、团寿字、百寿图、寿字纹等纹样；山东沿海民间庆祝乔迁新居时，也常在礼品上放置吉祥剪纸，如猴吃桃、虎登山、兽镇宅等。

礼仪花多用于驱恶辟邪仪式，与古代巫术有一定联系，而民间流行的巫术，首先当属驱鬼招魂、消灾祛病之类。此类主题便成为礼仪花的常见内容之一。如陕西、甘肃等地流传最广的礼仪花，便是送病娃娃、招魂娃娃等抓髻娃娃。这些娃娃大都头梳双髻，两手平伸或上举，呈或立或蹲的姿势。但是，陕、甘二地的抓髻娃娃也略有不同。甘肃西部地区的送病娃娃，是数量众多、手拉着手的娃娃；陕西关中地区的，则是一个或七个骑马的娃娃。此外，民间巫术也重视对水旱、瘟疫等自然灾害的驱除，与此相应的，礼仪花便也具有这一功能。如陕西、山西、河南等地的礼仪花中，能驱湿祈晴、将阴雨天气赶走的，是挂在高处、手持笤帚的扫天媳妇（也叫扫晴娘）和手提棒槌的棒槌娃娃；能聚敛云气、降下甘雨、驱走干旱的，是头下脚上、倒贴于水缸壁上的抓髻娃娃。另如威海、蓬莱等山东沿海一带，农历二月二日在床头、箱柜等处贴一种叫作“圣虫”的蛇形剪纸，据说可以驱除害虫；农历五月初五端午节时，则在门、窗等处张贴一种叫作“艾虎”的虎形剪纸，意在驱除鬼怪和毒虫。而河南、山西民间则习惯于端午节时张贴一种叫作“鸡镇五毒[①]”的剪纸，并在旁边写上“五月里五端阳，吃粽

① 五毒：民间传统以蝎子、蜈蚣、毒蛇、蜥蜴（或蜘蛛）、蟾蜍为五毒。

子饮雄黄，金鸡贴在俺门上，蝎子蜈蚣都死光”之类的咒语。

值得注意的是，全民物质生活和文化水平日益提高、科学知识广泛普及、科学技术日益进步、现代审美观日益生成等因素，都对现代剪纸艺术产生了较大的影响。一方面，人们生活习惯、居住环境等的逐渐改变，导致曾经用于刺绣织染等女红的绣样花、用于居住房屋的装饰花、用于驱恶仪式的礼仪花等剪纸，逐渐失去其传统的“用武之地”；另一方面，在机器剪纸精准细致、规模量产等优势面前，传统手工剪纸虽能彰显民间艺人的独特风格，却也因竞争优势的丧失和经济利益的减损，导致创作队伍日益萎缩。可以这样说，除了植根于传统人生礼俗的礼品花仍在部分地区活态传承，装饰花、礼俗花等传统手工吉祥剪纸正在淡出广大民众的日常生活，逐步走向在博物馆、艺术馆和收藏家手中沉睡的“半死亡”境地。

3. 现代女红艺术中的吉祥

在织好的布匹上印染、在做好的衣物上刺绣各种寓意吉祥的图案，这是中华民族由来已久的传统。如周王朝统治时期就规定，官服上要“以五采彰施于五色”，绣饰日、月、星辰、山、龙、华虫、宗彝、藻、火、粉米、黼、黻等十二类图案。魏晋南北朝时期更是明确规定，官服要“衣画而裳绣”[①]。前引《明史·舆服志三》也载，明洪武二十四年（1391 年）还专门发布了不同级别的官服绣制不同吉祥动物图案的规定。这些官制都深刻影响了民间刺绣、织染艺术中的装饰习俗。至今，人们仍习惯在日常所用织物上印染、织绣出各种各样

现代织物上的古人出行图

① 房玄龄等撰：《晋书·舆服志三》，中华书局，1974，第 766 页。

喜庆吉祥的图案。如小孩的鞋帽、肚兜、背带，成年女子的衣角裤边、头巾、手帕、鞋袜，成年男子的腰带、荷包、鞋垫，新婚之家的枕套、椅套、床帐、门帘、桌围、墙围等物，祠庙佛堂的神佛绣像、菩萨龙帐、宝盖光幡以及戏曲演出时的演员服饰、舞台道具等，凡有织物处，皆可饰以吉祥图案。而且，随着科技的进步，现代织物上的装饰图案更趋喜庆热闹、富贵华丽。如现代织物上的古人出行图中，艳丽的织锦上饰以规模浩大的古人出行图,并密布寓意吉祥的卷云纹和蝙蝠纹，清晰地表达了对富贵安乐生活的向往。

迄今，我国民间已形成了地域特色鲜明的苏绣、粤绣、湘绣、蜀绣、鲁绣、顾绣、京绣、瓯绣、闽绣、苗绣等众多刺绣品种，及蜡染、扎染、蓝印等不同印染方法。其品种、方法及常用图案等虽因地而异，但其中寄寓的趋吉避凶、祈福求祥主题，却始终是一致的。因而，此处仅概述民间刺绣作品中的吉祥图案,以窥现代民间吉祥美术之一斑。

在民间，刺绣是心灵手巧的妇女们装饰日用服饰、表运美好追求的常见技艺。在她们眼中，但凡美好、祥和的物象，诸如花草虫鱼、飞禽走兽、神仙人物、瑞石祥云等，均可绣入织物，寄寓幸福美满的生活理想。旧时，最受广大未婚女性重视的绣品，当属出嫁时必穿、展现个人刺绣技艺及饱含其对婚姻生活美好憧憬的嫁衣。如这首流传于河南灵宝一带的五更调唱道：

王小姣做新娘，赶做嫁衣忙又忙，
一更绣完前大襟，牡丹富贵开胸膛；
二更绣完衣四角，彩云朵朵飘四方；
三更绣完罗衫边，喜鹊登梅送吉祥；
四更绣完并蒂莲，早生贵子喜洋洋；
五更绣完龙戏凤，比翼双飞是鸳鸯。[①]

① 谭东风主编：《传统造型艺术考析》，河南人民出版社，2006，第142-143页。

为了出嫁，“准新娘”王小姣连夜赶制嫁衣。她在嫁衣胸襟上绣上富贵牡丹，四角缀吉祥彩云，边饰喜鹊登梅，还绣有寓意婚姻和谐的并蒂莲、龙戏凤、比翼鸳鸯等。凡此各种，无不倾诉着她对夫妻生活的美好期盼。下图为贵州黔东南苗族侗族自治州苗家妇女的盛装，

贵州黔东南苗族侗族自治州苗族妇女盛装

上面绣饰各种苗族传统的吉祥图案。其整齐繁复的构图设计、艳丽和谐的色彩搭配等，均可体现民间吉祥美术之特色。

除了嫁衣，未婚女子还要准备枕套、被面、床帐、门帘等诸多床上用品，并刺绣上各种喜庆吉祥的图案，河南灵宝民间至今流传有“鸳鸯枕、龙凤帐，红绸子门帘绣凤凰”的说法。送给未婚夫的各种绣品，也是未婚女性的必备之物。旧时女性给意中人准备的绣品，一般是荷包、香包等物，但陕西、山西等内陆女性多送绣花肚兜，江苏、山东等沿海女性则喜送绣花鞋垫。其中，绣花肚兜在古代文学作品中较为常见，如《红楼梦》第三十六回载，袭人曾为贾宝玉做了一个绣有“红莲绿叶五色鸳鸯”的肚兜，因其寓意夫妻和谐而屡被旧时老学究批评。现代成年女性所用绣花肚兜上，也多绣饰鱼戏莲、凤穿牡丹、鸳鸯戏水等象征夫妻和谐的图案。绣花鞋垫则是现实生活中较为常见的民间绣品，不少地区至今保留有新娘过门后要展示鞋垫、夸耀刺绣功夫的习俗。山东民间流传的鞋垫绣样，其中既有送给长辈的，也有送给丈夫的。新人送给长辈的鞋垫上，往往绣以鹿鹤延年、猫蝶（耄耋）同春、福寿平安等图案；送给丈夫的，则大多刺绣凤穿牡丹、鸳鸯戏莲、

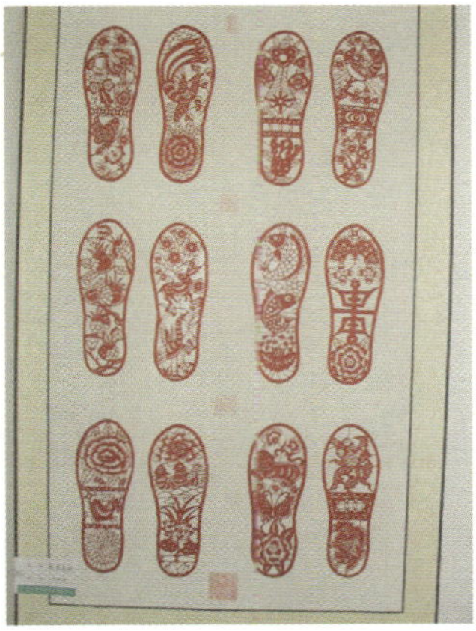

山东民间艺人李金波的鞋垫绣样

山东淄博民间小儿虎头枕

喜鹊登梅等花鸟图，且一般每只鞋垫上绣单花单鸟，左右两只鞋垫上的花鸟姿态两两相对，偶尔也绣双花、对鸟。一些地区年轻女性的嫁妆中，甚至还有送给未来孩子的虎头鞋、虎头帽、虎头枕头、“五毒”肚兜等，其上大都刺绣一些意在驱恶辟邪、保佑小儿健康成长的图案。

而今，在刺绣技艺仍广为流传的贵州、云南、广西等少数民族聚居区，绣花背带是妇女们倾力打造、精心准备、最为常见的吉祥绣品。如入选中国“第一批国家级非物质文化遗产名录”的云南水族马尾绣品，就是一床床绣艺精美、寓意吉祥的背带。水族背带一般分上下两部分，分别以水语的“吉”“寿”为主题，周边装饰有五彩花卉、石榴、蝴蝶等图样，其祝愿小儿吉祥长寿的寓意一目了然。贵州苗族也极为重视小儿背带的刺绣，其上一般绣饰苗家特有的吉祥物，如滋养万物的太阳神、孕育生命的蝴蝶妈妈、庇佑生命健康成长的枫树神等。再如广西文山壮族的小儿背带上，中心部分往往密密地绣有生育女神米洛甲（俗称花婆）的化身——各种各样的花卉，其中寄寓的祈求神灵佑护孩童健康长大、祝愿家族生生不息之意，一望而知。

当然，妇女们的刺绣作品还可以作为礼品使用。如山东半岛民间贺婚、祝寿、贺升迁、贺新房时，喜用大红包袱作为礼品，取其“包福”之意。包袱上往往装饰众多寓意吉祥的图案，还可点缀各种吉祥

贵州西江苗族博物馆藏蝴蝶妈妈

山东胶州民间旧时绣花包袱

文字，贺婚类如双喜、心心相印、比翼双飞、百年好合等，祝寿类如寿比南山、福如东海、福寿安康等，贺升迁类如步步高升、前程似锦、事业兴旺、安居乐业等。如右上图为山东胶州爱好者收藏的一个旧时绣花包袱，红底锦缎正中是金色丝线刺绣的双喜字，上下分饰祥云和铜钱纹，两边则分绣寓意平安吉祥的插瓶花。

随着社会的发展、文明的进步，广大女性走出家门，走向社会，曾经作为展示女性主要技能的刺绣已风光难再，新兴数字刺绣技艺等的发展成熟，更加速了传统手工刺绣的整体没落。不过，近年来，随着人们生活水平和审美水平的提高，一度衰落的十字绣又以简便易行的操作、现代新潮的图案重新受到追捧。从城市到乡村，从知识女性到农村妇女，随处可见正在飞针走线的巧手女子。这些新型绣品，从小型的钥匙扣、卡套、钱包、抱枕、挂件等，到大型的装饰画，应有尽有。所绣图案，既有传统的，如百福、百寿、富贵吉祥、福禄寿喜等吉祥文字，婴戏图、鱼戏莲、喜鹊登梅、竹报三春等吉祥图案，也有新兴的如喜结良缘、出入平安、国泰民安、家和万事兴等吉祥文字，以及异国风景、卡通人物、特色建筑等。无论是传统的还是新兴的，这些图案和纹饰中都洋溢着广大民众对美好生活、和谐社会的期盼。尤为可喜的是，在中共中央积极实施中华优秀传统文化传承发展工程的社会大背景下，曾经只在家族内部流传的精美绣品，日益成为人们竞相收藏的工艺品，苏绣、蜀绣等知名刺绣技艺，正在日渐走上企业化发展的道路；众多曾经默默无闻的绣娘，正在成长为拥有一技之长的民间工艺师。相信在众力合作之下，洋溢着中华吉祥文化特色的现代绣品，必将传播到世界各地。

4. 现代雕刻艺术中的吉祥

现代民间雕刻以装饰性、赏玩性为主，实用性较弱。就材质而言，现代民间雕刻大致可分为四大类：一是以特定植物的根、茎、果、核等为材质的雕刻，如木雕、根雕、核雕、葫芦雕刻以及食雕等；二是以特定动物的牙、角、骨等为材质的雕刻，如象牙雕、角雕（犀角或牛角）、骨雕等；三是以特定自然物质为材质的雕刻，如玉雕、石雕、泥塑、面塑、沙塑等；四是以特定金属物质为材质的雕刻，如金雕、银雕、铜雕、锡雕、铁雕等。而在传统祈吉迎祥心理和现代审美观念的影响下，现代民间雕刻图案，既有传统的龙、凤、鱼、鸟、花卉等，又有极具现代气息的人物、风景、建筑等。

特定植物材质的雕刻作品中，竹、木雕类多用作建筑构件、家具、厨房用具，往往兼具实用价值和观赏价值，图案则具有明显的地域色彩和祈福意味。核、葫芦等材质类雕刻作品更侧重于艺术性和观赏性，所用材质本身就充满了驱恶祈福的吉祥寓意，造型上更是处处体现中华传统的祈吉文化。其中，核雕材质主要是桃核，桃树自古以来就是具有辟邪功能的神树，桃木、桃枝、桃核自然也具有同样的功能。因而，将不起眼的桃核精心雕上图案，制成吊坠、手链等，佩带在身上以辟邪祈福，这是自明清以来即在民间流行开来的做法。核雕饰品上的图案比较单一，多为具有辟邪性质的佛像。但制成工艺摆件的核雕作品图案则丰富多变，充满祥和、宁静的传统审美气息。如明末浙江学者魏学洢《核舟记》中提到，当时的民间“奇巧人”王叔远，能用桃核雕刻“宫室、器皿、人物，以至鸟兽、木石”等，其所雕“大苏泛赤壁”摆件，被赞为“灵怪”！[1]葫芦雕绘的材质——葫芦，远古时就是一种用于婚礼仪式的吉祥礼器。在婚礼上，新婚夫妇使用两只用同一个葫芦剖成的瓢相互敬酒而饮，就是“合卺”。又因本身多子，名字谐音“护禄”和“福禄”等，葫芦历来被视为多子多福多禄的象征。而民间神话和传说里，南极寿星、铁拐李、济公等人物都曾以葫芦盛仙药、拯救遇难之人，小小的葫芦便又成为能够使人逢凶化吉、健康长寿的吉祥神物。于是，民间艺人在本身就有多重吉祥寓意的葫芦上，或烙印或彩绘，或雕刻出人物、山水、花鸟、异兽等吉祥图案，使其成为集吉祥寓意和审美价值于一身的艺术珍品。

特定动物材质的雕刻作品，多为观赏性强的工艺品。近年来，随着广大民众动物保护意识的日益增强，以象牙、犀牛角、羚羊角等为原材料的雕刻作品日益减少，勤劳善思的雕刻艺人用鸡、鸭、鹅、鸵鸟等普通禽类蛋壳这些常见动物材质为替代品，不仅拓展了传统雕刻艺术的外在表现形式，使平凡的蛋壳成为吉祥艺术品的新宠，而且促进了动物材质雕刻艺术在民间的普及，让山东济南单孟渤、浙江诸暨何永江、重庆万州陈策、四川自贡陈英等一大批雕刻艺人重新找到用武之地。

特定自然材质的民间雕刻，尤以面塑为著，这与民间的喜庆习俗有着密切关系。在陕西、山西、河南、山东等北方地区，一直保留着在婚嫁、生育、祝寿等喜庆时节以及一些特定节日制作花馍（或称面花）的习俗。花馍的制作者，虽大多是目不识丁的农村妇女，但她们凭借对美好生活的向往，用灵巧的双手将普通的面团制作成了富有吉祥内蕴的精美面塑。如陕西民间一直流传有制作花馍的传统，其中，渭南市华州区的华县“大谷卷”尤为著名。这是一种融合传统虎、龙、鱼文化为一体的吉祥面塑，基本造型为虎头、龙身、鱼尾；具体类型

① 方铭选析：《明清散文选析》，天津人民出版社，1981，第 109-110 页。

则有春节时祈祝来年平安吉祥的飞龙虎鱼花馍，清明节祈求后代长寿安康的跑虎花馍，婚庆时祝愿新人平安幸福的入门虎、立虎、睡虎等多种虎式花馍。入门虎为一对，多由男方舅家制作，公虎额头饰“王”字，母虎额头饰一对飞鸟，两虎胸前都有祝愿早生贵子的小老虎，一般由婆婆挂在即将入门的新娘脖子上，新娘进门后即取下，并与新郎分食，取其驱邪祈福之意。立虎、睡虎的背上、身上，往往插饰二龙戏珠、龙凤呈祥、喜鹊闹梅、对鱼戏莲、石榴牡丹等小型面塑，其寓意不言而喻。另外，陕西华县婚嫁礼仪中的“高馍盘”，也极具特色。它往往由新郎的直系亲属赠送，一般摆放在天地桌左右，花馍中心是用红纸缠扎成的芦苇或竹子柱，周围则用红色筷子插着多达十一层的面花：有状如宝瓶、祝福夫妻如意合欢的如意平安馍，状如鸡鱼相依、寓意富贵安乐的吉庆有余馍，状如蝙蝠、祝愿婚姻美满幸福的福喜临门馍，状如云朵相连、寓意喜结良缘的扁担勾搭馍，以及双鱼虎头馍、双鱼羊头馍、鱼尾凤凰馍、龙凤呈祥馍、富贵娃娃馍、喜鹊登梅馍、十二生肖馍等。

北方其他地区的民间花馍也各有特色。山西花馍以类取胜，有用于节庆的布篮糕和节节糕、用于婚嫁的上头糕、用于盖房的上梁糕、用于祝寿的寿糕等，其样式既有龙、凤、虎、狮等常见吉祥动物，也有莲、菊、桃、石榴等传统吉祥植物。山东、河南两地的花馍虽在数量、造型、色彩等方面比不上陕西、山西花馍，却也极具浓郁祥和的喜庆气氛。左图为山东胶州民间生女时姥姥家送的喜庆花馍。勤劳的乡村妇女们用灵巧的双手制作出的吉祥花馍，不仅使她们自己成为技艺高超的民间面塑大师，还渲染了喜庆热闹的婚嫁、节日气氛，也充实了她们细腻丰富的精神生活。

山东胶州花馍

以特殊金属物质为材质的民间雕刻艺术，近年来呈现出寻求常见、便宜材质的特点。其中最有特色的，莫过于以废弃易拉罐或金属边角废料为材质的雕刻艺术。民间艺人将易拉罐拉直后，刻压上充满寓意的图案，装裱成一幅幅精美的现代艺术品；或者先剪切成各种形状，再拼贴成寓意吉祥的图案。但受原材料限制，此类金属雕刻多为小幅之作，所雕图案也以传统十二生肖、奇花异卉、吉祥故事等为主，如左下图为现代贺年卡片上装饰的富贵如意金属雕刻图。当然也有例外，如山东潍坊的民间雕刻爱好者胡光泉，曾用二百多个易拉罐组雕成包括三十九个画面的梁山伯与祝英台故事连环画。而随着现代科学技术的进步和人民物质生活水平的提高，以金光闪闪的铜为原材料的大型

富贵如意金属雕刻

九狮衔绥带图

豪华雕铸物品开始出现在普通民众的日常生活中。如右上图为浙江绍兴铜艺品店所展示的门制品上装饰的繁复的九狮衔绥带图，将驱恶镇宅与祈福求贵的美好愿望巧妙结合在一起。由此可见，特殊金属材质的民间吉祥雕刻艺术也仍有广阔的发展空间。

5. 现代木版年画中的吉祥

木版年画在清代已非常普遍，中华人民共和国成立之初也曾广泛流传，但在二十世纪六七十年代遭到破坏，一度使其传承大受挫折。1980 年以来，人们物质生活水平的提高、审美观念的改变以及外来

文化的影响、现代印刷技术的兴盛等因素，使得技术落后、色彩单调、内容陈旧的传统木版年画陷入停滞不前的状态。近年来，随着国家有关部门对传统文化遗产的重视和扶持、民间收藏热的兴起，传统木版年画逐渐复苏。如 2003—2010 年间，国家邮政部门先后发行了八套木版年画邮票，其底版分别取自天津杨柳青、苏州桃花坞、山东杨家埠、河北武强、四川绵竹、河南朱仙镇、福建漳州、四川梁平这八大年画产地。这些年画邮票的发行，显示了木版年画在民间的强大生命力，也对木版年画的复苏起到了积极推广作用。另外，知名作家冯骥才主持编写、历时八年才出版发行的二十二卷本《中国木版年画集成》，也加强了现代民众对传统木版年画的认知，刺激了木版年画的活态传承。

就内容而言，现代木版年画基本是对传统年画的继承，大致可分为四类。一是以各种民间崇拜的神灵为对象的神像画。其中，最为常见的是被视为具有驱鬼镇邪作用的神荼、郁垒、钟馗等门神画。由先秦青铜器物上的兽面神演变而来的吞口神，在闽南一带也较为流行，并发生了一些新变，如漳州木版年画中出现了狮口吞剑的全新形象。另外，佛祖、观音、妈祖、天官、判官、八仙等宗教神像画，灶神、财神、祖神等民间神像画，也广泛流传于民间各地。二是富含吉祥寓意的传统图案画。其寓意不外福禄寿喜、招财进宝、子孙昌盛之类，具体图案则有二龙戏珠、狮子绣球、百鸟朝凤、连年有余、吉庆有余、招财进宝、指日高升、平安富贵、金玉满堂、六合（鹿鹤）同春、耄耋庆（猫蝶磬）春、百子图等。三是来自历史、传说、神话、戏曲、宗教等的吉祥故事画。主要有昭君出塞、桃园结义、老鼠娶亲、刘海戏蟾、鱼跃龙门、断桥相会、红娘传书、穆桂英挂帅、牛郎织女、梁山伯与祝英台、张仙（或观音）送子等。这些故事画虽内容不一，却都反映了民间祈求和平、幸福、欢乐、富足生活的愿望。四是反映各地民间喜庆习俗的风俗画。常见的如岁朝图、五瑞图、丰收图、合家欢、庆元宵、观灯图等。

山东青岛郊区的窗榜画

尽管随着国民经济水平和鉴赏能力的普遍提高、现代科学技术的飞速发展，广大民众的生活习惯、审美观念发生了翻天覆地的变化，春节前张贴年画的习俗正在悄然淡出民俗历史的大舞台，那些木版雕印、内容古朴、曾经寄寓着数代中华儿女美好愿望的传统年画，也正处于即将彻底退出人们现实生活的境地。如右图是一种曾经装点过山东半岛千家万户的窗户的窗榜画①，而今，它已退出人们的日常生活，落寞地静立于博物馆的展柜中。但是，一些流传了数千年的传统节俗仍在活态传承着，如小年祭灶、除夕祭祖等。那些与此相应的年画，如灶神画、祖像画等自然也得以活态传承，但其图样、色彩等已悄然发生改变。如旧时在山东半岛一带比较有名的平度宗家庄木版灶神年画，从上到下依次为俗称“灶码”的灶王爷骑马长条②、双龙戏珠图装饰下的农历表格③、灶王爷及其二位夫人像、麒麟送子图。今天的灶神画基本仍是这个次序，但其印刷方式、纸张质量、色彩明艳程度、具体图样等都发生了明显变化，最后的麒麟送子图更是直接转换为充满新婚喜庆气象，也更受广大民众欢迎的张仙送子图。

最后，需要申明的是，现代民间吉祥美术的类别极多，样式极繁，地域特色极为鲜明。然而，囿于个人能力，本章仅略述笔者稍知一二的流传范围较广，且与吉祥礼俗关系较为密切的寥寥数种，而对鹤庆

---

① 旧时共3张，分别张贴于窗户左、右和中间（上方）墙壁上，图案和张贴位置较为固定，有“左莲花右牡丹，中间贴上农事忙”之说。此图摄于博物馆，缺失中间体现农人四季劳作的“农事忙”（也称“四季忙”），也未区分莲花和牡丹，特此说明。

② 该长条要在腊月二十三日晚“辞灶”仪式中裁下，随纸钱一起焚化，意即随灶王爷一起上天。

③ 旧时人们凭此表格内容安排农事及开业、婚庆等家庭事宜。

山东平度宗家庄灶神年画

蛋画[①]等源自传统吉祥礼俗，但流传不广的吉祥美术，以及众多依托传统或新兴技术而兴起的现代工艺品，如结艺、布艺、珠艺、草编、竹编、纸编、贝壳画、烙画等中的吉祥美术，一概略而不言。因而，难免有挂一漏万、以偏概全之嫌。不过，仅就本章所述者亦可发现，尽管一些曾经遍布祖国多地的吉祥美术载体正在随着传统民俗的改变而日渐淡出广大民众的日常生活，如传统装饰花和礼仪花剪纸、婚嫁绣品、大多数木版年画等。但在心灵手巧的民间艺人手下，中华传统吉祥美术仍以其他样式活态传承着，并不断发生着与时俱进的新变，如前述北方多地民间仍在流传的喜庆花馍、为多种民间工艺借鉴的金属雕饰以及借鉴老北京“兔儿爷”和惠山“大阿福”形象而塑造的“北京娃娃”泥塑等。

① 此指云南大理鹤庆县白族民众在庆祝结婚、生子、寿诞、立房等人生喜事时使用的鸡蛋或鹅蛋上绘制的图画。

第三章 民间吉祥歌谣

天干了，火烧了，五谷青苗咋晒干了？
龙王老爷哟，满天那个生云就下大雨、救万民。
龙王老爷家哟，旱坏了，西葫芦南瓜晒死了；
旱坏了，早下海雨救救万民。
龙王老家哟……青龙大王老家，
再下哎，十分的海雨救万民。
巳时喷云午时下雨，巳时喷云午时下雨，
龙王老家救万民，龙王老家救万民，救万民。[①]

这是现代歌手叶振国根据陕西民歌改编而成的《祈雨歌》。这首洋溢着浓郁地域风情的民间歌谣，反映了中华民族传统的祈吉求福心理，也反映了民间歌谣与祈吉求福文化的密切关系。本章专门探讨那些明显带有祈吉求福因素的民间歌谣，并将其统称为民间吉祥歌谣。

民间歌谣专指广泛流传于民间、能够歌唱或吟诵的韵文，习惯上把能歌唱的韵文叫民歌，能吟诵的韵文叫民谣。民间吉祥歌谣特指应用于驱恶、祈雨、节庆、社火等集体活动以及婚嫁、寿诞、丧葬等个人红白喜事的歌谣，既包括上述《祈雨歌》之类的祭神祈吉民歌，也包括驱傩逐疫的招魂类民谣，还包括节庆、社火、婚庆之际的庆祝类歌谣，等等。此外，船工号子、渔民号子、采茶歌、草原牧歌等劳动号子与劳动歌，一般不视为吉祥喜歌，但因其中有些歌谣带有浓烈的祈求平安、庆祝丰收意愿，秉承了传统吉祥文化的精髓，因此也列入

① 据叶振国、辛杰、王小怡等《黄土地五千年的歌 原生态无伴奏陕北民歌（CD）》（中国科学文化音像出版社，1990）整理。

本章的考察范围。

一、古代吉祥歌谣

民间歌谣源自何时，已是一个无从可考的问题。但从今存甲骨卜辞、《周易》卦爻辞等文字资料看，早在《诗经》之前，人们就开始借助集体创作并口头传播的歌谣来抒发情感、寄托愿望。虽然这些歌谣仅以文字方式零星、散乱地记录下来，我们今天已无法了解其曾经的音声，但这些仅存的零星资料，仍清晰表达了中华民族对幸福吉祥的最初理解和殷切期盼。

1. 古代驱恶辟邪类歌谣

远古时期，社会生产力低下，人们对自然的认知水平也极低。在与自然不断斗争的过程中，中华先民逐渐萌生了战胜自然、驱除邪恶的美好愿望，便产生了意在驱恶逐邪的祈福仪式与吉祥歌谣。今存最早的驱恶歌谣，应是《礼记·郊特牲》记载的这首相传为伊耆氏时代的《蜡辞》：

土反其宅，水归其壑；
昆虫毋作，草木归其泽！

伊耆氏是尧帝之前（一说即尧帝）的部落首领。《礼记·郊特牲》以为："伊耆氏始为蜡 。蜡也者，索也。岁十二月，合聚万物而索飨之也。"意思就是说，"蜡"祭是从伊耆氏时期开始的，"蜡"是一种于每年十二月举行的祭祀万物神灵的活动。这则祝语就是伊耆氏时代蜡祭仪式上说的"吉祥话儿"。其中，祝祷者用命令性语气告诫万物：水、土要各归其所，不得引发水灾、泥石流等灾害；昆虫、草木都不得生长在人类开辟的农田里，影响农作物生长，只能生长到人类放弃的荒田沟泽中。这则既带有命令性质，又充满祈福意味的祝诵之辞，表达了原始先民对农业丰收的企盼之情，也反映了驱辟类吉祥歌谣的原始状态。

这种对神灵、鬼怪等充满命令意味的驱辟之词，在春秋时期也有所传承。如《诗经·小雅·大田》诗中有这样的语句：

去其螟（míng）螣（tè），及其蟊（máo）贼，无害我田稚！

田祖有神，秉畀炎火。

有渰（yǎn）萋萋，兴雨祈祈。

雨我公田，遂及我私。……

螟、螣、蟊、贼是四种吃庄稼的害虫，汉代经学家毛亨以为："食心曰螟，食叶曰螣，食根曰蟊，食节曰贼。"学界一般认为，这段诗歌叙述了农人在地里捉害虫，并扔到火里烧死的劳动过程。但也有人说，既然这是一首祭祀"田祖"的乐歌，那就不应该是叙述劳动过程，而是陈说对神灵的诉求。据此可知，这些诗句描述的是驱除害虫、祈求"田祖"保佑风调雨顺的场景，其中充满了《蜡辞》一样的命令意味："螟、螣、蟊、贼，你们不要再吃我的庄稼了！再吃，'田祖'就会用烈火烧死你们！'田祖'神啊，你让那乌云渰渰聚集，让那甘雨适时而至，既浇灌公家的田地，也滋润我自己的田地吧。"可见，这首《大田》与伊耆氏《蜡辞》间应有一定的联系。

伊耆氏时代的蜡祭，还与后来兴盛起来的腊月驱傩活动有一定的承继关系，这由今存资料中关于二者在时间、仪式、具体内容等方面的相似性可以证明。因此，可以推想，伊耆氏之后的蜡祭或驱傩活动中，应也有类似于《蜡辞》的带有命令语气的驱辟类吉祥歌谣。这一点，从秦汉以来的文献中可以找到相关佐证。如《后汉书·礼仪志》中"大傩"条载，东汉宫廷于"先腊一日"而驱傩，届时，先让精心挑选出来的一百二十个十岁以上、十二岁以下的男童合唱傩歌，然后才作"方相与十二兽舞"。其中，男童们所唱傩歌是这样的：

甲作食殶[①]，胇（fèi）胃食虎，雄伯食魅，腾简食不祥，

① 殶：同"凶"。

揽诸食咎，伯奇食梦，强梁、祖明共食磔（zhé）死寄生，委随食观，错断食巨，穷奇、腾根共食蛊。凡使十二神追恶鬼凶，赫女[①]躯，拉女干，节解女肌肉，抽女肺肠。女不急去，后者为粮！[②]

该词先直呼诸神灵之名，命其吃掉诸恶鬼，继而又警告各疫鬼：已经叫十二神来驱逐你们了，你们速速离去，否则就要被众神肢解后吃掉！这段傩歌与伊耆氏《蜡辞》之间的相似性不言而喻。另据屈大均《广东新语》卷六“祭厉”条，惠安一带民间举行傩仪时，仍令童子唱此歌，可见该傩词在民间的生命力和影响力。严格意义上说，这种吟唱在汉宫内廷吟唱的吉祥傩歌并不能称为民间歌谣，却也能间接证明此类驱辟性歌谣在民间存在的可能性。

能够直接证明驱辟类歌谣在民间存在的，是今存敦煌《儿郎伟》歌谣中的百姓傩。据统计，今存敦煌《儿郎伟》歌辞谣共五十九首[③]，可分为驱傩词、上梁文、障车文三类，其中占绝对多数的三十六首驱傩词，又可分为官府傩、军队傩、百姓傩、寺庙傩四类。根据这些傩词可知，敦煌民间驱傩时，人们头戴面具，身披兽皮，打扮成熊或罴的样子，在头戴面具、打扮成钟馗形象的舞者的带领下，挨家挨户跳舞唱歌以驱除疫鬼。但与前述《蜡辞》《大田》、东汉宫廷傩歌以及敦煌傩歌中的官府傩、军队傩相比，敦煌百姓傩歌的命令意味减弱，祈求意味增强，语言更加朴实，用意更加淳厚。如这首编号为P.3270/2的傩歌：

今夜旧岁未尽，明招（朝）便是新年。
所有旧岁鬼魅，逐出境内他川。
已（以）后家兴人富，官高日进日迁。

---

① 女：同“汝”，下同。
② 范晔撰，李贤等注：《后汉书》，中华书局，1960，第3127-3128页。
③ 黄征、吴伟校注：《敦煌愿文集》，岳麓书社，1995，第943-976页。

牛羊遍满，谷麦如似太山。

兄供（恭）弟顺，姑嫂相爱相连（怜）。

男女敬重，世代父子团缘（圆）。

家长持钥开锁，火急出帛缠盘。

新妇驰骤厨舍，孃（娘）子饤豆（饾）牙盘。

金丕（杯）银椀齐把，酒瓮像似甘泉。

家人急总着作，秋时广运麦圌（chuán）。

儿郎齐声齐和，皆愿彭祖同年。①

这里不仅有对旧年“鬼魅”的驱逐，更有对新一年里家庭幸福、生活美满的种种期盼：希望自家人丁兴旺、官运亨通、牛羊满地、谷麦满圌（古代一种类似囤的盛粮器具）、兄弟友爱、姑嫂和睦、夫妻相敬、家人团聚，家长掌管的财物丰裕，女人们制作的饮食精美，全家人聚饮时器具华丽、酒质甘美，劳作时齐心协力、共享丰收，庆祝时齐声齐和、健康长寿。这首傩词祈愿的内容，涵盖了普通民众所能想到的幸福生活的方方面面，充分反映了民间生活理想的朴素自然和淳厚真挚，开启了民间驱辟类吉祥歌谣夸张与真实并存的审美历程。

今存文献中，另有一些歌谣也明显带有伊耆氏《蜡辞》命令式的驱辟祈福特色。如这首收录于《山海经·大荒北经》，相传为黄帝时代创制的驱旱神辞：

“神北行！”先除水道，决通沟渎！②

相传黄帝与蚩尤曾在冀州（今河北衡水一带）展开大战，蚩尤请来风伯、雨师助战，黄帝则请来主管干旱的天女魃（bá）帮忙。黄帝在魃的帮助下打败了风伯、雨师，但魃却无法再回天界，她在人间走到哪里就给哪里带来旱灾。最后，人们不得不对这位曾立过赫赫战

① 黄征、吴伟校注：《敦煌愿文集》，岳麓书社，1995，第 950-951 页。
② 袁珂校译：《山海经校译》，上海古籍出版社，1985，第 286 页。

功的天神发出了这样的驱逐和命令之辞。这首与《蜡辞》有着相同命令语气的驱辟类歌谣，反映了原始先民对农业生产风调雨顺的美好期盼。

这种带有命令语气的民间驱恶辟邪类歌谣，在宋元民间仍有流传。如罗振玉《俗说》“刘猛将军”条载，南宋景定四年，蝗灾横行，乃封刘锜为扬威侯天曹猛将，敕云：“飞蝗入境，渐食嘉禾。赖尔神灵，剪灭无余。”[①] 此语后来渐渐成为民间盛传的驱蝗谣。不过，这首歌谣的命令语气远不如《蜡辞》激烈，应是因为它只是单纯的祈求神灵“剪灭”蝗灾，并没有直接向蝗虫发出驱逐命令。这种祈求远大于命令的语气，与民间敬神、畏神的传统心理相符，也是区分民间与官方驱辟类歌谣的重要特征。

这种命令语气大为削弱、充满普通民众虔诚祈愿意味的驱辟类歌谣，至今仍在民间有所流传。如下引这首至今流传于甘肃河西武威地区的民间驱病谣片段：

魑魅魍魉，泼神外鬼，
向东的东走，向西的向西，
向南的向南，向北的向北。
燎利了，燎散了，毛病子不犯了。
冲利了，冲散了，毛病子不见了。
驱走了，驱跑了，有病的好转了……[②]

可见，其中充满了对“魑魅魍魉，泼神外鬼”等的祈求性驱遣之语。此类民间歌谣的存在，证明了远古驱辟类歌谣的强大生命力，也为了解此类歌谣在民间的传承与发展提供了有力参考。

此外，以伊耆氏《蜡辞》为代表的远古驱辟类歌谣，还有另一条

① 罗振玉：《贞松老人遗稿 甲集》，上海书店出版社，1996，第9页。
② 谢正荣：《甘肃河西民间歌谣的民俗阐释》，《甘肃高师学报》，2007（6）。

传承线索。如这首大致产生于西周初年、今收录于《周礼·冬官考工记》“梓人”条的《祭侯辞》：

惟若宁侯，毋或若女不宁侯：

不属于王所，故抗而射女。

强饮强食，诒女曾孙，诸侯百福。

它以周王身份发出，首先用强硬的语气威胁说，你们一定要做遵从周王命令的“宁侯”，只要敢不做“宁侯”，不来朝拜，我就一定会举起箭来射你！接着却又以祝福的语气诱惑说，只要你们做“宁侯”，我就会保证你们终生享用丰盛饮食，你们的子孙也将永世为侯、福寿绵绵。其中明显可见《蜡辞》命令式的祈福意味，而其既威逼又利诱的做法，显然又与《蜡辞》的一味驱逐有所不同。

这种充满对神灵的命令和祈求语气的歌谣，在民间也有所流传。如汉代文人扬雄的《逐贫赋》，是一篇人、神对话体赋作，其中写人祈求穷神离开时，有这样的语句：

岂无他人，从我何求？

今汝去矣，勿复久留！[①]

可见，当时民间已有驱逐穷鬼活动，并且活动上的驱逐词已开始有乞求和祷告意味。到南北朝时期，民间已形成了正月晦日送穷的习俗，这种习俗历经唐宋传承至今。唐代文学家韩愈曾写过描述其正月送穷活动的《送穷文》，其中祈求穷神离开时说：

闻子行有日矣，鄙人不敢问所涂[②]，窃具船与车，备载糗（qiǔ）粻（zhāng）[③]。日吉时良，利行四方，子饭一盂，子啜一觞，携朋挚俦，去故就新，驾尘彍风，与电争先。[④]

---

① 龚克昌等评注：《全汉赋评注》，花山文艺出版社，2003，第373页。

② 涂：同“途”。

③ 糗粻：泛指食物。

④ 韩愈撰，马其昶校注，马茂元整理：《韩昌黎文集校注》，上海古籍出版社，1986，第570页。

这段诵词，翻译成现代语言是这样的：听说您要走了，我不敢问您要到哪里去，只是私下里准备好车船，装载好食物。适逢良辰吉时，利于出行，请您再吃一碗我家的饭，再喝一杯我家的酒，然后就呼朋唤友、驾尘彍风，像闪电一样离开我家，到新的地方去吧。

这其中全无伊耆氏蜡祭与周王祭侯时那种作为主宰者高高在上的自信与骄傲，全是卑微者低声下气的祈求与谦卑，充分反映了民间与官方祭词的显著区别。今存送穷歌谣，还有这首署名为宋人巴谈的一首失调名的《送穷鬼词》：

正月月尽夕。芭蕉船一只。
灯盏两只明辉辉，内里更有筵席。
奉劝郎君小娘子。饱吃莫形迹。
每年只有今日日。愿我做来称意。
奉劝郎君小娘子。
空去送穷鬼。空去送穷鬼。①

此词与韩愈文中之语一脉相承，只是内容已变成祈求神灵“郎君、小娘子”快吃饱喝足。驾船将“穷鬼”送走。此词沿袭了扬雄以来民间送穷词的祈愿特色，也反映了民间送穷习俗的传承演变。至今，民间送穷时仍有念诵充满乞求色彩的话以送穷逐鬼的做法，如这首至今流传于陕西秦中一带正月送穷时吟诵的送穷神词：

穷，穷，你走吧！
坐纸车，骑纸马，
我家房子小，他家房子大。
进了富户门，赶快把根扎。②

---

① 朱德才主编：《增订注释全宋词》第二卷，文化艺术出版社，1997，第 36 页。
② 吴志岳：《长安民俗故事集》，陕西人民美术出版社，1986，第 37 页。

2. 古代祈吉求福类歌谣

很久以前，中华先民就发明了种植和养殖技术，形成了以农耕为主要生存方式的传统，也产生了对风调雨顺、农业丰收等的美好祈愿，以及寄托这些美好祈愿的祭祀、祈祷仪式与祝告、祈福歌谣。今存最早的此类祭祷祈福歌谣，应是这首以卜辞形式保存在甲骨中的祈雨辞：

癸卯卜，今日雨。

其自西来雨？其自东来雨？

其自北来雨？其自南来雨？①

据郭沫若考证，这则卜辞应是商朝武丁（？—前 1192）时期的，其主旨显然是祈雨，语气充满了占卜式祭歌的不确定性：雨啊，你会从西方来吗？你会从东方来吗？你会从北方来吗？你会从南方来吗？可见，这则卜辞中洋溢着原始先民对自然神灵的崇拜、畏惧与祈求，不仅在内容上开启了后世祷雨祈福类民歌的先河，还以其句式重叠、韵脚一致的形式，对后世民歌产生了极大的影响。如这首汉乐府民歌《江南》，在艺术形式上与它有着惊人的相似性：“江南可采莲，莲叶何田田。鱼戏莲叶间，鱼戏莲叶东，鱼戏莲叶西，鱼戏莲叶南，鱼戏莲叶北。”

另外，今本《荀子·大略》中还保存了一则相传是武丁之祖商汤（约前 1670—前 1587）的《祷雨辞》：

政不节与②？使民疾与？何以不雨至斯极也！

宫室荣与？妇谒盛与？何以不雨至斯极也！

苞苴行与？谗夫兴与？何以不雨至斯极也！③

这则属于最高统治者的祷雨辞中，充满了对自己管理下政令是否节制，百姓是否过于辛劳，宫室是否过于华丽，受宠妇女是否过于众多，

① 郭沫若：《卜辞通纂》，科学出版社，1983，第 369 页。

② 与：同“欤”，下同。

③ 章诗同注：《荀子简注》，上海人民出版社，1974，第 306 页。

贪污受贿与谗言媚人者是否横行等的反思。这一反思，显然与起源于西周时期，成熟于两汉时期的儒家天人影响说有密切关系。该学说认为，天与人能够相互感应，上天能预示人类行为之灾祥，人类行为也能影响上天。因此，在反思自己行为是否违背上天意旨之余，商汤也追问上天究竟为何“不雨”以致百姓受灾。这接连追问之中，更多的是对上天的恭敬与乞求：天啊，人间已干旱到如此严重的地步，你就快下雨救救百姓吧。这与武丁时祈雨卜辞充斥着高度不确定性中的诚挚乞求高度相似。想来当时民间应该也有这样充满敬畏与乞求意味的祷雨辞。

这种祭神以祈雨的仪式至春秋时期更为广泛地存在着。如前引《诗经·小雅·大田》“有渰萋萋，兴雨祈祈”二句，应是祭“田祖”以祈雨的吉祥之词。另如《诗经·小雅·甫田》中，也提及农人们奏乐击鼓迎接“田祖”神以祈雨求福的情景：“琴瑟击鼓，以御田祖，以祈甘雨，以介我稷黍，以谷我士女。”[①] 至魏晋南北朝时期，连普通民众祈雨时也开始吟诵这种充满祈求意愿的祷雨辞。如西晋张华《博物志》卷八收录的这则祈雨辞：

皇皇上天，照临下土，
集地之灵，神降甘雨，
庶物群生，咸得其所。[②]

可以发现，此词与《诗经》中的祈雨歌词一样，句式整齐，用语文雅，充满了浓郁的文人气息。而细究可知，此词其实源自《大戴礼记·公符》篇所载的帝王郊祭祝辞，汉董仲舒《春秋繁露·郊祀》篇中也有收录。可见，古代帝王的祭祀之词已逐渐流入民间，成为普通民众的祈愿歌谣。另如《晋书》卷五十一记载：

① 周振甫译注：《诗经译注》，中华书局，2002，第 349-350 页。
② 张华撰，范宁校证：《博物志校证》，中华书局，1980，第 94 页。

束皙字广微，阳平元城人。……太康中，郡界大旱，皙为邑人请雨，三日而雨注，众谓皙诚感，为作歌曰："束先生，通神明，请天三日甘雨零。我黍以育，我稷以生。何以畴之？报束长生。"①

这则资料虽没有收录束皙的祈雨祝辞，但从元城人感谢束皙的歌谣中，可以看出当时民间歌谣的朴实淳厚特点。此外，《宋诗纪事》卷一百中，收录了这样一则自北宋熙宁年间（1068—1077）即开始流传的小儿祈雨谣：

蜥蜴蜥蜴，兴云吐雾。

降雨滂沱，放汝归去。②

这首童谣中既有沿袭自远古傩歌的命令式语气，又充满民间祈福歌谣的恭敬与祈求，反映了儿童活泼可爱的天性。另据记载，清康熙六十一年（1722 年），四川绵山保德一带遭遇了百年不遇的旱灾，便举行了规模浩大的祈雨仪式，仪式上不同的祈雨者吟唱了多首歌谣，其中老婆婆的祈雨词是这样的：

洗呀洗，洗簸箕，洗了簸箕下大雨。

下了大雨下小雨，下了小雨蒙蒙雨。③

吟唱此谣的同时，老婆婆们在盛满水的盆里洗簸箕。洗簸箕是旧时酬神谢神仪式之前妇女们的重要准备工作，簸箕洗干净了才可以用来盛放祭品。因此，"洗簸箕"其实是祈雨者对下雨之后隆重祭神的一种承诺或诱惑：老天呀，快下雨吧，我已经在清洗簸箕准备盛放祭品了！

迄今，类似祈雨歌谣仍在民间有所流传，歌词各有不同。如陕西民间丰富多彩的祈雨歌谣中，除前引当代歌手叶振国改编的那首充满

---

① 房玄龄等撰：《晋书》，中华书局，1974，第 1427 页。

② 厉鹗辑：《宋诗纪事》，上海古籍出版社，1983，第 2355 页。

③ 郭勋编著：《绵山第一真佛：空王佛田志超》，山西古籍出版社，2007，第 123 页。

陕北风情的《祈雨歌》外，另有流传于周至民间的这种满是诱惑之语、洋溢着童趣的祈雨童谣：

老天爷，你下吧，我给你买个大西瓜。

你吃瓤，我啃把，为的是快快把雨下。

你吃心心我吃皮，只要大雨来得急。①

雨虽是农作物生长过程中不可或缺的，但久雨不晴也会令普通农作物减产或绝产，尤其在庄稼即将成熟的收获时节。因此，久雨不晴时节，能使物干气燥、作物成熟的南风便备受农人欢迎，进而孕育生成了祈求和歌咏南风的吉祥民谣。如《孔子家语·辩乐解》中，即收录有一首相传为舜帝时的《南风歌》：

南风之薰兮，可以解吾民之愠兮。

南风之时兮，可以阜吾民之财兮。②

暖洋洋的适时而至的南风，之所以能使"吾民"高兴，是因为它能够刺激农作物的生长和成熟，增加"吾民"的收入。因此，舜帝歌咏南风之举，被汉郑玄释为"言父母之长养己也"，唐张守节则进一步解释为孝子对父母的歌咏："南风养万物而孝子歌之，言得父母生长，如万物得南风也。"③这首象征了"生长之音"的《南风歌》一直在民间流传，郭茂倩编《乐府诗集》卷五十七进行了收录，民间至今仍有"夜来南风起，小麦覆陇黄""清明南风起，麦收好无比"等农谚。

而且，当久雨不晴时，民间还生成了各种各样的止雨谣。如前引张华《博物志》卷八还收录有一首《止雨祝》：

天生五谷，以养人民，今天雨不止，用伤五谷，如何如何，灵而不幸，杀牲以赛神灵，雨则不止，鸣鼓攻之，朱绿绳

---

① 张长怀：《庙会风情》，三秦出版社，2008，第 6 页。

② 王国轩、王秀梅译注：《孔子家语》，中华书局，2009，第 267-268 页。

③ 司马迁撰，裴骃集解，司马贞索隐，张守节正义：《史记》，中华书局，1959，第 1197-1198 页。

萦而胁之。[1]

此词先赞上天生养万物之功，继发雨不止而伤万物之问，再申杀牲祭神之意，最后直言警告：如若在接受了祭祀之后仍不止雨，则将鸣鼓、持绳索而攻之。可见，其风格与源自先秦的驱辟类歌谣一脉相承。此歌谣应当源自两汉时期官方的止雨祝辞，如汉董仲舒《春秋繁露》卷十六“止雨”条记录的这则官方祭祀社神、祈求止雨时的祝语：

嗟！天生五谷以养人，今淫雨太多，五谷不和。敬进肥牲清酒以请社灵，幸为止雨，除民所苦，无使阴灭阳。阴灭阳，不顺于天。天之常意，在于利人，人愿止雨，敢告于社。[2]

直至今天，我国东北、华北等地仍流传有与祈晴活动相配的止雨扫晴童谣。久雨不晴之际，妇女们会先把纸剪成妇人形状，制作“扫晴娘”，成排悬挂在屋檐下、树枝或笤帚上，然后让小孩子们吟唱童谣以祈晴。不同的是，这些现代祈晴歌谣并不像祈雨谣那么谦卑无助，而是像西周《祭侯辞》、魏晋的《止雨祝》一样，充满了利诱和威逼的意味。如这支流传于陕西民间的扫晴谣：“扫晴娘，扫晴娘，三天扫晴了，给你穿上花衣裳。三天扫不晴，扫你的光脊梁。”

无论是祷雨还是祈晴，目的都是希望风调雨顺、农业丰收，与前引《诗经·小雅》中《大田》《甫田》二诗均曾提及的祭祀“田祖”的目的是一致的。这种祭神祈福的活动，到战国时期，已流传至民间。如《史记·滑稽列传》中收录的这首《禳田辞》：

今者臣从东方来，见道旁有禳田者。操一豚蹄，酒一盂，祝曰：“瓯窭满篝，污邪满车。五谷蕃熟，穰穰满家。”[3]

---

① 张华撰，范宁校证：《博物志校证》，中华书局，1980，第 94 页。

② 董仲舒：《春秋繁露》，中华书局，1975，第 556 页。

③ 司马迁撰，裴骃集解，司马贞索隐，张守节正义：《史记》，中华书局，1959，第 1197—1198 页。

这是齐国学者淳于髡在前往国都路上遇到的事情：一个带了一对猪蹄和一盂酒的农人正在田边祭田祈福，他祈求自己的土地不管是高地（“瓯窭”），还是洼地（“污邪”），都能有满笼（“篝”）满车的好收成；他祈求自己播种的五谷都能繁茂生长，早日成熟，收获的粮食堆满家园。

淳于髡讲这个故事本在嘲笑禳田者祭物少而所求多，却无意中保存了当时民间祭田习俗的宝贵资料。这首满是美好祝愿的民间祝辞，不由让人联想到刘勰《文心雕龙·祝盟》中收录的一首相传为舜时的《祠田辞》：

荷此长耜，耕彼南亩，四海俱有。①

表面看，舜帝祭词中的所求远比齐国农夫的所求要少，但他祈求的是四海天下之田的丰收，农夫所求的仅仅是一己之田的有成，两相对比，可以发现，民间所求多么朴实，多么接近生活本真。民间祈福歌谣的基本特点之一，便是对朴实本真生活愿望的简单堆积。

这种简单堆积朴实生活愿望的歌咏特色，一直为后世的民间吉祥歌谣所葆有。如前引编号为 P.3270/2 的敦煌傩歌，便是日常生活中众多美好愿望的简单堆积。另如在编号为 P.3468 的敦煌《驱傩词》中，有这样的祈愿之语：

谷杆大于牛腰，蔓菁贱于马齿。人无饥色，食加鱼味。有口则皆食蒲萄，欢乐则无人不醉。②

其中所求虽多，且有所夸张，如“谷杆大于牛腰”，但都贴近普通民众的日常生活，真实反映了普通民众利人利己的朴实愿望。这应该是传统民间祈福歌谣的真实面貌。

再如《宋诗纪事》卷四十六收录的这首宋人李若川的《村社歌》：

---

① 黄叔琳注，李详补注，杨明照校注拾遗：《增订文心雕龙校注》，中华书局，2000，第 122 页。
② 黄征、吴伟校注：《敦煌愿文集》，岳麓书社，1995，第 954-955 页。

清晓鼕（dōng）鼕鸣社鼓，前村后村走儿女。
田家醵（jù）钱共赛神，谢神时晴复时雨。
案有肴酒炉有香，老巫祷祝躬案傍。
愿得年年被神福，秋宜稻谷春宜桑。……[1]

在各村农夫共同出资举办的民间社火庆祝活动中，人们感谢神灵保佑风调雨顺、农业丰收，并请担任主持的“老巫”说出“愿得年年被神福，秋宜稻谷春宜桑”的祈祷之辞。该祈祷词与战国时齐国农夫《禳田辞》有着高度的相似性，显然也是典型的民间祈福歌谣。

此外，金末元初的文学家元好问，在其《秋蚕》诗中写道：

室人箧中无寸缕，一箔秋蚕课诸女。
朝来饲却上马桑，隔簇仍闻竹间雨。
阿容阿璋墨满面，画彻灰城前致语。
上无苍蝇下无鼠，作茧直须如瓮许。……[2]

该诗描写了江南民间的祭蚕神活动。先写终年养蚕的农家女孩从未用过丝绸制品的辛酸，继写给“上山”前的蚕宝宝饲喂最后一次桑叶的情景，再写女孩们涂墨于脸、画灰于地的祭祀仪式及其祭语。“上无苍蝇下无鼠，作茧直须如瓮许”，至今仍是养蚕人的美好期盼，而它与先秦的《蜡辞》《禳田辞》之间的高度相似性，也证明了其作为吉祥歌谣的本质。

另据今传各地民歌可知，我国民间至今仍流传有许多传承自先秦禳田仪式的各种祭神酬神活动，其中最具代表性的就是水稻种植区的祭秧神仪式。民间祭秧神仪式一般在拔秧苗时举行，农户提前准备好鱼肉蛋酒及香、纸、鞭炮等供品，然后在田头摆好供桌，燃香、烧纸、放鞭炮，同时自己或请专人唱诵祈求秧神保佑丰收的吉祥歌谣。这些

---

① 厉鹗辑：《宋诗纪事》，上海古籍出版社，1983，第1182页。
② 施国祁注，麦朝枢校：《元遗山诗集笺注》，人民文学出版社，1958，第164页。

歌谣的渊源，虽可远溯至战国时《禳田辞》，却大都与后世民间祈雨歌、祈晴谣一样，充满了对神灵的利诱式祈求。如下引两首歌谣：

秧门开，秧门开，秧门开开请神来。
小民敬请神农爷，多长五谷无病灾，
保佑今年粮满仓，秋后为爷搭戏台。

——河南商城民间开秧门辞

秧姑年轻神灵足，保我秧子田中出。不烂谷子不烂秧，麻将（雀）飞过不看相，田鼠伸头不敢张。方方秧田如纱帐，一天困，二天长，三天青丝绿成秧，秧田万年长。

——奉化农村祭秧神谣[1]

湖北民间的祭秧神仪式，往往会请专门的鼓乐匠人领唱开秧门歌、怀秧歌等，其歌词往往充满了淳朴古拙的原始祈福意味，如下引两首：

到春来，百草生，拜请秧神大天尊。
秧神要来早早来，莫等深更半夜行，
深更半夜下露水，打湿花鞋长绣裙，
打湿绣鞋褪了色，打湿花裙色不明。
大门来，狗儿奔，
耳门来，鸡打鸣，
后门来，猪拱脚，
天门来，好安生。
秧神要来早早来，今与凡人开秧门。

——开秧门歌

怀秧怀得长，祈福老板娘，

① 刘晓明：《中国符咒文化研究》，中央编译出版社，2014，第283页。

早播谷坵，夜发田庄，
日抽百穗，夜谷满仓，
亲朋好友沾福，帮客体面有光。
自从今日怀秧后，秧子秧孙，长发吉祥。

——怀秧歌[1]

3. 古代庆祝丰收类歌谣

蜡祭、驱傩、祷雨、祈晴，无一不是为了祈求风调雨顺、丰衣足食。但人类同时也认识到，五谷丰登更要靠自己的辛勤劳动来获得。于是，劳动和丰收成为原始先民歌咏的又一重要对象。

今存最早歌咏劳动和丰收的歌谣，应是《周易》[2]归妹卦中的这段爻辞：

女承筐，无实；士刲（kuī）羊，无血。[3]

现代学界普遍以为，《周易》中有部分已明显具备早期诗歌基本特征的卦爻辞源自《诗经》之前的民间歌谣。它以简洁的语言描述了人们剪羊毛、抬羊毛的劳动场面：洁白的羊毛蓬松柔软，女人们抬着装满羊毛的竹筐，却欢快得像筐里没装什么东西一样；手艺高超的男人们挥舞着剪刀，剪过毛的羊儿全身整洁，没有一丝儿剪破的地方。试想一下，男男女女们在一起，边齐心协力地共同劳作，边幸福快乐地齐声歌唱，这是怎样一种温馨和谐、令人向往的劳动场面！

这种歌咏劳动、庆祝牧业丰收的歌谣，至今仍在我国畜牧业兴盛的地区传播，如这首来自蒙古族的现代《剪羊毛歌》：

格桑花开百灵叫，草原六月风光好。
姐姐妹妹齐相邀，欢欢喜喜剪羊毛。

---

① 李惠芳主编：《湖北民俗》，甘肃人民出版社，2003，第 14 页。
② 关于《周易》中的卦爻辞是否为民间歌谣这个问题，近年来学界似已达成共识，即《周易》中部分卦爻辞已具备诗歌的基本特征，应是对《诗经》之前民间歌谣的真实记录。因此，本书将《周易》卦爻辞列入了民间歌谣的考察范围，特此说明。
③ 黄寿祺、张善文译注：《周易译注》，上海古籍出版社，2012，第 282 页。

雪白羊毛银光闪，就像云儿手中绕。

电剪穿梭嘟嘟叫，声声唱着丰收谣。……[1]

远古时期，饲养牲畜和狩猎都是人类获得肉食的主要方式，因而早期民间歌谣中还出现了歌咏狩猎场面之作。如《吴越春秋·勾践阴谋外传》中收录的这首相传起源于黄帝时代的《弹歌》：

断竹，续竹，飞土逐宍。[2]

这首歌谣虽篇幅短小，却高度浓缩地概述了人们制作工具、捕获猎物的全过程：砍断竹子，用绳索将竹子两端连接制成弹弓，用弹弓抛掷石块，击中眼前奔跑的猎物。这首短小精悍的古歌中，蕴藏着歌者对辛勤劳作、获得猎物的期盼和自豪，显示了其喜庆快乐的吉祥色彩。

这种歌咏狩猎活动、寄寓收获愿望的吉祥歌谣，在后世一直有所传承。如明朱彝尊《明诗综》中收录的这首《狸斑》童谣：

狸狸斑斑，跳过南山。

南山北斗，猎回界口。

界口北面，二十弓箭。[3]

据说，这是孩子们做围猎游戏时吟唱的。游戏中，孩子们手牵手围成一个圆圈，边唱诵歌谣，边模仿猎人驱赶、围捕狐狸的狩猎场面。但周作人以为，此童谣的本源，应是这首据说是元至正年间（1341—1368）流传于北京民间的童谣《脚驴斑斑》：

脚驴斑斑，脚躐（liè）[4]南山。

南山北斗，养活家狗。

家狗磨面，三十弓箭。

① 邵永强：《大漠胡杨：邵永强歌词集》，甘肃人民美术出版社，2012，第27页。

② 逯钦立辑校：《先秦汉魏晋南北朝诗》，中华书局，1983，第1页。

③ 杜文澜辑，周绍良整理：《古谣谚》，中华书局，1958，第917页。

④ 躐：意同“踏”。

上马琵琶，下马琵琶。

驴蹄马蹄，缩了一只。[1]

比较而言，《狸斑》童谣显露出极其明显的文人痕迹，其主旨也比《脚驴斑斑》更为集中统一；但《脚驴斑斑》散乱的儿童思维中，洋溢着朴实浓郁的生活气息和活泼可爱的儿童乐趣，因而在后世的流传范围更广，并产生了许多新的变体。如下引几首均是曾经流传的相似童谣：

踢踢脚背，跳过南山。

南山扳倒，水龙甩甩。

新官上任，旧官请出。

木读汤罐，费知烂脱落里一只小拇指头。

——朱自清记录的现代童谣

铁脚斑斑，斑过南山。

南山里曲，里曲弯弯。

新官上任，旧官请出。

——周作人记录的绍兴童谣[2]

脚儿斑斑，斑上梁山。

梁山大斗，一石二斗。

每人屈脚，一只大脚。

——朱光潜记录的四川童谣

点脚冰斑，上彼南山。

南山好养狗，北山好养牛。

---

① 吴平、邱明一编：《周作人民俗学论集》，上海文艺出版社，1999，第145-146页。
② 王晓枫：《古诗词研究新论》，山西古籍出版社，2005，第283页。

牛蹄踢，马蹄踢，

踢着中间大小姐，缩埋头颈似虾公。

——袁洪鸣记录的广东东莞现代童谣[①]

而且，在今天的少数民族聚居区，至今仍流传有像《弹歌》《狸斑》一样模仿和庆祝狩猎成功的多种歌谣，如独龙族的《猎歌》、怒族的《猎人之歌》、佤族及摩梭人的《打猎歌》、达斡尔族与赫哲族的《打雁歌》《捕貂歌》等。这些咏唱狩猎活动的歌谣各有特色，这里略举二例如下：

追麂（jǐ）子，扑麂子。

敲石子，烧麂子。

围拢来，作作作[②]。

——云南武定彝族《撵山歌》[③]

绕着山坡走，顺着山梁行。

到了打猎处，大家就分开，

男的列成队，分兵把路口，

女的排成行，进林去叫吼。

……

——傣族《欢乐歌》[④]

这两首至今流传的与狩猎相关的歌谣，与先秦《弹歌》是何其相似。其中的点睛之笔，都在关于捕猎过程的长篇叙述之后那简洁的几个字，如《弹歌》的“逐宍”、《撵山歌》的“作作作”、《打猎歌》的“抬着往回走”，其中洋溢的幸福和欢乐，那是无论何时都能力透纸背的。

除了畜牧和狩猎，远古人类获取食物的重要方式还有种植。因

① 陈连山：《游戏》，中央民族大学出版社，2000，第24页。

② 作：彝语，意同“吃”。

③ 云南省民间文学集成编辑办公室编：《云南彝族歌谣集成》，云南民族出版社，1986，第43页。

④ 王松：《傣族诗歌发展初探》，云南大学出版社，2014，93。

而，远古歌谣中还出现了歌咏和庆祝农业丰收之作。《吕氏春秋·仲夏纪·古乐》中的“葛天氏之乐”，应该是今存文献中著录的出现时间最早的祈求和庆祝丰收的大型乐舞：

昔葛天氏之乐，三人操牛尾，投足以歌八阕：一曰载民，二曰玄鸟①，三曰遂②草木，四曰奋③五谷，五曰敬天常，六曰建帝功，七曰依地德，八曰总万物之极。④

该乐舞由三人表演，他们手持牛尾，边以脚踏地翩翩起舞，边依次吟唱这八首世世代代口耳相传的歌谣。虽然“葛天氏之乐”早已亡佚，但从其歌曲名称看，《载民》《玄鸟》二首应是民族史歌，《遂草木》应是像《蜡辞》一样兼有命令性质的驱恶祈福之曲，《敬天常》《建帝功》《依地德》三曲应是祭神乐歌，《奋五谷》《总万物之极》二首应是庆祝农业丰收、狩猎成功的欢乐之歌。可见，“葛天氏之乐”就是一场大型的驱恶祈福、庆祝丰收的乐舞。至今，在相传为葛天氏族发源地的河南长葛一带，仍流传有歌咏葛天氏及其乐舞的民歌：

俺祖先，叫葛天，
家住在大平原，
剋鱼下淠水，打兔上陉山，
教人种五谷，织葛做衣衫。
操牛尾，歌八阕，
吃饱穿暖玩得欢。
俺老家，天之中，地之央，

① 玄鸟：黑鸟，应是远古商族的图腾，如《诗经·商颂》中有《玄鸟》一诗，其开篇即说“天命玄鸟，降而生商”。今存甲骨文中商始祖王亥的“亥”字，即作鸟形，殷商青铜纹饰中，也保留有大量鸟纹。详可参阅牛建军编著：《甲骨文的故事》，中州古籍出版社，2014，第 11-14 页。

② 遂：此处有生长之意，如韦昭注《国语·齐语》中“牺牲不略则牛羊遂”作“长也”，《蛾述编》卷二十亦曰“物生出曰滋”。

③ 奋：本指鸟儿在田上振翅而飞，此指用力举起，如“奋笔疾书”“奋袂而起”等。

④ 张双棣、张万彬、殷国光、陈涛译注：《吕氏春秋译注》，吉林文史出版社，1987，第 139 页。

淇水边，水草旺；
老祖宗，牧牛羊，
种五谷，栽葛桑，
始纺织，做衣裳；
舞牛尾，把歌唱，
族人众，播四方，
祖功德，万古芳。①

葛天氏之后，类似的喜庆歌舞在民间渐渐兴起。这从始见于东汉王充《论衡·艺增》的《击壤歌》中，可略窥端倪：

日出而作，日入而息。凿井而饮，耕田而食。帝力于我有何哉？②

王充说此歌是“年五十击壤于路者”所唱，晋代皇甫谧《帝王世纪》却说是“年八十余而击壤于道中”的“壤父”所唱，并将尾句改作“帝力于我何有哉！”但二人都认为这首是尧帝时的民谣。关于击壤，北宋王应麟《困学纪闻》卷二十引晋周处《风土记》说：“（壤）以木为之，前广后锐，长尺三寸，其形如履。先侧一壤于地，遥于三四步，以手中壤击之，中者为上。”可见，这是一种掷物为乐的投掷游戏。而老人饱食无事、击壤为乐，这怎么看都是一幅国泰民安的生动写真，更何况其歌谣本身就充满了快乐满足、乐天知命的幸福感。

尽管后世文献中再无关于《击壤歌》传承情况的记载，但一些相关歌谣的存在，显示了这种模仿和歌咏劳动的吉祥歌谣的生命力。如《古谣谚》卷十二收录了一首《元和小儿谣》：“打麦打麦，三三三。舞了也。”并解释说：“《旧唐书·五行志》：元和小儿谣云（打麦打麦，三三三），乃转身曰（舞了也）。及武元衡为盗所害，是元和十年（815

① 孙方友：《乐神葛天》，中国工人出版社，2010，引言。
② 逯钦立辑校：《先秦汉魏晋南北朝诗》，中华书局，1983，第1页。

年）六月三日。”[①]

虽然《旧唐书》将此童谣视作唐宪宗时“铁血宰相”武元衡遇刺被害之前兆，但这并不妨碍后人从儿童游戏视角将其看作一首娱乐性童谣。如宋高承《事物纪原·博弈嬉戏·打麦》中即这样解释：“《唐书》:武元衡之将遇害也，京师童谣曰：打麦三三三。今俗儿戏有打麦，鼓掌作打麦声，后必三拍之，抑缘此也。”[②]

比较而言，这的确应是一首与拍手游戏相配的简单童谣。它全程模仿小麦收获后农民的打麦活动,其中的“三三三”指拍打次数,“转身”动作源自农民打完身前小麦、转而打身后小麦的行为。这种模仿喜庆热闹的打麦场面的歌谣，其边歌边舞的样式既符合儿童活泼好动的天性，也迎合了民间期盼丰收的传统心理，因而在民间世代相传。民间至今仍有此类拍手游戏和相关儿歌，如这首曾流传于北京郊区的拍手歌：“噼噼啪，噼噼啪，大家来打麦。麦子好，麦子多，磨面做馍馍。馍馍甜，馍馍香，大家都来尝。”

另外，各地、各民族还流传有多种喜庆热闹的《打麦歌》，如下引两首分别是流传于云南普米族聚居地和安徽马鞍山一带的《打麦歌》：

布谷鸟唱起来了，打麦的时节来到了。
大麦在粮架上，拿下麦秆打起来。
四月天暖和起来了，尝新节快要到来了。
咱贡在火塘上,苏里玛酒喝起来了,打麦的时节来到了。[③]

打起麦来就唱歌（喂哟嗬嗨哟嗬啦来哟嗬啦来），
唱得个老板笑呵呵（喂哟嗬嗨哟嗬啦）。

---

① 杜文澜辑，周绍良校点：《古谣谚》，中华书局，1958，第 214 页。
② 高承、李果撰，全圆、许沛藻点校：《事物纪原》，中华书局，1989，第 496 页。
③《中国民间歌曲集成》总编辑委员会编：《中国各民族民歌选集》，人民音乐出版社，1992，第 271 页。

往年打得千万担（喂哟嗬嗨哟嗬啦来哟嗬啦来），

今年打得万担多（喂哟嗬嗨哟嗬啦）。……[①]

这两首民歌，前者采用男女对唱方式，后者采用领唱、合唱相结合的方式；前者轻松欢快，后者强劲有力，都展现了丰收时节的喜庆与欢乐。而且，这两首歌谣都采用本地本民族特有的衬音，充分展现了各自的特色。今天，凭借先进发达的网络和多媒体技术，即使到不了演出现场，我们也能身临其境般地欣赏这些各具特色的民间吉祥歌谣。

4. 古代贺婚赞嫁类歌谣

除了祭神祈福、庆祝丰收等集体性活动，古代歌谣还广泛应用于婚嫁、寿诞、酒宴等多种家庭喜庆场合，因而产生了各种具有不同风格特征的喜歌。其中，婚嫁歌为我国古代民间喜歌的代表。今存文献中能够找到的最早的婚嫁歌，应是这两段来自《易经》的卦爻辞：

贲（bēn）如皤（pó）如，白马翰如。匪寇，婚媾。

——贲卦六四爻辞

屯如邅（zhān）如，乘马班如。匪寇，婚媾。

——屯卦六二爻辞

第一段写娶亲队伍的声势浩大：那疾驰而至的马队气势很大，一匹匹白马膘肥体壮、矫健威武，这不是肆无忌惮、前来抢劫的强盗，而是盛装打扮、前来娶亲的新郎。第二段写将要远嫁的新娘离开家门的情景：离去的马儿时而停止不前，时而去了又回，马背上的姑娘频频回首，泣涕涟涟，这不是匪徒抢劫，而是女儿出嫁。这两段卦爻辞形式上完全一致，极像同一首歌谣的不同段落，内容上则极像今天男方的迎亲喜歌和女方的哭嫁歌。因此，现代学者黄玉顺称其为“我国最古老的‘婚礼进行曲’”[②]。

---

① 马鞍山市花山区地方志编纂委员会编：《马鞍山市花山区志》，内部图书（皖 Mas-2009-006），2009，第 528 页。

② 黄玉顺:《中国最古老的婚礼进行曲——〈易经〉中的几首婚俗歌谣》,《文史杂志》,1995(1)。

另外，下面是首见于《艺文类聚》卷九十九《祥瑞部下》“狐”条，据说来自大禹时代的涂山歌：

绥绥白狐，九尾庞庞。

成于家室，我都攸昌。①

此歌前两句赞美传说中能带来幸福吉祥的九尾白狐，后两句祝愿新婚夫妇成家立室、家业昌盛。《艺文类聚》说此歌辑自《吕氏春秋》（今本《吕氏春秋》中无），并说大禹年已三十却仍未娶妻，走到涂山（今安徽蚌埠一带）时遇见九尾白狐，又听到当地人传唱此歌，乃娶当地女子为妻。据此可以推测，这首今人命名为《涂山歌》的歌谣，应是当地民间婚嫁喜歌。禹应是在当地人婚嫁时听到此歌，受到感染后才决定结婚成家的。

春秋时期，我国民间婚嫁应用喜歌的现象已极为普遍，这可从《诗经》保存的大量歌咏婚姻和爱情的诗歌中找到佐证。《诗经》中的婚嫁喜歌主要有三类：

第一类是像《涂山歌》一样赞美和祝贺新婚的喜歌，如这首《小雅·鸳鸯》：

鸳鸯于飞，毕之罗之。君子万年，福禄宜之。

鸳鸯在梁，戢（jí）其左翼。君子万年，宜其遐福。

乘马在厩，摧之秣之。君子万年，福禄艾之。

乘马在厩，秣之摧之。君子万年，福禄绥之。②

现代学者姜亮夫以为，此诗前二章以双飞双宿、患难与共的鸳鸯起兴，赞美新婚男女郎才女貌，并祝其能患难与共、同享福禄；后二章借对浩大迎亲马队的描写，赞美男方家产丰裕，再次表达对新婚夫妇的祝福之意。③因此，自明代何楷以来，学者多持此诗旨在“祝贺新婚”

---

① 逯钦立辑校：《先秦汉魏晋南北朝诗》，中华书局，1983，第 4 页。

② 周振甫译注：《诗经译注》，中华书局，2002，第 360-361 页。

③ 姜亮夫等：《先秦诗鉴赏辞典》，上海辞书出版社，1998，第 474 页。

的观点。

再如这首祝愿多子多孙的《周南·螽（zhōng）斯》：

螽斯羽，诜（shēn）诜兮！宜尔子孙，振振兮！

螽斯羽，薨薨兮！宜尔子孙，绳绳兮。

螽斯羽，揖揖兮。宜尔子孙，蛰蛰兮。①

“螽斯”，古代学者多认为是一种繁殖力非常强大的蝗虫，现代学者则认为是民间俗称蝈蝈、蛐蛐、纺织娘一类的鸣虫，繁殖能力也极强。无论它是何昆虫，古今学者都认同：此诗借这种成群结队、到处飞舞的昆虫起兴，表达对子女成群、儿孙满堂的期盼和祝福之情。有现代学者认为这是一首祭祀螽斯、祈求生育仪式上的“歌舞礼辞”②，但将其视为新婚庆典上祝福新婚夫妇的贺喜之歌也未尝不可。

再如这首借赞美新娘祝贺婚姻的《周南·桃夭》：

桃之夭夭，灼灼其华。之子于归，宜其室家。

桃之夭夭，有蕡（fén）其实。之子于归，宜其家室。

桃之夭夭，其叶蓁蓁。之子于归，宜其家人。③

诗歌大意说：这个即将出嫁的女子啊，像那盛开的桃花一样娇艳美丽，像那桃树一样硕果累累、枝繁叶茂，祝愿她的出嫁，给夫家带来好运。全诗借桃树的多子和枝叶繁茂，寄寓了对新婚女子多多生育、宜其室家的美好祝福，显然也是婚礼上的贺喜之歌。

《诗经》中的《郑风·有女同车》《小雅·车舝（xiá）④》《齐风·著》等诗，均可视为迎亲过程中双方家人及其亲友的揶揄、取笑之词。这些善意的揶揄、取笑之词不仅可表达人们的贺喜之意，还能烘托婚礼

① 周振甫译注：《诗经译注》，中华书局，2002，第8页。

② 季康华：《一曲圣物祭祀的歌舞礼辞——〈诗经·螽斯〉中六个重言词的解析》，《阜阳师范学院学报（社会科学版）》，2007（3）。

③ 周振甫译注：《诗经译注》，中华书局，2002，第9页。

④ 舝：同“辖”。

过程的欢乐、喜庆气氛。

第二类是像《周易》屯卦六二爻辞一样，带有哭嫁意味的歌谣，如这首《邶风·燕燕》：

燕燕于飞，差池其羽。之子于归，远送于野。瞻望弗及，泣涕如雨。

燕燕于飞，颉之颃之。之子于归，远于将之。瞻望弗及，伫立以泣。

燕燕于飞，下上其音。之子于归，远送于南。瞻望弗及，实劳我心。

仲氏任只，其心塞渊。终温且惠，淑慎其身。先君之思，以勖寡人。①

此诗是家人在女子远嫁前的送别之词，其中抒发的深厚真挚的送别之情，使其获得了“万古送别之祖”的美誉。诗中女子出嫁的时间，应是北燕南飞的初秋时节，因而前三章都先借呢喃相语、成双而飞的南归燕子起兴，引出女子远嫁他乡的事实。继而写送别者追出很远，已经望不见了却还不肯离去，只能暗自伤心、思念不已的情景。最后一章先赞美出嫁者诚实温顺、勤劳善良的美德，后提出殷切嘱托：你一定要谨记先人教导（做好应做的事），以使我放心。据李学勤等现代学者考证，这一章应是《诗经》佚诗《仲氏》中的章节。但这也许是误入的一章，并不妨碍我们将此诗看作女子出嫁前其家人吟唱的带有喜庆意味的哭嫁送别之歌。如清代学者崔述即以为，此诗有惜别之意，绝无感时悲遇之情，因而系卫女嫁于南国而其兄送之之诗。在湖南、四川等地，至今保留有女子出嫁前的哭嫁习俗，并流传有各种各样的哭嫁歌。

第三类是《诗经》时代才出现的闹洞房喜歌。闹洞房是我国民间

① 周振甫译注：《诗经译注》，中华书局，2002，第 39—40 页。

很早就有的婚庆习俗之一，闹洞房过程中，常伴有祝福、调笑之类的喜庆歌谣。《诗经》中的不少篇章与今天的洞房喜歌有很多相似之处，典型的如这首《唐风·绸缪》：

绸缪束薪，三星在天。今夕何夕，见此良人？子兮子兮，如此良人何？

绸缪束刍，三星在隅。今夕何夕，见此邂逅？子兮子兮，如此邂逅何？

绸缪束楚，三星在户。今夕何夕，见此粲者？子兮子兮，如此粲者何？①

此诗歌每章都是先借象征婚礼仪式的“束薪”点明婚庆主题，继以“三星在天”点明时间是夜晚，最后以调侃的语气询问新婚者将如何对待自己的爱人。关于此诗的主旨，宋儒朱熹以为是新婚夫妇“喜之甚而相庆之词”，清代马瑞辰以为是“旁观者见人嫁娶之辞”②，今人陈子展则以为是“戏弄新夫妇通用之歌”③，不论在此诗的主旨方面有什么不同见解，三人均认为此诗是喜歌。即使如现代学者一样视其为“中国最早的闹洞房诗”④，也不为过。

到两汉时，这种嫁娶时祝贺、哭嫁、闹洞房等做法已成定俗。如唐徐坚编《初学记》中，引录有多则汉代婚礼赞辞，其中大都充满对新婚夫妇的祝福之意，如卷二十一《文部》“墨”条收录的这则郑氏《婚礼谒文赞》：“九子之墨，藏于松烟；本性长生，子孙图边。”⑤而两汉古诗《白头吟》中的“凄凄复凄凄，嫁娶不须啼”之语，则反映了女子出嫁时的哭嫁习俗。另如《汉书·地理志下》记载，燕地有这样

① 周振甫译注：《诗经译注》，中华书局，2002，第164-165页。
② 马瑞辰撰，陈金生点校：《毛诗传笺通释》，中华书局，1989，第346页。
③ 陈子展：《诗经直解》，复旦大学出版社，1983，第354页。
④ 江林昌：《中国最早的闹洞房诗——读〈诗经·唐风·绸缪〉》，《民族艺术》，2009年（1）。
⑤ 徐坚等辑：《初学记》（下卷），京华出版社，2000，第207页。

的风俗，“嫁娶之夕，男女无别，反以为荣”。[1] 这显然就是一种被传统儒家视为悖礼的闹洞房习俗。尽管今存资料中缺少关于当时民间嫁娶喜歌的记载，但这些零星的史料，已足以证明这些喜歌的存在。

魏晋南北朝时，民间贺婚、哭嫁、闹婚习俗也在传承。一方面，今存文人诗歌中有多首写看婚、咏婚之作，侧面反映了这些习俗的存在。如何逊《看伏郎新婚》诗中写道：

雾夕莲出水，霞朝日照梁。
何如花烛夜，轻扇掩红妆。……[2]

该诗赞美新妇如初出水之夕莲，如初照梁之朝日，可见作者参加了婚礼，看到了新妇，而此诗正是作者的贺婚之作。另外，隋末唐初人杨师道的这首《初宵看婚》诗：

洛城花烛动，戚里画新蛾。
隐扇羞应惯，含情愁已多。
轻啼湿红粉，微睇转横波。
更笑巫山曲，空传暮雨过。[3]

从诗题可知，入夜看婚显然是闹洞房之兆；而“轻啼湿红粉”一句，应是新妇临嫁而哭习俗之遗痕。可见，哭嫁、闹洞房等习俗，在民间一直传承不绝。今存《乐府诗集》收录的南北朝民歌中，有不少都带有民间婚庆歌谣的喜庆成分，如南朝民间流传的《读曲歌》89 首中的这几首：

桐花特可怜，愿天无霜雪，梧子解千年。

朝日光景开，从君良燕游。
愿如卜者策，长与千岁龟。

① 班固撰，颜师古注：《汉书》，中华书局，1962，第 1657 页。
② 何逊著，李伯齐校注：《何逊集校注》，齐鲁书社，1989，第 76 页。
③ 李绪鉴：《华夏婚俗诗歌赏析》，延边大学出版社，2001，第 89 页。

黄丝咡（èr）素琴，泛弹弦不断。

百弄任郎作，唯莫《广陵散》。

打杀长鸣鸡，弹去乌臼鸟，

愿得连冥不复曙，一年都一晓。[①]

这些诗歌都抒写了对爱人的依恋之情以及希望爱情能够天长地久的期盼之情，均可用作婚礼之后的闹洞房歌。另如这几首来自北朝民歌的梁鼓角横吹曲：

侧侧力力，念君无极。

枕郎左臂，随郎转侧。

——《地驱歌乐辞》其三

腹中愁不乐，愿做郎马鞭。

出入擐（huàn）郎臂，蹀（dié）座郎膝边。

——《折杨柳歌辞》其二

谁家女子能行步，反著夹禅（dān）后裙露。

天生男女共一处，愿得两个成翁妪！

——《捉搦（nuò）歌》其二[②]

前两首以直白语气表达了女子对男子的思念和期盼，似可用作婚庆喜歌。第三首充满揶揄、戏弄意味，前两句善意嘲笑女子的行为和衣着打扮像粗鲁莽撞的男孩子一样，后两句直言祝福女子与男子能携手到老。这样幽默、真诚的喜庆歌谣用来闹洞房，想必会掀起连续不断的高潮。

隋唐五代时期，来自开州、万州（今天四川开县、万县）民间的

① 郭茂倩编：《乐府诗集》，中华书局，1979，第 672-675 页。

② 郭茂倩编：《乐府诗集》，中华书局，1979，第 366、369 页。

竹枝词经过刘禹锡、顾况等文人的改编与推广，逐渐发展成为流行歌曲。而从“巴人夜唱竹枝后，肠断晓猿声渐稀”（顾况《竹枝曲》）、“巴童巫女竹枝歌，懊恼何人怨咽多”（白居易《听竹枝赠李侍御》）、“独有凄清难改处，月明闻唱竹枝歌”（王周《再经秭归》）、“巡堤听唱竹枝辞，正是月高风静时”（蒋吉《闻歌竹枝》）等零星记载可知，竹枝词应是四川民间男女夜晚所唱之歌，其用于哭嫁的可能性极大。这也与今天四川民间哭嫁歌的曲调特色、吟唱时间等有很高的相合性。今存敦煌遗书中，曾经引发现代学者大争论的《下女夫词》[①]，显然具有欢庆热闹的婚嫁喜歌性质。词中依婚嫁礼仪程序收录了多首歌词，如上酒诗、咏女家大门诗、撒帐诗、合发诗、下帘诗等，其中的撒帐诗后来发展为独立的撒帐歌，至今仍在民间有所流传。而且，敦煌遗书中还收录了多首祝愿新郎、新妇文，充满了浓郁的乡野村民气息，俨然成为民间婚庆歌谣在晚唐五代时期发展成熟的重要标志。如下引二首：

愿新郎身强凝（疑）犊儿，[□□□]非（飞）鸦；盛财如五岳，五岳似恒沙。千年寿富贵，万大（代）足荣华。成（感）得先（仙）人拍铮（钲）板，玉女弹琵琶。后园林檎树，上有琉璃花。东至一几鸟，西有一几鸦。汉北光明日，叶叶生莲花。男则乘龙马，女则乘钿车。身登三品位，每日在朝衙。细马千余匹，仆从万余强。白象驼金入库，青牛载麦入仓。绫罗满道，金玉盈堂。五男二女，队队似凤凰、文王。女聘（娉）高门上姓，男为六州参君（军）。富贵英雄如水，世世不乏长为。驼骡永万匹，鹅鸭水（永）千行。生在黄金宅，长在玉楼床。朝朝得见此，富贵乐昌昌！咒愿礼毕。

——《祝愿新郎》

① 王重民等编：《敦煌变文集》，人民文学出版社，1957，第273-277页。

盖闻二仪相好，运合阴阳。开书卜问，是是（事）相当。愿新妇入宅已后，大富吉昌。夫妻相对，二若鸳鸯。孝养父母，宜姑宜嫜。九族和目（睦），宜娀（叔）宜郎。白银造南衙，黄金造北堂。瑠璃[为]东屋，马（玛）瑙作西行。锦被绣褥，纬纬行行。生男满十，七涉（步）成章。生女四、五，娉与公王。……

——《祝愿新妇》[1]

宋元明清时期，小说、戏曲、宝卷等通俗文学以及文人笔记的大量出现，为后世保存了许多民间婚庆礼俗和喜庆歌谣的资料。借助这些资料可以发现，这一时期的民间婚嫁，喜用各种吉祥致语，而且出现了与撒帐礼俗相配且形式和内容多样的撒帐喜歌。其中，俗称“吉祥话儿”的致语，在宋元时即已发展成熟。

致语是宋元时兴盛起来的一种类似说吉祥话的喜庆歌谣，多用于节庆、宴饮、婚庆、教坊表演、祈福驱恶等仪式，宫廷和民间都广有采用，但现今能见到的，多为文人撰写的用于宫廷节庆、宴饮、教坊表演等的致语，如苏轼《东坡全集》卷一百一十五、史浩《鄮峰真隐漫录》等中收录有大量祈吉致语。不过，宋元以来的大量文人笔记、民间戏曲和小说等作品，保存了一些来自民间的婚嫁致语。这些致语大都带有民间吉祥歌谣的谦卑祈求语气和简单堆砌美好生活愿望的特色，如陈元靓《事林广记》中收录的这则女子出嫁致语：

今朝我嫁，未敢自专。
四时八节，不断香烟。
告知神圣，万望垂怜！
男婚女嫁，理之自然。
有吉有庆，夫妇双全。

① 黄征、吴伟校注：《敦煌愿文集》，岳麓书社，1995，第396-397页。

无灾无难，永保百年。

如鱼得水，胜蜜糖甜。①

出嫁致语是新婚女子离家前祭辞娘家祖先神灵时所说的吉祥话，先向神灵通告出嫁之事，并祈福佑，继申婚嫁之理，再祈娘家神灵福佑新婚夫妇。这则致语又见于宋元话本小说《快嘴李翠莲记》中，但其后多了以下内容：

五男二女，七子团圆。二个女婿，答礼通贤；五房媳妇，孝顺无边。孙男孙女，代代相传。金珠无数，米麦成仓。蚕桑茂胜（胜）[盛]，牛马挨（眉）[肩]。鸡鹅鸭鸟，满荡鱼鲜。丈夫惧怕，公婆爱怜。妯娌和气，伯叔忻然。奴仆敬重，小姑有缘。②

这些新增内容更突出了民间幸福概念的贴近真实生活和民间吉祥歌谣简单堆砌生活愿望的艺术特色。而"丈夫惧怕，公婆爱怜"及之后诸语，则是小说作者有意添加，意在突出李翠莲伶牙俐齿、有话实说的性格特点。

除了女方祭告娘家祖先神灵的出嫁致语，民间婚嫁礼仪中还有用于新人上下轿、进出门、入洞房、坐床等多种场合的喜庆致语。如《事林广记》中收录有三首拦门歌、二首答拦门歌等多首婚嫁用语，话本《快嘴李翠莲记》中则收录有一首拦门诗、一首答拦门诗，《花灯轿莲女成佛记》中收录有两首下轿词。其中，拦门诗是新人到达男方家门时司仪念的，其内容以赞美新娘为主，以索要利市红包为辅；答拦门诗则是男方家人的应答之语，内容以赞美司仪不爱金、央求少要或不要利市为主，二者往来对答，共同营造了喜庆热闹的婚礼氛围。下轿词是花轿到达男方家门后司仪念诵的，既有请新人下轿之意，又有贺

① 陈元靓：《事林广记》前集卷十"婚礼"条，中华书局1963年影印元至顺本。

② 洪楩：《清平山堂话本》，华文出版社，2018，第43页。

婚祈福之意，如《花灯轿莲女成佛记》中的这首下轿词：

喜气盈门，欢声透户，珠帘绣幕低。

拦门接次，只好念新诗。

红光射银台画烛，氤氲香喷金猊。

料此会，前生姻眷，今日会佳期。

喜得过门后，夫荣妇贵，永效于飞。

生五男二女，七子永相随。

衣紫腰金，加官转职，门户光辉。

从今喜气，后成双尽老，福禄永齐眉。①

如前所述，吉祥致语在两宋时已广泛应用于多种喜庆场合，两宋以来仍在民间广有传承。如元谢应芳《龟巢稿》中，卷八收录有《娶妇拜祖先致语》《合卺致语》《拜舅姑致语》等作，卷十收录有《剃僧头致语》《招魂致语》等作；明吴宽《家藏集》卷四十六、程敏政《篁墩文集》卷五十七等中，也收录有可用于节庆、寿诞、酒宴等的多则吉祥致语。比较而言，最受民间欢迎、历久不绝的，还是嫁娶时的喜庆致语，就连盗贼强逼成婚时都要说两句祝福话讨个吉利。如《水浒传》第五回，桃花山二头领、小霸王周通强娶刘太公之女时，众小喽啰齐声贺道：

帽儿光光，今夜做个新郎；衣衫窄窄，今夜做个娇客。

这恐怕是今存文字资料中能找到的最粗陋、最具讽刺意味的贺新郎歌。因为宋元时，“帽儿光光”、装扮一新是新郎官的常见打扮，而短小紧瘦的窄衣衫，要么是追新求异的美女们的最爱，要么是写诗弄文的读书人的家居服，要么是舞棍弄枪的练武之人的练功服。在小喽啰们的贺词中，头戴新帽、一身窄衣衫短打扮的周通，怎么看也不像是岳父眼中那袒卧东床的乘龙“娇客”。

① 洪楩编辑，石昌渝点校：《清平山堂话本》，江苏古籍出版社，1990，第232页。

不过，从另一个角度看，这则情理难通的祝婚贺词，却也实实在在地证明了婚庆喜歌在民间的受欢迎程度。直到民国年间，拦门歌、答拦门歌以及上下轿词等，仍是民间婚嫁礼仪中的常见喜词，只是其内容、形式等已发生了较大变化。如这则民国年间陕西关中婚嫁习俗中的下轿词：

花轿到门前，宾主站两边，

鼓乐迎淑女，鞭炮庆家宴。

鸾凤鸣双喜，蓝田种美玉。

聚乐生祥瑞，佳女配佳婿。①

如今，随着民间婚嫁习俗的发展、改变，上下轿词已消失，一唱一答的拦门歌还在苗族、土家族等少数民族聚居区有所流传。

撒帐习俗，相传源自汉武帝迎娶李夫人时撒“五色同心花果”的行为。至两宋时，民间已形成了新人坐床时，男方家人或傧相边抛撒金钱彩果，边念诵祈福喜歌的仪式，从而产生了赞美和祝福新婚夫妇的撒帐喜歌。前述《事林广记》和《快嘴李翠莲记》中，各收录有一首撒帐歌，二者形式大致相同，但后者篇幅更长，内容也更丰富：

撒帐东，帘幕深围烛影红，佳气郁葱长不散，画堂日日是春风。

撒帐西，锦带流苏四角垂，揭开便见嫦娥面，输却仙郎捉带枝。

撒帐南，好合情怀乐且耽，凉月好风庭户爽，双双绣带佩宜男。

撒帐北，津津一点眉间色，芙蓉帐暖度春宵，月娥苦邀蟾宫客。

撒帐上，交颈鸳鸯成两两，从今好梦叶维熊，行见珠

① 张建忠主编：《陕西民俗采风·关中》，西安地图出版社，2000，第14页。

嫔来入掌。

撒帐中，一双月里玉芙蓉，恍若今宵遇神女，红云簇拥下巫峰。

撒帐下，见说黄金光照社，今宵吉梦便相随，来岁生男定声价。

撒帐前，沉沉非雾亦非烟，香里金虬相隐映，文箫金遇彩鸾仙。

撒帐后，夫妇和谐长保守，从来夫唱妇相随，莫作河东狮子吼。①

从语言和立意看，这首撒帐歌不像敦煌《儿郎伟》中百姓傩那样用语俚俗、立意质朴，而是明显带有文人润色或加工之后用语清雅、立意别致的特点。另据《剪灯余话》《醒世姻缘传》《儿女英雄传》等明清世情小说中写婚嫁场面的章节可以推知，司仪、傧相等专以民间嫁娶礼仪为业者，应该掌握有由文人创制或加工的喜歌抄本。如李昌祺《剪灯余话》卷四写新人进入洞房后，“执事者又忘将撒帐文来”，于是赶紧求助参加婚礼的秀才文信美，文信美立即辑录前人诗句，拼成一首别致新颖的集句体撒帐歌。另如《醒世姻缘传》第四十四回中，狄家所请傧相念诵的撒帐歌粗俗不堪，惹新娘大怒而被赶出，傧相向众人解释说：“我说咱是读书人家，敢把那陈年古代的旧话来搪塞不成？我费了二三日的整工夫，重新都编了新诗来这里撒帐，好图个主顾，谁知倒惹出不是来了。”② 由此二例可知，民间执喜事为业者有现成的撒帐歌写本，但也常因人、因事、因境而临时创作或改编。

另据《歙县南乡婚嫁撒帐歌》一文，明清时，安徽歙县民间婚嫁极重撒帐，当时流传的专记撒帐歌的《撒帐书》多达十几本，收录有

---

① 洪楩编辑，王一工标校：《清平山堂话本》，上海古籍出版社，1992，第 35 页。

② 西周生著，张学忠、杜敏、史小军注：《醒世姻缘传》，太白文艺出版社，1995，第 616 页。

《撒个八仙台》《撒双亲》《撒个乐洋洋》《撒帐四方》《撒帐千字文》《撒帐四言杂字》《撒帐东南西北中》《撒帐十二月》《撒帐撒得奇》《撒帐十二月花名》《撒帐撒开场》《撒帐撒中堂》《撒大团圆》等上百首撒帐歌，内容以贺婚祝福为主，“也保留了婚俗本身许多仪程内容，更重要的它是古代性启蒙教育的重要方式之一”。[1]这种吉祥喜庆、内容和形式多样的撒帐歌，至今仍在民间婚嫁喜歌中扮演重要角色。

5. 古代祝寿类歌谣

寿，自古以来就在中华祈吉文化中占有重要地位。期盼长寿、祝福长寿的传统，早在《诗经》里就已成形，并出现了专门的祝寿乐歌《小雅·南山有台》：

南山有台，北山有莱。乐只君子，邦家之基。乐只君子，万寿无期。

南山有桑，北山有杨。乐只君子，邦家之光。乐只君子，万寿无疆。[2]

此诗每章都先以遍布南山和北山、长势繁茂的种种植物起兴，然后盛赞“君子”们保家卫国、安民兴邦的功业，并热情祝愿他们健康长寿、永葆德音、子孙昌盛。历来学者多认为此诗是贵族阶层的祝寿乐歌，但这并不妨碍我们将它看作民间祝寿歌谣的源头。

自古以来，宫廷艺术就对民间艺术有着重要的引领作用，一如这首自两汉时即流传的童谣中所说：“城中好广袖，四方用匹帛。”至今，民间祝寿活动中的吉祥用语、图案都与这首《南山有台》有着不可分割的联系，如今天祝寿用语和图案中最经常使用的“南山”意象，主要源头就是《诗经》中这首诗。此外，《小雅·天保》最后一章的祝颂语，应是传承至今的“寿比南山”用语和以松柏象征长寿习俗的直接源头：

---

① 江巧珍、孙承平：《歙县南乡婚嫁撒帐歌》，《黄山学院学报》，2004（2）。
② 周振甫译注：《诗经译注》，中华书局，2002，第254页。

如月之恒，如日之升。如南山之寿，不骞不崩。如松柏之茂，无不尔或承。[①]

另据《豳风·七月》中“八月剥枣，十月获稻，为此春酒，以介眉寿”等语可知，《诗经》时代兴盛起来的祝寿活动，应在专门时节举行，大致是农作物收获之后的农闲时节，而且以枣果、稻米酿制的“春酒”作为专门的祝寿之物。

这与成书于东汉后期的《四民月令》中民间正月初一“各上椒酒于其家长，称觞举寿”[②]的记载，大致相符。由此记载可知，以酒祝寿的风俗在两汉时期仍然盛行，人们“称觞举寿”时定有说吉祥话或唱祝寿歌的行为。尽管这些祝寿词语没有同时被记载下来，但今存两汉鼓吹曲辞中的一些曲辞，极似民间祝寿歌谣，如“远如期，益如寿。处天左侧，大乐万岁，与天无极”（《远如期》）、“仙人下来饮，延寿千万岁”（《上陵》）等。

今存魏晋时期的文献中，也极少有关于民间祝寿歌谣的。但《世说新语》中这则关于《尔汝歌》的记载颇值关注：

晋武帝问孙皓：“闻南人好作《尔汝歌》，汝能为不？”皓正饮酒，因举觞劝帝而言曰：“昔与汝为邻，今与汝为臣。上汝一杯酒，令汝寿万春！”帝悔之。[③]

《尔汝歌》应是因歌中使用挚友、恋人配偶之间亲密相称的第二人称代词尔、汝而得名，疑指《懊侬歌》之类以尔、汝相称，咏唱男女情事的民歌，如这首收录于《乐府诗集》卷四十六的《懊侬歌》：“懊恼奈何许？夜闻家中论，不得侬与汝。”[④]此故事中，高高在上的晋武帝司马炎，要求兵败投降的原吴主孙皓歌唱此类男女情歌以助酒，这

① 周振甫译注：《诗经译注》，中华书局，2002，第241页。
② 崔寔著，石声汉校注：《四民月令校注》，中华书局，1965，第1页。
③ 刘义庆撰，徐震堮校笺：《世说新语校笺》，中华书局，2011，第418页。
④ 郭茂倩编：《乐府诗集》，中华书局，1979，第668页。

与曹操命文士祢衡为鼓吏击鼓陪酒的行为可谓如出一辙，而原本正低头喝闷酒的孙皓却不假思索，脱口吟出这首充满嘲讽和感慨意味的祝寿歌，令原想嘲弄孙皓的司马炎后悔不已。此故事的真伪今已无从考证，但就这首歌词看，《尔汝歌》似可用于祝寿。

自魏晋以来，江南地区一直流传使用尔、汝、侬、你侬、我侬、等人称代词的民歌，这些民歌除用于男女表情达爱之外，还可用于祝寿、敬酒等喜庆场合。至明清时期，一些少数民族地区也出现了此类以尔、汝相称的歌谣。如清代黄叔璥在《台海使槎录》卷五、卷六中，收录了会饮歌、祝年歌、贺婚歌、祀祖歌等诸多流传于台湾北部地区的吉祥歌谣，其中下引二首应与这种尔汝歌有一定关系：

尔新娶妻，我装珠饰贝。

庆贺新婚，尔须留我饮贺酒。

——南北投社贺新婚歌

今日过年，都备新酒赛戏祭祖。

想祖上何等英雄，愿子孙一如祖上英雄。

——大肚社祀祖歌[①]

前者的“尔”“我”极为明显，后者的“祖上”“子孙”虽与尔、汝并无关系，但其采用两类人对举的做法，与尔汝歌有异曲同工之妙。

此外，《隋书·音乐志》载，隋文帝仁寿元年（601 年），牛弘等人模仿民间曲子词创作了《上寿歌辞》：

俗已乂（yì），时又良。

朝玉帛，会衣裳。

① 黄叔璥：《台海使槎录》，中华书局，1985，第 110、117 页。

基同北辰久，寿共南山长。

黎元鼓腹乐未央。[1]

这首经过文人改编的《上寿歌辞》，间接证明了民间祝寿曲词的存在。至两宋时期，民间曲词发展演变为更受民众欢迎的歌曲新样式——词。据统计，唐圭璋辑《全宋词》中，收录祝寿之作2181首，约占总数的九分之一；而孔凡礼补辑的《全宋词补辑》中，另收录有373首祝寿词。可见，两宋民间祝寿习俗和祝寿歌谣的兴盛。而且，今存唐宋词词牌中，百岁令、千春词、千年调、万年春、万年欢、长生乐、长寿乐、齐天乐、庆千秋、庆灵椿、寿南山、献仙桃、瑞鹤仙等，皆源自祝寿；沁园春、念奴娇、满江红、满庭芳、朝中措、宝鼎现、水调歌头等，也可用以祝寿。两宋民间祝寿词的内容，从下引几首无名氏之作可知一斑：

织女初秋渡鹊河。逾旬蟾苑聘嫦娥。蓬莱仙子今宵降，前后神仙引从多。

餐玉蕊，抚云璈。寿筵戏彩捧金荷。黄金照社三儿贵，他日潘舆侍绮罗。

——《鹧鸪天·寿妇人》

祥呈香袜。尝记翁生当己卯。福禄俱添。绿鬓红颜七十三。

芝兰满砌。争著彩衣堂下戏。祝寿无涯。王母襟期醉九霞。

——《减字木兰花·寿外公》

剧饮犹能鲸吸，细书仍作蝇头。人间八十最风流。况

---

① 魏徵、令狐德棻撰：《隋书》，中华书局，1973，第370页。

又今年九九。

不用蒲轮加璧，不须磻石垂钩。八千春更八千秋。但愿灵椿长寿。

——《西江月·寿人八十一》①

这些祝寿词作包含了诸多佳词美句好典，充分体现了民间喜庆歌谣堆砌美好生活愿望的艺术特色。而这种堆砌古来佳词美句好典以成祝寿歌谣的做法，直到清末仍在民间流传。如专辑清嘉庆、道光年间俗曲的《白雪遗音》中，收录有这样两首歌谣：

南极寿星云端站（带领八仙）。
王母娘娘，独坐中间（童儿立两边）。
东方朔，酒度筵前把仙桃献（后跟白猿）。
又来了，赐福赐禄二天仙（红云万福山）。
福如东海，寿比南山（悬挂堂前）。
和合二神仙，刘海戏蟾洒金钱（送子张仙）。
喜只喜，大家同赴蟠桃筵（福寿双全）。

——上寿②

一朵红云扑满天。
手拿金弓银弹子，送子的张仙，（哎哟）送子的张仙。
八仙过海来庆寿，王母娘娘赴蟠桃，
坐在中间，（哎哟）童儿列两边。
和合二仙并肩走，刘海戏蟾在江边，
他在浪里顽，（哎哟）步步撒金钱。

——一朵红云③

① 朱德才主编：《增订注释全宋词》（第四卷），文化艺术出版社，1997，第664、668、685页。
② 华广生编：《白雪遗音》（卷一），中华书局，1959，第41页。
③ 华广生编：《白雪遗音》（卷三），中华书局，1959，第3页。

二曲通过对民间神话和传说中吉祥人物、事件的堆砌，寄托了朴实的祈寿、祈子、祈财、祈福愿望。

除前述驱恶、祈福、庆丰收、贺婚、祝寿歌谣外，古代民间吉祥歌谣还有祝酒、庆生、贺房等众多内容。如今存敦煌曲子词中，另有祝贺当家做主的《般涉调·贺当家》、酒宴助兴的《失调名（葡萄酒）》、祝贺新生儿的《苏莫遮（聪明儿二首）》等作；《全宋词》中，另有贺人生子的《西江月（绛蜡攒宝炬）》、贺小儿周岁的《清平乐·贺赵宅子晬》、贺人生日兼中进士的《步蟾宫·庆正月二十一日生又二十一岁及第》等；《白雪遗音》中，另有歌咏节日的《端午》《元旦》《节日新春》《新年来到》，贺喜的《乌纱帽》《五色祥云》《今日大喜》《万事如意》等曲。

二、现代吉祥歌谣

二十世纪我国共发生过四次大规模的民歌搜集整理活动：一是刘半农、周作人等人发起的以《歌谣周刊》为载体的"歌谣征集活动"；二是随着延安解放区"新秧歌运动"而展开的民歌采集和编造活动；三是1958年掀起的全国范围内的"新民歌运动"；四是1979年掀起的新一轮民歌采集、编选活动，迄今已整理出版《中国民间歌曲集成》三十卷。进入二十一世纪以来，全国各地又掀起了轰轰烈烈的非物质文化遗产保护活动，为传统民歌的传承和发展创造了良好的环境。概括而言，现代民间吉祥歌谣主要有以下四类：

1. 现代节庆歌谣

我国传统节日较多，古来吟咏重阳、中秋、端午、清明、上巳、新年、元宵等节日的诗作极多，这也从侧面反映了民间节庆喜歌的存在。不过，今存古代民间节庆喜歌较少，且多以描述民间节日礼俗为主。如华广生编《白雪遗音》卷三收录的这首《新春元旦》：

新春元旦，斗柄回还。

太平一统过新年，门神对子贴上边。

富家郎，衣帽整齐，只把那袍套换。

俗人们，见节提筐挎篮，他卖的是，瓜子花生玉兰片。

小人们，见节挣的代岁钱，挣了钱来买点耍货顽。

他买的，琉璃喇叭小鼓竹当马，鬼脸拈拈转①。

到晚来，乒乓乒乓连声响。临明时，来来往往把礼还。

这个说恭喜，那个说岂敢。新春吉庆，大发共财源。②

此歌谣中记述的新年礼俗包括：新年当天，家家户户贴门神画和对联，换新衣，做小买卖者则提筐挎篮卖小吃、玩具等，小孩子们则用收到的压岁钱欢天喜地地购买琉璃喇叭、小鼓当等玩具；晚上，家家户户放鞭炮迎新年；第二天，人们就相互拜年贺喜了。

这种重叙述民间习俗的做法，在现代民间春节喜庆歌谣中随处可见，但其所述习俗已与传统歌谣中的习俗迥然有别。如下引几首过年童谣：

小孩小孩你别馋，过了腊八就是年。

腊八粥，喝几天，哩哩啦啦二十三。

二十三，糖瓜粘；

二十四，扫房子；

二十五，做豆腐；

二十六，煮煮肉；

二十七，杀年鸡；

二十八，把面发；

二十九，蒸馒头；

---

① 此二句提及的是当时各种民间节庆玩具：琉璃喇叭、小鼓当是玻璃艺人制作的可以吹出声音的儿童玩具，前者状如喇叭，后者状如葫芦；竹马是一种一端刻饰马头、一端装有轮子的竹制或木制儿童玩具，鬼脸是一种类似面具的儿童玩具，拈拈转即陀螺。

② 华广生编：《白雪遗音》（卷三），中华书局，1959，第 23 页。

三十晚上熬一宿，大年初一扭一扭。

——北京民间过年谣

二十三，过小年；
二十四，写对子；
二十五，做豆腐；
二十六，刨冻肉；
二十七，杀年鸡；
二十八，白面发；
二十九，贴倒有；
三十晚上坐一宿，初一早上绕街走。

——长春民间过年谣[1]

二十三，祭灶天；
二十四，扫房子；
二十五，磨豆腐；
二十六，去割肉；
二十七，杀只鸡；
二十八，剃憨瓜；
二十九，装香炉；
年三十，贴花门；
大年初一，撅屁股作揖。

——河南偃师民间过年谣[2]

① 长春市地方志编纂委员会编：《长春市志·民俗方言志》，吉林文史出版社，1995，第133页。
② 康仙舟、高献中、王西明编著：《偃师风土》，华文出版社，1999，第496页。

二十三，打发老爷上了天；
二十四，扫房子；
二十五，蒸团子；
二十六，割下肉；
二十七，擦锡器；
二十八，沤邋遢；
二十九，洗脚手；
三十，门神、对联一齐贴。

——晋东南民间过年谣[①]

这些现代民间童谣按时间顺序一一叙述当地过年习俗，既让小孩子在吟诵的过程中学习相关知识，增强对新年的期盼之情，也借小孩子们的快乐吟诵营造出一种浓郁、喜庆的年味。对比这几首过年童谣可以发现，各地过年习俗大同小异。其中，腊月二十三祭灶、大年三十贴门神画和窗花、正月初一拜年是各地都有，也都极为重视的习俗。

祭灶日，民间俗称“小年”。传说作为一家之主的灶君，要于此日启程，前往天庭汇报一年来人间发生的事情。因此各家各户都要祭神送行，希望灶君多说好话，于是就产生了丰富多彩的祈福祭灶辞。如下引三首：

灶王灶王，你上天；
多说好，少说坏；
五谷杂粮全带来。

——山东民间祭灶祝辞

① 偃武编著：《不可不知的中华民俗常识》，中原农民出版社，2009，第48页。

灶王爷，本姓张，
骑着马，挎着枪，
上上方，见玉皇，
好话多说，坏话少讲，
过年回来多给你供香火。

——吉林民间祭灶谣[①]

腊月二十三，灶君爷爷您上天。
嘴里吃了糖饧板，玉皇面前免开言。
回到咱家过大年，有米有面有衣穿。

——晋北民间祭灶歌[②]

这些祝辞一如民间传统傩歌、祈雨歌等祭神祈福歌谣，提出的要求里（如“多说好，少说坏”“言好事”“免开言”等）充满了谦卑的祈求性质。

大年三十贴威武神勇的门神画，也是民间过年歌谣中屡屡提及的传统习俗。门神是传说中专司守门之职的神灵，但以往只用于镇守墓门。隋唐以来，民间逐渐形成了将门神图像贴于家门上以驱除邪恶、守卫家宅、保佑平安的习俗。人们还经常在贴门神画时念诵一些祈福歌谣，其中广为人知的，应是本书第二章引用的那首来自山西屯留民间、因歌剧《白毛女》而闻名全国的《门神歌》。这种希望门神守住家门、驱除邪恶的美好愿望，在各地门神谣中较为常见，如：

门神护爷本姓秦，家居河南张宗屯。
玉皇差俺来把门，看见大鬼使刀剁，看见小鬼囫囵吞。

——河南、山东民间《门神歌》[③]

---

① 吉林省地方志编纂委员会编：《吉林省志·民俗志》，吉林人民出版社，1992，第121页。
② 李大伟：《震撼世界的中国民间智慧》，中国文联出版社，2015，第85页。
③ 李建华主编：《青州民间文学集成》，山东文艺出版社，1989，第476页。

贴门神，贴门神，贴上门神守大门。
左边贴上秦叔宝，右边贴上敬德神。
秦爷双锏银铿铿，尉迟铁鞭震乾坤。
妖魔鬼怪不敢凑，合家老少安又稳。
——陕西、河北民间《贴门神》歌①

贴窗花是各地忙年期间的又一重要民俗。届时，心灵手巧的家庭妇女们往往会边剪贴窗花边吟唱一些喜庆欢乐的歌谣。如这首在民间广为流传的《剪窗花歌》：

公鸡闹白菜，公婆有担待。
蝙蝠落窗根，五福齐临门。
荷花盖金鱼，年年庆有余。
蝉蝉吹笙笙，儿女早成人。

此歌通过对各种各样吉祥窗花的描述，既营造了浓浓的年味，也寄托了对美好生活的祈盼。

此外，前引过年谣中提到，新年第一天最重要的一件事就是拜年。围绕拜年，民间也产生了许多喜庆歌谣，其中最为著名的莫过于这首曾经唱彻大江南北的东北民歌《小拜年》：

正月里来是新年，大年初一头一天，
家家团圆会呀，少的给老的拜年。
不论那男和女，都把那新衣裳穿。
打春刚出二，新媳妇回娘家。
带着我的小女婿呀，果子我拿两匣。
丈母娘一见面，拍手笑哈哈！……

这首民歌叙述了打扮一新的新媳妇回娘家拜年的情景，处处洋溢着成年人期盼的喜庆、快乐和幸福的气氛。而这首同样广为流传的童

① 安广恩、张志善、孙海玉主编:《衡水市故事歌谣卷》，中国民间文艺出版社，1989，第387页。

谣，则充满了小孩子过新年的童趣和快乐：

大年初一就是好，老老少少起得早。
穿新衣，戴新帽；烘年火，放鞭炮。
烤罢年火往家跑，拜罢年来兴致高。
一拜爷爷福寿高，二拜奶奶永不老，三拜爹爹身体好。
全家老少都拜了，欢欢喜喜吃年糕。

前述种种忙年、拜年歌谣，都充分反映了人们对新年幸福的期盼和祈祝之情；而那些吟咏正月的歌谣，则传达了辛劳了一年的人们简单、快乐的享受之情。如下引两首正月歌：

初一饺子初二面，初三合子往家转，
初四烙饼炒鸡蛋，初五、初六捏面团，
初七、初八炸年糕，初九、初十白米饭，
十一、十二八宝粥，十三、十四窜汤丸，
正月十五元宵圆。

——相声《暖厂》中收录的北京、天津民谣《正月歌》

初一早，初二早，
初三困够饱，初四豆干炒，
初五假开，初六拍囝仔尻穿，
初七平宵初八摸，
初九敬天公，初十地公生，
十一有食福，十二转去拜，
十三人点灯，十四结灯棚，
十五元宵暝，十六倒灯棚，
十七人相找，十八打瞌睡，

十九买物配，二十做功课。

——闽南民间正月谣[①]

从这两首正月歌谣可知，北京民众讲究吃喝，尤其是各种精心制作的面食，从初一到正月十五，几乎不重样。福建民众则在吃喝玩乐睡之余，还要祭拜天公、地公，到正月十九、二十日左右，便开始忙活新一年的生计了。

民间关于正月的喜庆歌谣还有许多，值得一提的还有这两首：

一月一，年初一；
一月二，年初二；
……
年初三，早上床；
今夜老鼠娶新娘，大小老鼠来帮忙。
抬花轿，搬嫁妆，新郎新娘早拜堂。
一拜堂，二拜堂，三拜堂来入洞房。

——民间儿歌《初三老鼠娶新娘》[②]

正月十五闹花灯，我和连成哥哥去观灯。
西瓜灯，红腾腾；白菜灯，绿茵茵；
芫荽灯，碎纷纷；韭菜灯，宽生生；
茄子灯，紫茵茵；圪料把弯，黄瓜灯；
龙儿灯，满身鳞；凤儿灯，花生生；
老虎灯，实威风；摇头摆尾，狮子灯；

---

① 杨浩存、涂堤编著，中共厦门市委宣传部、厦门市社会科学界联合会、厦门市闽南文化研究会编：《闽南风俗》，鹭江出版社，2009，第 120-121 页。

② 宋培贤、丹妮编著：《玩具与民间工艺》，湖南科学技术出版社，2009，第 30 页。

三打金弹，炮打灯；那是依哟咳，速溜溜起火带炮乒乓两盏灯。

——山西民歌《正月十五闹花灯》①

这两首民间歌谣也曾一度传遍大江南北，前者充满童趣，反映了正月初三老鼠娶亲的喜庆传说；后者洋溢着青年男女真诚相恋的喜悦与欢欣，反映了正月十五闹花灯的传统习俗。

除了过年，民间还有许多吉祥节日，如二月二日龙抬头、三月三日上巳节、五月初五端午节、七月初七七夕节、八月十五中秋节等，各地也都流传有一些吉祥歌谣，如下引几首：

二月二，敲门头，金子银子往下流。
二月二，敲梁头，大囤尖，小囤流。
二月二，敲门头，蝎子、蚰蜒没有头。
二月二，敲门墩儿，蝎子、蚰蜒、长虫（蛇）断了根儿。
二月二，敲门框，叫它五毒见阎王。

——河南民间二月二祈福辞②

三月三，荠菜花儿赛牡丹；
女人不戴无钱用，女人一戴粮满仓。

——南京民间三月三谚语③

五月五，是端午；门插艾，香满堂；
吃粽子，洒白糖；龙舟下水喜洋洋。

——江浙民间端午节童谣④

① 贾德义主编：《山西二人台传统剧目全编》，北岳文艺出版社，2000，第96-97页。
② 刘永立编著：《河南民俗》，甘肃人民出版社，2002，第265页。
③ 金煦主编：《江苏民俗》，甘肃人民出版社，2002，第181页。
④ 裘樟鑫主编：《新农村歌谣集锦》，浙江工商大学出版社，2012，第23页。

这些传统节日喜歌中，尤其值得关注的是至今仍在部分地区有所流传的端午节龙船歌和七夕乞巧歌。龙船歌应该源自宋元时期流行于词坛的“棹歌”，而今在江南水乡仍可听到。如闽南一带的龙船歌由舵手领唱，众划手齐声而和，气势雄壮，其曲目包括献江歌、辞江歌、尝酒歌等，其词固定，多用闽南方言，押韵而得体。广西桂林今存龙船歌是成套的，其中漓江民间龙船歌由齐人歌、出船歌、划船歌、连船歌、赛船歌、赢船歌、游船歌、湾船歌八首曲子组成，只有游船歌有世代相传的歌词，其他七首均只有“嗬也呀嘿”等衬音；桃花江民间龙船歌则由十五支曲子组成，只有一支有明确歌词，但其词可即景改为或悼念屈原或颂扬龙王或祈求风调雨顺五谷丰登的内容。另外，湖北秭归的龙舟调、广东南雄的龙船歌、安徽当涂的赛龙舟歌等也都各有特色。

如果说龙船歌是专属于江南水乡男子汉的节日之歌，乞巧歌则是专属于北方女孩们的节日之歌。当女孩子充满虔诚地唱起乞巧歌时，唱出的不仅是古老乞巧习俗的魅力，更是她们对心灵手巧的期盼和祈愿。如下引几首民间广为流传的《乞巧歌》片段：

初一初二巧芽生，初三初四上天空。
拍登巧，更能巧，两把小剪对起来铰。
铰对鸳鸯铰对鹅，铰那个小孩烂朵朵。
铰那个燕，慢打扇；
铰那个雀，满山落；
铰那个金鱼和银鱼，铰那个鲤鱼跳龙门。①

七月七，乞巧节，梧桐花开香四野。
花儿开，树儿摆，快把七姐请下来。
……

① 长岛县民间文学集成小组编：《长岛县民间文学集成》（内部出版物），1989，第226页。

我给七姐献蜜桃，七姐教我缝花袄。

我给七姐献李子，七姐教我纳底子。

我给七姐献南瓜，七姐教我学扎花。

我给七姐献西瓜，七姐教我铰菊花。……[①]

还有一些地区的乞巧歌是成套出现的。如甘肃陇南民间的乞巧歌，由迎巧歌、进院歌、坐巧歌、献茶歌、迎水歌、照花瓣歌、送巧歌等多支曲子组成；山东营口民间的乞巧歌，则包括三支迎巧歌、一支祭巧转饭歌、多支不同曲调的唱巧歌、一支麻姐姐歌、一支祈神迎水歌、一支照花瓣歌和四支送巧歌。限于篇幅，在此不一一列举。

可见，与传统节日的喜庆习俗相伴而生的节庆喜歌是丰富多彩的。它们不仅营造了喜庆欢快的节日氛围，也寄托了人们对幸福生活的渴望和对美好人生的期盼，丰富了人们的精神生活。

2. 现代婚嫁喜歌

自远古时代即已出现的婚嫁喜歌，传承至现在，出现了一些新变化：汉民族聚居区的婚嫁歌谣以吟诵式的喜谣为主，小部分地区仍保留有歌唱式的喜歌，常见的有撒帐词、扫床谣、梳头歌、哭嫁歌等；少数民族聚居区的婚嫁歌则以歌唱式的喜歌为主，且种类多样，常见的有迎亲歌、祝婚歌、哭嫁歌、闹洞房歌、送亲歌、谢亲歌、三朝歌等。

比较而言，哭嫁歌是现代民间婚嫁歌谣中最为著名的。在仍保留有哭嫁习俗的地方，姑娘出嫁前夜，往往会邀请要好的未婚姐妹陪自己“坐歌堂”，一起唱哭嫁歌。唱哭嫁歌的时间，一般从黄昏开始，一直到鸡鸣月落。哭嫁歌的体例多样，但仍以唐宋以来的五更调为主；内容则以辞别父母、感谢长辈、依恋友人、嘱托弟妹等为主，偶尔也杂有对不如意之事的哭诉。如下引几首不同地区的哭嫁歌：

一更愁，水淹门楼木柱头。门楼前面山崖水，崖水哗

① 张长怀：《庙会风情》，三秦出版社，2008，第204页。

哗眼泪流。

二更愁，月光照过母床头。母亲床上呼呼睡，女要离娘泪双流。

三更愁，三封红花伴娘头。两树红花遮娘屋，中间一树婆家留。

四更愁，四只金鸡笼内留。金鸡好留留得住，就怕口留心不留。

五更愁，伴娘写书伏案头。洗净双手开书看，字字看清未写留。

——湖南江永民间的《五更愁》[①]

四更里来月转西，娘母分离好孤牺。我劝父母不必哭，只因女儿命生错。

石榴开花桠对桠，我娘空生小冤家。我今离别父母去，水流东海不回头。

路逢险处难回转，事到头来不由人。

五更里来天将明，看看今日要分离。我若是个男子命，左右不离娘的身。

同父同母真是好，报答辛劳养育恩。女生好像没福气，服侍别人不茶平。

待他儿女如珍宝，反说女儿待不好。

——四川北部土家族的《哭五更》片段[②]

这两首哭嫁歌均采用了传统五更调体例，都充满了对娘家的恋恋不舍之情，但用语各有特色，用意也各有不同：第一首在突出恋母之

① 杨仁里：《女书之乡“坐歌堂”》，《民族论坛》，2002（9）。
② 陈梦飞、李继红：《秀山民歌的“哭嫁歌”》，《重庆教育学院学报》，2009（5）。

情中兼及“女书之乡”以“女书”送嫁的特色，第二首则重在突出女儿对出嫁后父母孤单伤心和到婆家后难以得到真爱的忧虑与担心。

现代民间哭嫁歌的吟咏范围极广，凡娘家祖先及父、兄、弟、侄等男性亲属，从祖母、母亲、伯娘、姑姑、舅娘到嫂子、姐妹、表姐妹等在内的女性亲属，均可列入哭别之列。值得注意的是，促成婚姻的媒人也经常出现在哭嫁歌中，但往往是被调侃或诅咒的对象。这是因为，民间婚嫁多由媒人撮合而成，一些急于求成的媒人难免会做欺瞒之事，从而招致对婚姻不满的新人借哭嫁之机，用一首《哭媒人》发泄其满腔的怨恨。如这首二十世纪初曾流行于四川南充一带的《背时媒人》歌：

一张帕子两边花，背时媒人二面夸：
一说婆家有田地，二说娘家是大家，
又说男子多聪明，又说女子貌如花，
一张嘴巴叽里呱，好似田中青蛤蟆。
无事就在讲空话，叫儿叫女烂牙巴，
日后死在阴司地，鬼卒拿你去捱叉！①

歌中将两面欺瞒的媒人比作人见人嫌的青蛤蟆，并诅咒其死后下地狱，可见新娘对婚姻的极度不满。但在个别地区，骂媒人并不是对婚姻不满，而是一种传统习俗。新婚当日，新郎家会派出两个小伙子和媒人一起去接亲，届时，新娘及其亲属会众口一词，齐骂媒人。据说这样能骂掉晦气，提高新人身价，还能给新人娘家和夫家都带来好运。当然，此类骂媒人歌极少使用诅咒性语言，如这首曾流传于湖北当阳土家族群众中的骂媒人歌：

苦李子开花球上球，背时媒人想猪头。
豌豆开花荚对荚，背时媒人想鞋袜。

① 熊天祉记录：《背时媒人歌》，《歌谣》，1922 年 12 月第 1 号。

背时媒人是条狗，这头吃了那头走。

娘家又夸女婿好，婆家又夸嫁妆多。

树上鸟儿骗得飞，岩里猴子骗得走。

骗得我爹点了头，骗得我娘开了口。①

歌谣采用自《诗经》以来的比兴方式，先分别以苦李花和豌豆花起兴，引出媒人的贪婪形象；继以贪吃的狗为比，骂媒人的唯利是图；最后直接写媒人对女方父母的欺骗行为，间接表达自己的不满。这段歌谣自始至终都在埋怨媒人，但用词一直比较文雅，点到即止。

民间哭嫁歌的演唱者一般为待嫁姑娘，但面对准新娘的哭别，其家人不能无所回应，因而就出现了以家长教诲女儿为主题的别姑娘歌。如这首青海河湟地区的别姑娘歌：

女儿听，女儿听，今后独立要活人。一举一动多检点，时时刻刻要谨慎。

多做活，手放勤，样样活儿往前争。对待公婆要孝敬，老人指教仔细听。

先后之间要和气，事事要有忍让心。对待小姑更殷勤，怕是伤了老人心。

长辈说话甭犟嘴，搅罗同辈团结紧。养女要顾三家脸，老人古言刻在心。

轻佻习气不能染，为人稳重是根本。现在你已成了人，要在婆家扎下根。

甭想老子甭想娘，送脚步自有亲弟兄。忍住眼泪甭哭泣，明天又有来看你的人。②

相信任何一位听到此歌的待嫁新娘，都会因长辈殷殷嘱托中的深厚

① 何伟军主编：《资丘村调查》，中国经济出版社，2011，第235页。

② 马建华：《河湟汉族婚礼中的惜别歌》，《青海师范大学民族师范学院学报》，2009（1）。

感情而潸然泪下。而家长送别女儿的哭嫁歌特色，由此也可略知一二。

现代民间婚嫁仍沿袭了在新婚当天举办接亲、拜堂、入洞房等仪式的传统，因此，也传承了内容丰富、形式多样的多种婚礼仪式歌。其中，浙江畲族的婚嫁习俗因新婚礼仪大多在女方家进行而与众不同，更为独特的是吉祥喜歌贯穿其婚礼全程。① 结婚当天，男方及其亲属来到女方家，先唱《交彩礼歌》送上彩礼，再唱《脱草鞋》歌献上点心，接着唱《借家伙歌》向女方家借来炊具，准备制作喜筵。喜筵准备好后，男方家先唱《对盏歌》引导女方亲属入席，再唱《劝酒歌》敬酒。喜筵结束后，双方家庭开始长夜对歌：上半夜唱《度亲歌》《嫁女歌》《撬蛙歌》等，半夜唱《点心歌》，下半夜唱《高皇歌》《梁祝》等叙事歌、小说歌和杂歌；次日黎明，男方家催促新娘起身前往婆家，要先唱《催嫁歌》和《起身歌》，再唱《上轿歌》；天亮后，要唱《十二生肖歌》（又名“歌底”），最后唱《歌盖》。整个婚礼就在这十多首喜庆歌谣营造出的热闹气氛中有序进行，不仅给新人，也给祝贺者、围观者留下了难忘的记忆。

其他区域的民间婚嫁歌也多种多样，热闹喜庆。不仅有歌咏新娘的梳头歌、开脸歌、坐床歌，还有赞新房歌、赞嫁妆歌、赞婚床歌、新婚开橱歌、新婚开箱歌等，以及各种各样的撒帐歌、扫床歌、翻床歌等。这些歌谣大都延续了传统民间祈福类歌谣简单堆砌美好愿望的艺术特色，如下引几首各带鲜明地域特色的婚庆喜歌：

一梳梳到头（天呀），二梳梳到尾（地呀）；
三梳三元及第（父呀），四梳四季兴隆（母呀）；
五梳五子登科（兄呀），六梳六国封相（姐呀）；
七梳七星高照（弟呀），八梳八仙过海（妹呀）；

---

① 叶大兵：《畲族文学与畲族风俗》，《中南民族大学学报（人文社会科学版）》，1982（4）。

九梳久长偕老（情呀），十梳十足齐全（愿呀）。

——桂东南民间《梳头歌》[1]

一翻金床得贵子，二翻珍珠铺满床；
三翻三元及第，四翻子孙满堂；
五翻五子登料，六翻黄金万两；
七翻仙鹿献瑞，八翻吉福呈祥；
九翻一禾九穗，十翻世代团圆。

——湖北民间《翻床歌》[2]

一扫东方甲乙木，五谷杂粮堆满屋；
二扫南北丙丁火，邪魔歪祟不再躲；
三扫西方庚辛金，金银财宝满屋堆；
四扫北方壬癸水，金银财宝往家滚；
五扫扫中央，麒麟送子下天堂；
六扫扫床边，明年生个小鳖羔。

——河南云台山民间《扫床歌》[3]

最能体现现代婚庆喜歌堆砌美好生活愿望这一艺术特色的，要数流传范围极广、只吟不唱的各种撒帐词。这些词不仅寓意吉祥，而且充满浓郁的民间生活气息，如这首采集自广西象县的撒帐词：

撒帐东，床头一对好芙蓉。
撒帐西，床头一对好金鸡。
撒帐北，儿孙容易得。

---

① 丁冬：《当代原创文学集萃·论歌诗兼容》，中国文联出版社，2003，第 138 页。
② 福建省民俗学会编：《闽台婚俗》，厦门大学出版社，1991，第 279 页。
③ 中共焦作市委宣传部、焦作市文联主编：《神秀焦作·云台山卷》，河南大学出版社，2011，第 190 页。

撒帐南，儿孙不打难。

……

五男二女，七子团圆；

床上睡不了，床下打铺连；

床上撒尿，床下撑船。①

该词先祝福新婚夫妻生活和谐美满，接着祝愿夫妻二人多生多育、儿女满堂，但其祝愿方式却非常有趣：以富有民间智慧的极度夸张手法祝愿新婚夫妇儿女众多，多到孩子们夜里撒的尿能使床下撑起船。

近年来，随着人们生活习惯的改变，婚嫁撒帐习俗悄然改变，撒帐词的形式也由传统的“撒帐东……撒帐西……”模式，改为更加简洁的“一撒……二撒……”格式，但其内容仍是一如既往地充满对美好生活的期盼。如下引这首流传于安徽含山地区的《撒喜糖词》：

一撒荣华并富贵，二撒金玉满地堂；

三撒三元及第早，四撒龙凤配呈祥；

五撒五子拜宰相，六撒六合同生长；

七撒夫妇同偕好，八撒八马转回乡；

九撒九九多福寿，十撒十全大吉昌。②

3. 现代立房喜歌

“安居”，自古以来就是中华民族殷切期盼的幸福内容之一，因而产生了许多与“安居”愿望相关的吉祥歌谣。如逯钦立辑校的《先秦汉魏晋南北朝诗》先秦诗卷二载：

《尚书中候》曰：周文王作丰，一朝扶老至者八十万户，草居陋然，歌曰：“凤皇下丰。”③

---

① 朱自清：《中国歌谣》，金城出版社，2005，第 219-220 页。

② 黄茂金、梅林谢：《含山县民间歌谣集锦》，《含山文史资料（第三辑）》（内部资料），2007 年。

③ 逯钦立辑校：《先秦汉魏晋南北朝诗》，中华书局，1983，第 32 页。

据此可知，当周文王将政治中心迁移到丰（今陕西西安西南一带）地时，人们扶老携幼追随而至，并作歌赞美。这歌就是被后世广为传颂的《丰歌》，其中的“凤皇”，即历来被视为祥瑞之鸟的凤凰。《韩诗外传》卷八第八章载：“惟凤为能通天祉，应地灵，律五音，览九德。……得凤象之四，则凤春秋下就之；得凤象之五，则凤没身居之。”[①]《丰歌》表达的是周人祈求凤凰长居丰地的美好愿望，应是中华民族赞美和歌咏栖居地的早期歌谣。

除周文王时的《丰歌》，《诗经》中的《小雅·斯干》一诗便是祝贺宫室落成的，其中的“乃安斯寝，乃寝乃兴……乃生男子……乃生女子”等吉祥祝语至今流传；《左传》中也有晋国大夫张老祝贺赵武子新建住宅的吉祥话儿，其“歌于斯，哭于斯，聚国族于斯”的祝语被史学家称赞；后世史籍中又有被誉为“上梁文之始也”的后魏温子升撰写的《阊阖门上梁祝文》，其中“雕梁乃架，绮翼斯飞；八龙杳杳，九重巍巍”等语中的祈吉意味至今仍存；民间歌谣有今存敦煌曲辞《儿郎伟》中的《金光明寺上梁文》《宕泉上梁文》等为民间建筑祈福之文，文人作品有两宋时期赞美不同建筑物的一百余篇上梁文……可见，借美语佳文以祈求安居的做法，一直都在传承，这一做法也刺激了民间建房祈吉习俗与歌谣的产生与发展。如明徐师曾《文体明辨序说》“上梁文”条中说：

> 按《上梁文》者，工师上梁之致语也。世俗营构宫室，必择吉上梁，亲宾裹面（今呼馒头），杂他物称庆，而因以犒匠人，于是匠人之长，以面抛梁而诵此文以祝之。[②]

可见，民间工匠盖房上梁时念诵吉祥祝辞的习俗古已有之。另据老辈人讲，早年间的上梁歌形式多样，内容也极丰富：从运梁、暖梁、

---

① 韩婴撰，许维遹校释：《韩诗外传集释》，中华书局，1980，第 278 页。
② 吴讷、徐师曾：《文体明辨序说》，人民文学出版社，1962，第 169 页。

稳梁直到安梁、立顶梁柱等，每个环节都有吉祥唱词，每段唱腔也不一样；而且，不少地区的唱词不像现在这样由工匠师傅们吟诵，而是要聘请专门的“会家子”现场演唱，也就是说，民间曾经有专门演唱上梁喜歌的行业。

而今，随着社会发展进步和人们物质生活水平的提高，盖房起屋已成为比较容易和普遍的事情，传统而烦琐的盖房礼仪在我国大多数地区已大为减少，相应的立房喜歌也逐渐失去其生存土壤。不过，大部分地区仍保留了上梁时边抛梁边念诵祈吉喜词的习俗。下图是笔者2009 年在贵州雷山县调查时拍摄的苗寨已经立好房梁的新房，村民介绍说，上梁时举行了隆重的抛梁仪式。其时，已经立好的房梁正中画着祈福图案，系着红绸缎，挂着长长的红鞭炮，盖房师傅们则在震耳的鞭炮声中，边高声吟唱祈吉歌谣，边从高高的房梁上抛下主家提供的喜粮、喜馍等物；围观的乡亲们，则一边应声唱和、高声喝彩，一边欢叫着抢取频频抛下的喜庆之物。此情此景，该是何等喜庆、何等热闹！可惜笔者错过了上梁吉日，未能亲眼所见。

与这种建房习俗相应的各种立房喜歌，至今仍在贵州、云南、福建、湖南、四川等地的民间流传。如福建一省，长泰地区的上梁仪式中，有做梁歌、包梁歌、奉梁酒歌、请梁歌、上梁歌等多种吉祥歌谣；周

贵州雷山县苗寨已经立好房梁的新房

宁地区的上梁仪式更为细致，上梁喜歌有伐梁木、做梁木、开伞上梁、点蜡烛、接中梁、红酒祭梁、鸡祭梁、猪头祭梁、谷袋压梁、红布挂梁、起梁、安中梁等多种。[①] 比较而言，民间流传最广的应是上梁喜歌，虽在各地的名目不尽相同，其祈福之意却是异曲同工。如下引几首不同地区的上梁喜歌：

一贺福人杰地灵，物华天宝大吉祥。
二贺门山清水秀，五谷丰登堆满仓。

——江西进贤县民间上梁歌[②]

第一杯酒奉梁头，儿孙代代做公侯；
第二杯酒奉梁中，儿孙代代坐朝中；
第三杯酒奉梁尾，儿孙代代得福贵；
一举首登龙虎榜，十年身到凤凰池。

——福建长泰民间《奉梁酒歌》[③]

上一步，古战场，文武百官一起到，金桂月斧两面吊；
上二步，二朵花，金花朵朵进东家；
上三步，降三星，三星在户喜盈盈；
上四步，四面稳，四季发财谢东君；
上五步，红五星，五子登科强后人；
上六步，达六合，东家百事六六顺；
……

——湖南沅陵土家族的上梁歌[④]

① 何绵山：《福建民间歌谣与福建社会文化》，《中共福建省委党校学报》，2002（4）。
② 舒国庆：《浅谈前坊镇上梁歌分析及保护措施》，《黄河之声》，2017（4）。
③ 段宝林等：《闽台民间文学传统文化遗产资源调查》，厦门大学出版社，2014，第 211 页。
④ 黄丽君：《土家族上梁歌的音乐文化研究》，硕士学位论文，湖南师范大学，2013，第 33–34 页。

即使是以住窑洞闻名的陕北地区，也保留了在窑洞建造最重要环节、类似于上梁时吟唱的合龙口歌：

一合龙口再不开，家添人口外添财。
窑里窑外喜气生，天神地仙降福来。
一撒东方甲乙木，青龙欢喜来送福。
二撒南方丙丁火，红嘴朱雀快退躲。
三撒西方庚辛金，白虎抽身早离门。
四撒北方壬癸水，黑煞玄武远千里。
五撒中方戊己土，勾陈喜神居正中。
……

——陕北地区合龙口歌[①]

新房落成后，亲友们要贺新房，这是自前述春秋时晋国大夫张老祝贺赵武新居以来即在民间形成的传统习俗。今天，在大多数地区，新房建成后，人们仍会摆宴庆祝，亲友们也以美言相贺，但传唱贺房歌谣的习俗已悄然逝去。不过，庆幸的是，这种唱吉歌、贺新房的传统习俗，在一些少数民族聚居区仍有所保留。如在云南楚雄彝族人民聚居区，新房建好、亲朋好友前来祝贺时，主家要聘请专门歌手，演唱涉及整个建房过程的各种“贺新房调子”，如《种树调》《请铁匠打工具调》《砍木材调》《踩土气调》《房屋装饰布置调》等。另如瑶族、傣族、景颇族、门巴族等族人民，也都有自己独具特色、独成体系的贺新房歌。这些民歌与汉族上梁歌一样，都表达了民间对人丁兴旺、家业昌盛的美好祝福，如这首流传于云南楚雄彝族的《房屋装饰布置调》：

前面这一间，房顶立银塔，房腰披银链，房脚铺银丝。
盖什么房屋？盖生儿房屋，盖育女房屋。

① 雷鸿儒：《雷家崄村志》，三秦出版社，2008，第186-187页。

中间这一间，房顶置金炉，房腰披金链，房脚铺金丝。

盖什么房屋？盖养畜房屋，盖种粮房屋。

后面这一间，房顶插马樱，房腰披栗条，房脚铺松毛。

盖什么房屋？接待宾客房，讨亲嫁女屋。①

4. 现代庆生喜歌

自古以来，中华民族就以多子多寿为福，因而形成了庆祝孩子出生与老人长寿的传统习俗，并创作了一些相关的祝贺类喜歌。今天，为小孩子庆生、为老人祝寿的习俗仍在民间传承。

民间贺生习俗因地而异。在少数民族聚居区，民间还保留着唱贺生喜歌的习俗，如傣族、土家族的《送祝米歌》，维吾尔族、壮族的《起名歌》，等等。在壮族、苗族、瑶族等少数民族聚居的广西地区，民间贺生喜歌更是形式多样，有报喜歌（如“五彩凤凰门前落”）、三朝歌（如“保佑外孙得安康”）、满月歌（如“外孙是个好儿郎”）、背带歌（如“孔雀开屏绣中间”）、百日歌（如“宝宝越长人越靓”）、对岁歌（如“葫芦长大全靠藤”）等。其中，流传最广的是主客对唱的背带歌。背带是当地人民习用的背小儿之物，新生儿出生后，外婆家一般会选择吉日送来绣有吉祥图案的精美背带，因而也就有了隆重的送背带仪式和寓意吉祥的送背带歌。如这首流传于广西柳江一带的壮族《背带歌》片段：

（外婆）荞花菜花遍地开，蜜蜂飞去又飞来，

金路银路米花路，外婆带得背带来。

（主家）金线银线五彩线，孔雀开屏在中间，

四角芙蓉刚出水，看着背带乐心间。

（外婆）月琴挂在鹧鸪嘴，唱得石头上下飞，

红花背带背甥女，背得一只鹧鸪美。

① 李绍德、付朝文：《罗婺彝族习俗：贺新房》，《楚雄日报》，2014年10月23日。

（主家）林中要算木棉树，木棉不比云杉直，
黄花背带背甥仔，背出云杉岭上立。
（外婆）背带变成一张网，网得天边一颗星，
星子生下比灯亮，小小个子好聪明。
（主家）背带变成宝囊袋，装得一只蜜蜂来，
蜜蜂会飞把花采，一身粘蜜甜心怀。
（外婆）雨来背带是雨伞，风来背带当面墙，
竹壳包笋长得快，葛藤靠树牵得长。
（主家）背带绣线花又绿，根根丝线汗泡出，
甥仔变成水獭仔，捉得鱼送外婆吃。
（外婆）《背带歌》尾是木叶，吹得外婆嘴巴开，
明天世界由他坐，由他开辟新歌台。①

一些地区会在小儿出生的第三天，举行俗称“洗三”的沐浴仪式。这一天，亲朋好友齐聚新生儿之家，围观女性长辈（或接生人员）为小儿沐浴。届时，为小儿沐浴者要说成套的驱恶祈福类“喜话”。如下引二则民间广为流传的小儿洗三喜话：

先洗头，作王侯；
后洗腰，一辈倒比一辈高。
洗洗蛋，做知县；洗洗沟，做知州。

拍拍头，到老不长瘤。拍拍胸，到老不中风。
拍拍肚，到老不拉肚。拍拍背，到老不生痱。

小儿满月和百日仪式，是大多数地区都有的小儿庆生习俗。如山东、辽宁等地重视小儿百日，通常会举行一定仪式，其中之一是由姑姑、阿姨等女性长辈为小儿穿新衣、戴新帽；届时，姑姑们一

① 梁庭望、黄凤显：《中国少数民族文学》，山西教育出版社，2003，第 43-44 页。

边为小儿穿衣戴帽，一边念诵“姑送裤，姨送袄，姥姥的帽子戴到老”“姑姑鞋，姨娘袜，姥姥做个大劈叉（即开裆裤）”等祈福或逗笑民谣。

不少地方还流传有在小儿满月或百日期间剃胎发的仪式，并在仪式上念诵吉祥喜话。如江苏南京民间在小儿剃头时要说喜话，剃完头后还要边在小儿头上滚鸡蛋边再念吉祥话：

一刀独占鳌头，二刀二龙抱珠，
三刀三元及第，四刀事事如意，
五刀五子登科，六刀六六大顺，
七刀七子团圆，八刀八仙过海，
九刀九子十成，十刀十全十美。[①]
一滚宝宝头，长大读书金榜题名出人头；
二滚宝宝头，荣华富贵不用愁；
三滚宝宝头，孝敬父母、子孙满堂芳名留。[②]

由上引诸首喜庆歌谣可知，民间贺生喜歌中寄托了对小儿健康成长、有所成就的深厚期盼。而祝寿歌中更多的是对老人健康长寿的美好祝愿。

在物质生活极为丰富的今天，祝寿活动已极为普及，大多数家庭从老人六十虚岁时就开始筹办一年一度的庆祝活动。但吟唱祝寿歌谣的习俗，仅在小部分地区还有所保留。如江西南宁三江口一带，一直流传着独特的添粮补寿习俗：民间传说人活到六七十岁时，就会将命中注定的粮食吃完，因此，子女们要在父母六十或七十岁时“做老寿”，举办隆重的祈福仪式为父母“添粮补寿”。仪式上，子女、孙子女们围着老人站成一圈，边跳祝寿舞，边唱愿意“补粮”给老人以延寿的

① 刘兆元：《海州民俗志》，江苏文艺出版社，1991，第 17 页。
② 吴逢辰主编：《浮梁民俗》，江西人民出版社，2009，第 93 页。

祝寿歌。这些祝寿歌以“补粮”为特征，充满孝亲色彩，在全国可谓独一无二，如下引两首分别由子辈、孙辈吟唱的祝寿歌：

我给阿爸来补粮，一补就补一万斤；
一万斤粮食补身体，阿爸寿同北斗星。

我补粮给老阿公，补了一筒又一筒；
阿公吃我补的粮，高寿如同万年松。[①]

此外，广西壮族人民的祝寿歌以其规模庞大闻名全国。一套完整的壮族祝寿歌，共有二百多首，涉及礼仪、祝寿、离别、伦理等多方面内容，鲜活地展现了壮族日常礼仪和生活场景。不过，其中也有简短、朴实的祝寿歌单曲：

祝贺啊祝贺，祝你两位老人家，
寿如清溪白鹤鸟，坚似高山香樟心。
祝你七十好高龄，祝你八十好诞辰。
祝你九十好高寿，祝你百岁抱玄孙！[②]

相比而言，其他地区的祝寿歌谣虽然规模不够庞大，种类不够丰富，却也有各地的特色。如下引两首来自不同地区、风格迥异的祝寿歌：

第一洞神仙哎哟，哎哟汉钟离，手拿上一把长寿扇呀，一心儿敬你者来呀哟。

第二洞神仙哎哟，哎哟吕洞宾，身背一口青锋剑呀，二喜儿临门者来呀哟。

第三洞神仙哎哟，哎哟铁拐李，身背上葫芦生三财呀，三元儿报喜者来呀哟。

---

① 金秀瑶族自治县民委、县文联，广西师范学院民族民间文学研究所，广西民俗学会编：《瑶族风情录》，广西人民出版社，1991，第 172 页。

② 梁庭望、农学冠编著：《壮族文学概要》，广西民族出版社，1991，第 105 页。

第四洞神仙哎哟，哎哟张果老，四大名山驴后捎呀，四季儿发财者来呀哟。

第五洞神仙哎哟，哎哟曹国舅，口头上短笛品玉箫呀，五福儿捧寿者来呀哟。

第六洞神仙哎哟，哎哟蓝采和，怀抱一把阴阳板呀，大位（禄）儿高升者来呀哟。

第七洞神仙哎哟，哎哟何仙姑，怀抱上一瓶儿长生酒呀，七巧儿成图者来呀哟。

第八洞神仙哎哟，哎哟韩湘子，手提上花篮赴蟠桃呀，八仙儿庆寿者来呀哟。

——青海民间《八仙祝寿歌》[①]

可惜只有洗澡的河，没有洗福寿的河；
要是有洗福寿的河，我们把河水完全挑来；
挑来给你老人家洗，让白发转青，让年老转年轻。

——贵州苗族的祝寿歌片段[②]

这两首祝寿歌谣虽用语、风格各不相同，其祈福之意却如出一辙，显示了共同的祝寿文化底蕴。

贵州雷山苗家女子边唱酒歌边敬客场景

除前述数种歌谣之外，现代民间的吉祥歌谣还有其他类型，但限于篇幅，此处仅罗列数种如下：

① 郑土有：《晓望洞天福地：中国的神仙与信仰》，陕西人民出版社，1991，第 222–223 页。
② 何积全主编：《苗族文化研究》，贵州人民出版社，1999，第 228 页。

一是意在娱客助兴的酒歌。这是一种早在远古时期的欢庆宴席上就已出现的喜庆歌谣。有人认为，《周易》“中孚”卦九二爻辞就是早期祝酒歌的雏形：“鸣鹤在阴，其子和之。我有好爵，吾与尔靡之。”[1]这段爻辞先说美好春光里白鹤母子的一唱一和、其乐融融，接着发出热情而诚挚的共饮邀请：“我有好酒，咱们一起来痛饮吧！”这种热情好客的唱歌祝酒习俗，至今仍在藏族、苗族、蒙古族等少数民族聚居区普遍存在，如上图为贵州雷山苗家宴席上边唱酒歌边敬客吃菜喝酒的场景。

下面是几首不同民族的酒歌：

森林里最可爱的是梅花鹿，森林里最清香的是列克图（一种香草）。

梅花鹿能活一千年，列克图的清香溢山谷。

远道而来的亲戚请举起杯来：

你们像一片茫茫苍苍的林海，滋生着列克图，哺育着梅花鹿。

新婚夫妇像梅花鹿和列克图那样长寿而幸福。

——藏族婚礼敬酒歌[2]

开壶斟酒要敬老，然后才到年轻人。

开壶斟酒第二人，二梅双喜主家门；

开壶斟酒第三人，三多财多福禄增；

开壶斟酒第四人，四红四喜四季春；

开壶斟酒第五人，五子登科喜盈盈；

① 黄寿祺、张善文译注：《周易译注》，上海古籍出版社，2012，第314页。

② 丹正搜集整理：《藏族婚礼敬酒歌》，《民间文学》，1964（1）。

开壶斟酒第六人，六位高升点翰林；
开壶斟酒第七人，七姊团圆在门庭；
开壶斟酒第八人，八方来财主家兴；
开壶斟酒第九人，久长久有发子孙；
开壶斟酒第十人，全堂福寿满座春。

——水族民间《敬酒歌》[①]

金打杯子银打盘，三亲六戚听我言。
只因我家办喜事，承得亲友来周全。
十年难逢金满斗，姊姊妹妹来团圆。
一杯素酒表心意，搭起歌台请歌仙。

——布依族民间《迎客酒歌》片段[②]

二是带有驱恶性质的招魂驱病歌谣。招魂，民间俗称“叫魂”，应是自远古时期便开始流传的习俗，屈原曾依照楚地民俗创作了长诗《招魂》。旧时民间招魂习俗有两种类型：一是为去世的人招魂；二是为活着的人，尤其是生病的人招魂，该习俗曾在我国大部分地区都有流传。这两种招魂活动中都有吟咏驱恶歌谣的行为，但前者所咏歌谣属丧葬歌，不列作本书考察对象。而且，如酒歌一样，曼声而唱的招魂歌仅存于以能歌善舞著称的少数民族聚居区。其中，云南拉祜族常在火把节时集中进行招魂驱鬼活动，届时，家里老人会主持招魂活动，并全程吟唱传统的《叫魂歌》。《叫魂歌》一般先按时间顺序述说一年的农事活动，再召唤神灵魂魄，祈求保佑五谷丰登、人畜平安；也有先叙述祖先起源和迁徙历史，再召唤祖先魂魄，祈求保佑子孙平安、家业兴旺的。而在同样相信“万物有灵”理论的傣族人民看来，灵魂

① 胡萍：《水族服饰中的吉祥文化》，《黔南民族师范学院学报》，2002（5）。
② 龙玉成、王继英编：《民间歌谣》，贵州人民出版社，1997，第 389 页。

需时时召唤才能附着在万物上，因而，他们经常举办招魂活动，吟唱招魂歌谣。他们既有为神灵招魂的歌谣，如农历六月祭谷神的《叫谷魂歌》、中秋节祭月神时的《唤月歌》；也有为普通民众招魂的歌谣，如著名的《叫黑姑娘魂》《叫儿女魂》；还有为家养禽畜招魂的歌谣，如《叫鸡魂》《叫牛魂》等。歌词大意都是希望所叫之魂回归其体，其中最为缠绵悱恻的就是《叫儿女魂》，如下引片段：

魂啊魂，三十二魂，快回家。
森林里，风雨大，豺狼狂，虎豹凶，
吃野果，会拉肚，睡草地，蚂蟥多。
父母亲，盼着你；亲戚们，等你回；
新衣裳，缝好了；新裤子，已带来；
甑子里，有热饭；饭桌上，有鸡肉。
家庭里，火塘暖，蚊帐里，被窝软，
回来呀，三十二魂，快回家。[①]

而在更多地区，招魂仪式往往是为受到惊吓、据说魂魄走失的病人（多为小孩子）而设，仪式上往往会念诵叫魂谣。如下引两首流传于不同地区的叫魂谣：

东方米粮，西方米粮，南方米粮，北方米粮，四大方，五大路米粮，米粮落地人神起，刀响一声魂魄齐，某年某月某日某某（小孩名字）同年年归呵！请到九天玄女，王母六娘，洪山教主，追番某某同年来归……

——广东东莞一带的叫魂谣片段[②]

在南边玩耍的时候，是不是碰到了驴精？我的孩子，

① 岩温扁、岩林译：《傣族古歌谣》，中国民间文艺出版社，1981，第 235-236 页。
② 东莞市政协编：《东莞风俗叙述与研究》，广东人民出版社，2008，第 114 页。

依热！依热！依热！

在北边转悠的时候，是不是碰到了马精？我的孩子，依热！依热！依热！

在西边走路的时候，是不是被老虎惊着？我的孩子，依热！依热！依热！

在东边游玩的时候，是不是被魔鬼吓着？我的孩子，依热！依热！依热！

…………

图拉嘎的火已经点着，锅里的奶茶已经煮好，我的孩子快快回来吧，依热！依热！依热！

…………

——蒙古科尔沁、康平县、法库县等地的叫魂歌片段[①]

近年来，随着医疗技术的发展和医疗水平的提高，古老的招魂仪式和多种多样的“招魂谣”已经失去其赖以生存的土壤，驱病类歌谣也仅保存在一些传统的祈福仪式中。如下引这首流传于青海地区的民间神鼓舞《醋坛神唱词》：

醋坛神来时穿青带的青，醋坛神来时空不来，

一庙的众人（哈），人口婚姻带着来，绵羊牦牛带着来，

万年的吉利带着来，黄金白银带着来，十二样宝皓带着来。

醋坛神去时穿红带的红，醋坛神去时空不去，

一庙的众人们（哈），病痛灾难哈带着去，伤寒咳嗽哈带着去，

痘疖疮癣哈带着去，千年的祸害带着去，万年的灾难带着去。[②]

---

① 荣苏赫等编著：《蒙古族文学史》（第一卷），内蒙古人民出版社，2000，第 187-188 页。

② 赵永寿：《民和马营“神鼓舞”唱词》，《中国土族》，2009（2）。

三是歌咏劳动、庆祝丰收的各种喜庆歌谣。这些歌谣也主要保存于以能歌善舞著称的少数民族聚居区。今存此类歌谣中，彝族的《围猎》《撒燕麦》《种荞歌》《种麻歌》，傣族的《拾菌子歌》《摘果子歌》《栽甘蔗歌》，拉祜族的《采野果歌》《采野菜歌》，鄂温克族的《黄羊歌》，纳西族的《犁牛歌》，朝鲜族的《出帆谣》，普米族的《放牧歌》以及蒙古族、藏族的各种牧歌等，大都带有民间喜歌轻松欢乐、充满美好期盼的艺术特色。如下引两首：

砍地砍生地，砍地撒燕麦。
一天砍九块，一块撒九石。
中间岔两边，砍完回家转。
两边砍中间，砍好撒燕麦。
两头对着撒，四处都撒完。
一天撒九升，一年打九石。

——彝族《撒燕麦》[1]

吉日里　去打猎
人心齐　棍棒多
打死虎　打死鹿
分骨头　分肠肚
饱饱吃　啾啾啾

——傣族《狩猎歌》[2]

最后是各种各样的祭神祈福歌谣。这是与远古祭神祈福仪式一脉相承的驱恶祈福类吉祥歌谣。尽管今天大多数人对神灵已不再那么敬畏，不再凡事均求神灵保佑，但一些驱恶歌谣还是随着传承了数千年

① 龙玉成、王继英编：《贵州民间歌谣》，贵州人民出版社，1997，第216页。
② 岩峰、王松等：《傣族文学史》，云南民族出版社，1995，第68-69页。

的传统礼俗得以保存下来。如贵州凯里凯棠一带至今流传的《苗族大歌》中,有五首祭祖大歌(也称咏鼓大调),内容主要是追述先祖功德,赞美墓地得龙脉,祈祷先祖保佑子孙安宁兴旺、富贵长久。云南彝族的《祭祖歌》也传承至今,其中“年年祭祖灵,祖灵保儿孙清吉,保六畜兴旺,五谷丰登”等句充满了祈求祖先赐福之意。不过,各地祭祖歌谣一般只在每年一度的祭祀仪式上诵唱,平时不能随便歌唱,这更增加了此类吉祥歌谣的传承难度。相比而言,那些沿袭自远古驱傩、祈雨等仪式的驱恶祈福类歌谣,如前引甘肃河西武威地区的民间驱病谣、现代歌手叶振国改编的《祈雨歌》等,至今仍在民间有着较为广泛的“用武之地”。

第四章　民间吉祥舞蹈

早在人类起源的洪荒时期，舞蹈就已出现，距今五六千年前的岩画、彩陶等中保存的舞蹈图案和纹样都是有力的实证。而且，在产生之初，舞蹈艺术就与吉祥文化有着密不可分的关系：最初的舞蹈大都是在祭祀和庆祝仪式上面向本部族图腾表演的图腾舞，多带有祷告或庆贺性质；又因为这些舞蹈大多是在俗称为“巫”的主祭人带领下表演的，所以也叫“巫舞”。据现代学者考证，史籍记载的黄帝乐舞《云门》、尧帝乐舞《咸》、舜帝乐舞《韶》等，都属这种寓意吉祥的图腾舞或巫舞。但由于资料的缺失，我们对远古时代的吉祥舞蹈知之甚少，仅能从今存史前岩画、彩陶等实物上的舞蹈图及部分史籍、载记等中推知一二。

一、远古吉祥舞蹈的萌芽

远古时期，先民们对众多不能解释，更不能消除的自然灾害充满恐惧和无奈，冥冥之中只能寄希望于万物神灵的保佑，于是出现了各种祈求保佑的娱神乐舞。其中，最早见诸文字记载的，是与前引《吕氏春秋·古乐》所载“葛天氏之乐”相伴而生的舞蹈。

据“三人操牛尾，投足以歌八阕”的简单记载可以推知，葛天氏乐舞的具体表演者为“三人”，所用道具是“牛尾”，基本表演样式是手执牛尾，边踩脚边歌唱。这种手“持牛尾，投足以歌”的舞蹈样式，在今存远古岩画中有所反映。如内蒙古磴口县格和撒拉石壁的岩画中，即有多幅被认定为葛天氏乐舞的遗存。①其中位于南面石壁上的一幅被视作描述杀人祭天仪式的图画中，一个两臂张开、两腿合并、没有脑袋的身体横躺在画面正中偏上的位置；其下和左面是面向尸身而立、大小不一的三人，最左者头上似戴有冠状饰物，且明显高大于其他人，居中者似两手皆执有牛尾状物，他们均腰系尾状饰物，双臂和两腿张开，似正在踏地应节而舞；画面最右面是一个面向三人、两膝半蹲的人，他右手持有类似牛尾的飘扬状物，左手上举至耳际，似正在指挥起舞的三人，他的左脚之下应是死亡者被砍下的头颅。可见，此三位舞者的装饰、道具及其起舞样式，与手“操牛尾，投足以歌”的葛天氏乐舞有极大相似之处。在我国的早期文字——甲骨文中，“舞”字写作、、等，也极像一人双手各执牛尾、踏足而舞的样子。因此，现代学者从文字学的视角提出了“舞”字源于葛天氏乐舞的推论。我们甚至可以更进一步，从舞蹈史的视角，做出中华传统舞蹈，尤其是传统吉祥舞蹈亦源于葛天氏乐舞的推论。

首先，手“操牛尾，投足以歌”的舞蹈样式，奠定了后世拟兽舞、踏歌等传统吉祥舞蹈的基础。葛天氏乐舞中舞者手持牛尾的做法，开启了后世头戴兽首、身（或掌）蒙兽皮、腰系兽尾等装扮成瑞兽的拟兽舞样式。如《吕氏春秋·仲夏纪·古乐》还记载，尧帝即位后，“命质为乐”，质制成鼓、磬等乐器后，“致舞百兽”;《尚书·益稷》篇则载，舜帝即位后，命夔制礼作乐，乐成后而致“鸟兽跄跄”“凤皇来仪”“百兽率舞”。这些随音乐翩然起舞的“百兽”“鸟兽”“凤皇”等，显然是装扮成鸟兽的舞者。这种装扮成瑞兽的舞蹈，与两周官方傩仪中的方相氏舞、两汉宫廷傩舞中的方相氏与十二相舞等以及传承至今的各种拟兽舞之间，显然有一定的承继关系。另一方面，这种“投足以歌”的样式，也成为后世踏歌这一欢庆祈福类舞蹈的基本样式。不过，后

① 张晓洞、萧立广：《阴山岩画中的葛天氏“古乐八阙图”之谜》，《寻根》，2010（1）。

世的踏歌者不再手执牛尾踏地而歌，而是拉手或连臂踏地而歌。如今存内蒙古磴口县的岩画、云南沧源第七地点的崖画等中，均有多人连臂或拉手踏足而舞的图样。今存文字资料中的此类记载更多。如《西京杂记》卷三载，曾为汉高祖刘邦宠姬戚夫人（前224—前194）侍儿的贾佩兰在宫中时，“十月十五日，共入灵女庄，以豚黍乐神，吹笛击筑，歌《上灵》之曲。既而相与连臂，踏地为节，歌《赤凤凰来》”[①]。《后汉书·东夷传》亦载，东部沿海的马韩人，“常以五月田竟祭鬼神，昼夜酒会，群聚歌舞，舞辄数十人相随踏地为节。十月农功毕，亦复如之”[②]。至唐代，踏歌更是成为备受宫廷和民间喜爱的节庆舞蹈。如《朝野佥载》卷三载：“（唐）睿宗先天二年（713年）正月十五、十六夜，于京师安福门外作灯轮……妙简长安、万年少女妇千余人……于灯轮下踏歌三日夜，欢乐之极，未始有之。”[③]《宣和书谱》卷五“吴彩鸾”条则载，唐文宗“大和（827—835）中，进士文萧客寓钟陵”，见当地“中秋夜，妇人相持踏歌，婆娑月影中，最为盛集”。[④]而《乐府诗集》卷八十二保存的多首《踏歌词》《缭踏歌》等诗，即唐人为踏歌舞而创作的诗。此后，踏歌更成为民间常见的节俗欢庆样式。

其次，葛天氏乐舞与“八阕”相伴而生的内容，开启了后世驱恶祈福、欢乐庆祝等传统吉祥舞蹈的祈吉母题。如前章所述，其八阕歌曲既有歌咏民族历史的古歌和祭祀苍天上帝等神灵的祭歌，也有命令式的驱恶之歌和庆祝成功的欢乐之歌；其舞蹈则应有与之相应的模拟劳动、狩猎、祭祀、庆祝丰收等生活场景的性质。也就是说，葛天氏乐舞是一种以祭祀为主，兼具驱恶祈福欢庆等性质的吉祥歌舞。如《遂草木》《奋五谷》二阕，据名称可推知，其中应有命令和祈求万物各

① 葛洪撰，周天游校注：《西京杂记》，三秦出版社，2006，第146页。
② 范晔撰，李贤等注：《后汉书》卷 ，中华书局，1965，第2819页。
③ 张鷟撰，赵守俨点校：《朝野佥载》，中华书局，1979，第69页。
④ 王群栗点校：《宣和书谱》，浙江人民美术出版社，2012，第47页。

就其位、各顺其时以保佑草木茂盛、农业丰收的驱恶祈福意味。亦即，前引稍后的伊耆氏时代的蜡祭之辞，应与葛天氏乐舞中的此二阕有一定关系。而据《礼记·郊特牲》，伊耆氏时代的蜡祭，重在祭祀影响农事活动的水土、草木、昆虫等万物神灵；至周代，已演变成为“八蜡以祀四方”，其中的“八蜡”，东汉经学家郑玄解释为“先啬一也，司啬二也，农三也，邮表畷[①]四也，猫虎五也，坊[②]六也，水庸[③]七也，昆虫八也”。也就是说，从伊耆氏至周代，蜡祭的对象发生了很大的改变，从最初的祭万物神灵缩减至仅祭八神，且八神中减去了山川、草木等神，增加了先啬（神农）、司啬（后稷）等后起的主管农事活动之神，与此蜡祭活动相伴的舞蹈，应也有祭祀农神和其他神灵以祈求农事顺利和丰收的吉祥寓意。

由此可约略而知，尽管前人文献记载及当代研究等对中华舞蹈源头的观点不一，但谁也难以否认：葛天氏乐舞孕育生成了中华民族吉祥舞蹈的雏形。结合今存实物与文字资料等可知，葛天氏以来至有文字记载的周代之前，民间吉祥舞蹈按主题可概括为以下几类：

1. 远古祈庆丰收类舞蹈

丰收，对于生产力极其落后的远古时代的意义可想而知，因此首先成为先民舞蹈娱神以祈保佑的重要内容。如前所述葛天氏乐舞中《奋五谷》《总万物之极》二阕、“操牛尾，投足以歌”的基本样式以及甲骨文中“舞”字的写法等，都显示了早期舞蹈与农业丰收和狩猎成功间的关系。

在以渔猎、采集为生的远古时代，由于生产力水平的低下和认知能力的不足，原始先民们对自然神灵充满了崇敬和畏惧之情，因此，

---

① 邮表畷：特指井田制时代田与田之间的交界处，因其地有标木而得名，详可参阅阮元《揅经室集·释邮表畷》。

② 坊：堤。

③ 水庸：水沟。

他们往往会在狩猎之前和狩猎成功之际举行祭祀仪式以祈求或感谢神灵保佑，这种仪式上经常有一些再现狩猎情景的拟兽舞表演。如内蒙古磴口县托林沟畔第十四地点的第一组岩画[①]中，出现一组人连臂而舞的图案：中间四人连臂顿足，似正在翩翩起舞，他们身后都有提于手中仍长至拖地的尾饰；他们上方是一个双膝微屈、双手持弓拉弦的猎手，他的目标显然就是这四个由人扮成的野兽，他身后另有一个像是助手的人。这显然是一幅以表演拟兽舞为主、意在祈求或庆祝丰收的祭祀场面。再如青海省大通县上孙家寨近年出土的舞蹈纹彩陶盆，其内壁上绘有分为三组、手挽手绕盆沿站成一列的十五个舞蹈人形象，每人头上所顶和身后所拖之物都极像鸟兽尾巴，他们所跳之舞极可能就是祈求或庆祝狩猎丰收的拟兽舞。至今，我国一些少数民族聚居区仍保留有这种原始的祈求狩猎丰收的拟兽舞，如东北鄂伦春民族的黑熊搏斗舞、云南怒族的“香巴嘎”（祭猎神歌舞）等。

青海省大通县上孙家寨出土的舞蹈纹彩陶盆

当然，原始先民的生活还与农业生产有直接的关系，因此也有一些祈求和庆祝农业丰收的舞蹈。如云南沧源第七地点一区崖画中的一幅五人跳舞图[②]上，画面中间是一个圆，五个舞者分别站立在圆线上，

① 刘亦群：《从史前岩画看中国原始舞蹈的艺术特征》，《西安文理学院学报（社会科学版）》，2007（2）。

② 盖山林、盖志浩搜集：《中国岩画图案》，上海三联书店，1997，第71页。

他们一臂高举，一臂摆动，似正在甩手、顿足、踏节歌舞。同一地点三区还有一幅八人踏舞图：画面右方是三个没有象身但象鼻勾连在一起的象头，左面是排成一横队的八个舞者，他们高扬左臂，似正在踏地而舞。据推测，这些岩画描绘的都是原始先民庆祝丰收的集体舞。前者应是后来“圆圈舞”的前身，这种庆祝丰收的吉祥舞蹈至今仍在民间有所流传，如佤族的圆圈舞、藏族的锅庄舞、苗族的芦笙舞等都有舞蹈者围成圆圈的动作。后者应是后来“踏舞”的前身，这种模拟各种劳动场面、祈求或庆祝丰收的舞蹈今天也有所流传，如侗族的耕地舞、黎族的舂米舞、鄂伦春族的红果舞等。

当然，在以农耕渔猎为生的远古时代，原始先民的生活还受到自然气候的严重影响。于是，他们的祭祀仪式中有了祈求和庆祝风调雨顺的内容，并产生了相应的舞蹈。意在驱旱祈雨的龙舞在先秦即已出现，至今仍流传于全国各地。而一些地区流传的春牛舞等也是远古祈求和庆祝丰收的拟兽舞的遗存或流变。

2. 远古祈祝和平类舞蹈

远古时代，先民们不仅要面对自然界的种种困难，还要面对来自不同部落、氏族的战争，如传说中黄帝部族与蚩尤部族和炎帝部族的战争、共工部族与颛顼部族的战争等。因而，祈求和平与庆祝战争胜利，也成为原始吉祥舞蹈的表现内容之一，其典型代表便是手执兵器或制造兵器之物而起舞的干羽舞（或干戚舞）。干，是用于防御的盾牌；羽，是用于制造弓箭的羽毛。如《尚书·大禹谟》载：舜帝命禹率军征讨有苗部族，但血腥的武力征伐并未起到任何作用；舜乃撤回军队，推行文教，命将士们“舞干羽于两阶”，即命将士们放下进攻性的武器，手持防御性的盾牌和毫无杀伤力的羽毛，跳起模拟战争的舞蹈，从而展示他放弃战争、祈求和平的决心。于是，在干羽舞强大的心理攻势下，有苗部族归降了。可见，干羽舞应是一种模拟战争、祈求和平的吉祥舞蹈。

今天，在云南沧源发现的相传为新石器时代的崖画中，便有描绘这种吉祥舞蹈的场面，如第六地区的图画[1]中，七个男性双臂平举，两手分持盾和棍，头上大都有羽状物，有的双膝下蹲，有的起立踏步，似乎正在应节而舞，最前面一人的体格明显高大于其身后似为小孩的二人；他们身后另有两个未拿任何道具的舞者，上方则另有五个站在同一横线上的人，正在做着双手或挥舞或下架的不同动作，似乎也在酣畅起舞，其中左面第二人绘有明显的女性标志——硕大的乳房。可见，这场舞蹈的参与者有男有女，有大人也有小孩，且舞蹈动作中似乎既有整齐划一的规范样式，也有临时起意的即兴发挥。尽管学界对此画面的内容众说纷纭，但理解为人们头插羽毛、手执盾和棍，模拟战争跳着祈和平的干羽舞，也未尝不可。

周王朝一统天下后，以六舞教贵族子弟，其中即有“干舞”“羽舞”。此二舞应与早期庆祝战争胜利、祈求和平的干羽舞有很大的关系。至今流传在江西永安、永新一带的盾牌舞和浙江瑞安一带的藤牌舞等，也都是这种远古吉祥舞蹈的遗存。

3. 远古祈求繁衍类舞蹈

生育繁衍是原始先民们能找到的可以提供足够生产力，促进氏族繁衍壮大的唯一现实途径，因此，神秘的生殖和性交成为人们的崇拜目标，以祈求生育繁衍为目标的性爱舞蹈便应运而生。例如，新疆呼图壁县城西南的岩画中，有一幅描绘的就是原始先民祈求人丁繁衍的性爱舞[2]：长约十四米、高约九米的岩画明显分为上、中、下三个部分，上部正中是一列每三人间隔一对似马似猴兽状物的裸体起舞少女，少女左侧有一个身体斜卧、生殖器巨大并指向少女的男人；中部是一个巨大的、似正在进行性交活动的男女同体人形象，他们左右有一群男根鲜明、似正在集体而舞的裸身男子；下部另有一幅巨大的、正要交

① 陈兆复：《中国岩画发现史》，上海人民出版社，1991，第 297 页。
② 陈兆复：《中国岩画发现史》，上海人民出版社，1991，第 144 页。

媾的男女形象，男性高大魁梧，极度夸张的生殖器指向女性，仰卧的女性则两腿分开，似已做好性交准备，他们的下方另有两列整齐起舞的小人，似乎正在以欢快的舞蹈庆祝即将到来的活动。这些岩画让我们强烈感受到原始舞蹈的粗放和热烈，感受到原始先民对人丁兴旺、氏族兴盛的热切期盼。另如贵州开阳画马崖的史前岩画中，也有一些描绘性爱舞的画面，其中一幅只有男女二人的舞蹈图①中，女性身体壮硕，修长的两臂似正在欣喜而舞，男性身材略为矮小，但其两腿间的男根却极为粗壮。该岩画所反映的,显然也是生殖崇拜观念影响下，祈求部族人丁繁衍的性爱舞。

至今,各地民间仍保留有这种意在祈求人丁生育繁衍的性爱舞蹈。如湖南龙山一带土家族为纪念祖先创业功绩的“毛古斯”舞中，有一段就是最初的性爱舞的遗存：其中的舞者全为男性，他们在下身系一象征男根的道具，称作“祖鲁棍”或“神棒”；表演到一定阶段时，舞者会用“神棒”触及年轻的女性观众，以象征祖神给予多子多福的恩赐。其他如山东民间高跷中的蛇舞、河南民间的鸡毛人逗蟾舞和“剪子舞”、彝族的“撮衬姐”舞、瑶族的“黄泥鼓”舞、黎族的“三月三”舞等，都是此类生殖崇拜舞蹈的遗存。

二、古代吉祥舞蹈的繁荣

史前岩画、彩陶中的图像，为后人了解远古吉祥舞蹈提供了珍贵的资料。随着中华文明的发展、进步，尤其是商周王朝以来，文字资料和各种材质的器物日益丰富，提供了更多关于各时期吉祥舞蹈的记载。在此仅据相关文献，按时间顺序概述商周以来古代民间吉祥舞蹈简史。

① 余章彪:《从史前岩画看贵州少数民族原始舞蹈的文化内涵》,《毕节学院学报》,2009(5)。

1. 商周时期吉祥舞蹈

如前所述，从葛天氏时代开始，中华先民就开始了通过乐舞祭祀万物神灵以驱邪恶、祈福佑的漫长历程。至伊耆氏时代，又形成了专门祭祀农业神灵的蜡祭习俗及相应歌舞。而据伊耆氏《蜡辞》可以推知，当时的蜡祭中已有驱除邪恶的意味。至两周时期，不仅出现了与蜡祭相关的官吏——蜡氏[①],且在蜡祭之外出现了专门驱恶的仪式——“傩”及相应的官吏和舞蹈。如前引《周礼·夏官》，周代掌管傩仪的官吏是方相氏，驱傩时，他“掌蒙熊皮，黄金四目，玄衣朱裳，执戈扬盾，率百隶而时难，以索室驱疫”。可见，方相氏的装扮相当雷人：他头上蒙着熊皮，脸上戴着黄金制成的道具，身穿黑衣红裳，一手执戈,一手扬盾。可以想象,在率领众人挨门逐户驱除疫鬼的过程中,“执戈扬盾”的方相氏应该是有舞蹈表演的，而他所表演的舞蹈，应该就是后世形式多样的驱恶辟邪舞蹈的源头。至今，一些意在驱恶辟邪的吉祥舞蹈仍在许多地区流传。如每年农历正月初三至初六、四月十八和十月十五日，居住在四川九寨沟的白马藏族人民都要跳一种“十二相舞”。届时，藏民们头戴木雕的狮、龙、虎、熊等动物面具或凶猛夸张的鬼神面具，在鼓、号的伴奏声中健步起舞，意在驱鬼辟邪、祈求平安。青海黄南藏族自治州同仁县年都乎村的土家人，则习惯于在传统的黑道日（农历十一月二十日）表演驱逐妖魔鬼怪的於菟舞，表演者多为身手矫健的小伙子，他们腰围兽皮裙，脚蹬兽皮，赤裸着画有虎豹纹的上身，扮成於菟神，翻墙越瓦进入各家各户驱魔除怪。

除了驱除疫神瘟鬼的傩舞，今存文献还反映了商周时期存在的一些表达其他主题的祈吉舞蹈。

首先是用于驱旱祈雨的舞蹈。如殷墟出土的甲骨卜辞有“王舞，

① 蜡氏：主要掌管“国之大祭祀”期间清除死人尸骨等恶秽之物及“令州里除不蠲，禁刑者、任人及凶服者”等事务，详可参阅《周礼注疏》卷三十六。

允雨”“奏舞，雨”等记载，由此可知在旱灾发生时，商代人会举行祈雨仪式，而祈雨的重要方式之一就是舞蹈。再如《周礼·春官·司巫》记载：“若国大旱，则帅巫而舞雩（yú）。”晋人郭璞《尔雅注》释“雩”曰：“雩之祭，舞者吁嗟而请雨。”可见，“雩”舞是一种专用于祈雨的舞蹈，其特点是舞者边舞蹈边大声呼号。另如《周礼·天官·舞师》载，周代舞师所教六舞中，皇舞“舞旱暵（hàn）之事”。东汉经学家郑玄解释说：“旱暵之事，谓雩也。”可见周代的“皇舞”“雩舞”，都是意在驱旱祈雨的吉祥舞蹈。

其次是意在驱湿健身的舞蹈。如《吕氏春秋·古乐》记载，在尧帝之前的一段时期内，洪水泛滥，水道不畅，百姓长期生活在潮湿环境中，因而“气郁阏而滞著，筋骨瑟缩不达”，陶唐氏乃“作舞以宣导之”。[①]这种意在宣导凝滞于人体内湿气的舞蹈，显然具有当今健身操一样的驱病强体功能。此类舞蹈虽在今存《周礼》《礼记》等文献中难觅踪迹，但今存广西左江花山岩画中有上千个举手下蹲的舞蹈人形象[②]，与湖南长沙马王堆三号汉墓出土的《导引图》帛画中的人物形象极为相似。现代学者据以推测，此花山岩画展现的应该是多人齐跳驱湿健身舞的浩大场面。也就是说，陶唐氏时代创制的那种宣湿导郁、驱病健身的舞蹈，在战国时期已经流传开来，至两汉时期已发展出与《导引图》所绘相似的专门导引性舞蹈。相传为东汉末华佗创制的“五禽戏”、盛行于两宋并流传到今的“八段锦”等，显然均属此类意在强身健体的吉祥舞蹈。

最后是源自葛天氏乐舞的欢庆类舞蹈。如《史记·夏本纪》《竹书纪年》等中均有“百兽率舞”的多处记载，据此可知祈求或庆祝丰

---

① 张双棣、张万彬、殷国光、陈涛译注：《吕氏春秋译注》，吉林文史出版社，1987，第140页。

② 广西壮族自治区文化厅、广西壮族自治区文物局编：《左江花山岩画研究报告集》，广西科学技术出版社，2015，第366-367页；复原图可参见盖山林、盖志浩搜集：《中国岩画图案》，上海三联书店，1997，第66-67页。

收的拟兽舞自夏以来均有传承。而中华第一部诗歌总集《诗经》中，记录了一些祈求和平、庆祝战争胜利的吉祥舞蹈。如《邶风·简兮》中写道："硕人俣俣，公庭万舞。有力如虎，执辔如组。左手执籥，右手秉翟。"[1] 这里的"万舞"，在殷商甲骨卜辞中即有记载，历来学者认为它包括以干、戚等兵器为道具的武舞和以籥（乐器）、翟（鸟羽）等为道具的文舞两部分。周代的"万舞"具有与干戚舞、干羽舞相同的祈求或庆祝和平之意，而且，《诗经·鲁颂·閟宫》中说："万舞洋洋，孝孙有庆。俾尔炽而昌，俾尔寿而臧。"[2] 可知《诗经》时期的"万舞"，还可用于贺喜、祝寿等欢庆场合。

由上可见，商周时期吉祥舞蹈的主题还是比较丰富的。尽管囿于文献的缺失，本部分所举之例大都为宫廷舞蹈，但不能否认当时民间类似吉祥舞蹈的存在。如《论语·乡党》载，孔子曾"朝服而立于阼阶"，以观"乡人傩"。

2. 两汉民间吉祥舞蹈

两汉时期，随着国家的统一和国民经济的复苏，宫廷和军队中的歌舞艺术和角抵、百戏等杂艺都获得繁荣发展，呈现出前所未有的兴盛局面。在这样的社会大环境中，民间吉祥歌舞也迅速发展成熟。

首先是一些最初仅用于祭祀自然神灵、祈求风调雨顺的舞蹈，逐渐成为广泛应用于日常庆典的喜庆舞蹈，如龙舞。龙本为炎黄部族图腾之一，战国末期演化为能行云布雨、消灾降福的神物。至汉初，官府已形成了舞龙祈雨的特定礼仪。如汉董仲舒《春秋繁露》卷十六"求雨"条，详细记载了官方舞龙祈雨仪式的不同规格：春旱祈雨，令小儿舞一大七小八青龙，大者长八丈，小者减半；夏旱祈雨，使壮者舞一大六小七赤龙，大者长七丈小者减半，且要另令已婚男子舞一大四

① 周振甫译注：《诗经译注》，中华书局，2002，第 55 页。
② 周振甫译注：《诗经译注》，中华书局，2002，第 538–539 页。

小五黄龙为辅助，大者长五丈，小者减半；秋旱祈雨，令死去妻子的鳏夫舞一大八小九白龙，大者长九丈，小者减半；冬旱祈雨，让老人舞一大六小七黑龙，大者长六丈，小者减半。[①] 由此可知，两汉官方的舞龙祈雨礼仪已有固定时间和特定规格，而当时民间的祈雨习俗应也已开始舞龙。再如《后汉书·祭祀志下》“灵星”条记载，汉高祖时，命天下立灵星祠以祭祀后稷、天、田、星等农业神灵，所用舞蹈为“灵星舞”，其具体动作“象教田，初为芟除，次耕种、芸耨、驱爵（雀）及获刈、舂簸之形，象其功也”[②]。即这个用来祭祀农业神灵的“灵星舞”，是模仿农民除草、播种、耘田、收割等动作，可见它祈求和庆祝丰收的吉祥本质。

其次，一些源自远古驱邪祈福傩仪的舞蹈，在保持传统的同时，又发展演变出新的节庆舞蹈。如《汉书·礼乐志》记载，当时宫廷乐舞中有“象人”舞，颜师古引孟康语以为，这是一种“若今戏虾鱼狮子”[③] 之类的舞蹈。不少现代学者认为，这是一种源自远古拟兽舞的假面舞，意在驱除妖魔鬼怪，保佑人类平安。张衡《西京赋》中“戏豹舞罴，白虎鼓瑟，苍龙吹篪”等语，描绘的也应是汉人跳这种拟兽的“象人”舞以驱邪祈福的盛大场面。今存两汉画像砖石中保留了大量此类舞蹈图像，如江苏徐州铜山发现的洪楼百戏图汉画像石中，有戴虎头假面、边擂鼓边表演的男性舞者形象；青岛崇汉轩汉画像砖博物馆收藏的一块出土

青岛崇汉轩汉画像砖博物馆藏汉砖残片（拓片）上的拟兽舞

① 董仲舒：《春秋繁露》，中华书局 1975，第 538-554 页。
② 范晔撰，李贤等注：《后汉书》，中华书局，1960，第 3204 页。
③ 班固撰，颜师古注：《汉书》，中华书局，1962，第 1075 页。

于河南新野的残砖上，绘有一个掌蒙兽皮、头戴熊或狼形面具的舞者，应也是此类拟兽的“象人”舞。

但象人舞的出现和发展，并非意味着传统傩舞的消失。如《后汉书·礼仪志中》“大傩”条载：

> 先腊一日，大傩，谓之逐疫。其仪：选中黄门子弟年十岁以上，十二以下，百二十人为侲子。皆赤帻皂制，执大鼗（táo）。方相氏黄金四目，蒙熊皮，玄衣朱裳，执戈扬盾。十二兽有衣毛角，中黄门行之。……作方相与十二兽舞。①

可见，当时宫廷中仍保留有于腊月祭神驱疫祈福的传统。其仪式是，事先挑选好一百二十个十岁以上、十二岁以下的小太监，头戴红帽，身穿黑衣，手执大鼗鼓，扮成驱傩童子，跟着一个头戴面具、掌蒙熊皮、身着黑上衣红下裙、手执戈盾、扮成方相氏的大太监和分别装扮成十二神兽的十二个大太监，驱除疫鬼。追赶驱逐过程中，伴随着童子们有节奏的鼓声和歌唱声，方相氏和十二兽翩翩起舞，其娱乐性、观赏性已远大于最初的仪式性。这种逐渐集仪式性、娱乐性、观赏性于一体的吉祥傩舞，在民间应也广有流传。如山东嘉祥武氏祠左石室前坡西段的画像石第三层中，就有非常完整地描绘此种拟兽傩舞的画面：左数第二人应是身披兽皮、头戴面具、手执兵器的傩神——方相氏，环其左右的应是十二神兽，他们或披兽皮，或戴面具，或卧或立，或扬手或顿足，动作不一，似正在应着鼓声和歌声酣畅而舞。

这一时期里，迎鼓舞、盘鼓舞、建鼓舞、踏鼓舞等各种各样的喜庆鼓舞也极为常见。汉人认为，具有沟通天地法力的鼓，只有与娱神的歌舞结合在一起，才能更好地发挥天人沟通的作用。因此，种种以鼓伴奏或以鼓为道具的舞蹈，也就具有了一种神圣的天人沟通的意义。

① 范晔撰，李贤等注：《后汉书》，中华书局，1960，第3127–3128页。

青岛崇汉轩汉画像砖博物馆藏双人建鼓舞汉画像石拓片

如《后汉书·东夷列传》载，东北部沿海地区夷人“以腊月祭天，大会，连日饮食歌舞，名曰‘迎鼓’”[①]。这种在腊月祭天仪式上表演的迎鼓舞，显然具有远古傩舞一样的驱邪祈福意义。两汉画像砖石中也有不少类似的鼓舞画面。如青岛崇汉轩汉画像砖博物馆收藏有一块出土于河南新野的画像石，画面正中描绘的应是一种供宴饮娱乐的双人建鼓舞：装饰有飘带的建鼓放置于中间，两个长袖飘飘的舞者手执鼓槌，相对而舞，他们伸出的一脚之上还各有一球状物，似乎是边击鼓而舞，边蹴鞠；二人之下另有五人，左四人应在奏乐，右一人似在舞蹈；左边建筑物中安坐三人，似正在欣赏庭下的鼓舞和音乐。可见，这一时期里，这种最初带有驱恶祈福意义的鼓舞，已开始流行于宴饮场合，正在向宴客娱宾的庆祝舞蹈转变。至今，鼓舞已成为大型节庆、娱乐活动大舞台上不可或缺的节目。

3. 隋唐民间吉祥舞蹈

经历了魏晋南北朝的社会大动乱和民族大融合之后，民间舞蹈在隋唐时期尤其是盛唐时期达到了一个新的繁荣时期。

唐代舞蹈的繁荣程度可谓空前，上至帝王将相，下自黎民百姓，多有擅长跳舞者。但凡祀神庆典、大型宴会，多有舞蹈娱神延宾，甚或友人小聚、家庭喜宴，也有以舞助兴者。在这样的舞蹈氛围中，吉

① 范晔撰，李贤等注：《后汉书》，中华书局，1960，第2811页。

祥舞蹈也得以空前发展，呈现出以下两个特点。

首先是对传统吉祥舞蹈的继承与创新。其中不太引人注意的是，传统傩舞中出现了充满西域色彩和古印度佛教色彩的新面具。如南朝宗懔（502—565）《荆楚岁时记》“十二月八日为腊日”条载：“村人并击细腰鼓，戴胡公头，及作金刚力士以逐疫。”隋杜公瞻注中有曰：

> 《小说》：“孙兴公[①]常着戏头，与逐除人共至桓宣武家。宣武觉其应对不凡，推问乃验也。”金刚力士，世谓佛家之神。[②]

据此虽知东晋名士孙绰（314—371）曾戴着“戏头”与民间艺人（“逐除人”）一起至当时权贵桓温（谥号“宣武”）家驱恶祈福，但其“戏头”是否就是“金刚力士”，已不得而知。可以确知的是，宗懔时代的腊日驱疫仪式上，已出现“胡公头”“金刚力士”等来自西域和古印度“佛家之神”的假面或“戏头”。由佛教在隋唐五代时期的传承发展也可推知，这种充满佛教色彩的假面或“戏头”仍继续存在于民间传统的驱傩乐舞中。

隋唐时期传统吉祥舞蹈中明显发生改变的，应是鱼龙舞。鱼龙舞是一种与两汉龙舞有一定关系的吉祥舞蹈。《汉书·西域传赞》载，汉时曾“作巴俞都卢、海中砀极、曼衍鱼龙、角抵之戏”[③]以娱乐来自四夷的宾客，其中的“曼衍鱼龙”，应是鱼龙舞的前身。另如《隋书·音乐志下》载，隋炀帝大业二年，突厥首领染干来朝拜，炀帝于是大集天下歌舞杂技于东都洛阳，其中即有鱼龙舞：“有舍利先来，戏于场内，须臾跳跃，激水满衢，鼋鼍龟鳌，水人虫鱼，遍覆于地。又有大鲸鱼，

---

① 孙兴公：即东晋名士孙绰（314—371），字兴公，太原中都（今山西平遥）人，长于诗文，著有《遂初赋》《天台山赋》等，后人辑有《孙廷尉集》；笃信佛教，与竺道潜、支遁等名僧皆有交往；事见《晋书》卷五十六本传及《世说新语》等。

② 宗懔撰，宋金龙校注：《荆楚岁时记》，山西人民出版社，1987，第65页。

③ 班固撰，颜师古注：《汉书》，中华书局，1962，第3928页。

喷雾翳日，倏忽化成黄龙，长七八丈，耸踊而出，名曰黄龙变。”[①]由此可知，隋代鱼龙舞场面浩大，参演人员众多，表演过程中还似乎加入了神秘的魔术技法，因而出现水流满街、喷雾障日的现象。水流满街、黄龙跃出等情节还证明，此舞蹈起初应带有祭龙祈雨的吉祥性质。后来，鱼龙舞又演变出庆祝鱼跃龙门、功成名就之意，至两宋时仍盛行于元宵喜庆活动中。如北宋柳永《破阵乐》词中的“绕金堤，曼衍鱼龙戏”、南宋辛弃疾《青玉案·元夕》词中的“凤箫声动，玉壶光转，一夜鱼龙舞”等语，都是对民间鱼龙舞演出盛况的生动描述。后来出现的各种模拟水生动物的鲤鱼舞、龟舞、虾舞等，应与此时期兴盛的鱼龙舞有一定的联系。

其次是在继承传统吉祥舞蹈基础上生成了舞蹈新样式。较为典型的是狮舞。狮子不是中原产物，而是来自异国的贡物。随着佛教传入中国，作为佛教吉祥物的狮子开始融入中华传统吉祥文化中，形成类似现在舞狮的活动。北魏杨衒之《洛阳伽蓝记》卷一记载，长秋寺四月初四佛像出行时，已有“辟邪狮子导引其前”。[②]《新唐书》中，《回鹘传》载黠嘎斯国“戏有弄驼、师子、马伎、绳伎”；《西域传》载米国“开元时献璧、舞筵、师子、胡旋女”；而白居易《西凉伎》一诗更是明确记载：“西凉伎，假面胡人假师子。刻木为头丝作尾，金镀眼睛银帖齿。奋迅毛衣摆双耳，如从流沙来万里。紫髯深目两胡儿，鼓舞跳梁前致辞。……”[③]可见，唐时已出现了头戴假面、身披毛衣、模仿狮子动作的狮舞。不过，狮舞在当时应仅流行于宫廷和军队。《新唐书·礼乐志十一》中记载，唐高祖时宫廷“燕乐”中已有狮舞：“设五方师子，高丈余，饰以方色。每师子有十二人，画衣，执红拂，首

① 魏徵、令狐德棻撰：《隋书》，中华书局，1973，第 381 页。
② 杨衒之著，杨勇校笺：《洛阳伽蓝记校笺》，中华书局，2006，第 44 页。
③ 谢思炜校注：《白居易诗集校注》卷四，中华书局，2006，第 367 页。

加红袜，谓之师子郎。”[①] 此狮舞共由五只狮子六十人表演，其规模当非寻常百姓所能承受。而且，这种类似于后世狮舞的“五方师子乐”，在唐中前期的宫廷中“非大朝会不作”，直到晚唐穆宗时，才允许宫廷教坊随时展演。此外，前引白居易《西凉伎》诗中也描述了狮舞在军队中流传的盛况：“贞元边将爱此曲，醉坐笑看看不足。娱宾犒士宴监军，狮子胡儿长在目。”由此可知，唐德宗贞元年间（785—805），狮舞已是军中用来犒赏将士、宴请上官和来宾的随军乐舞。

隋唐时期民间舞蹈的新变，还在于出现了剑舞等以兵器为道具的舞蹈。这种舞蹈应源自远古祈求和平和庆祝战争的干羽舞和干戚舞。这种执干羽或干戚的舞蹈，在两汉民间仍有遗存，如《后汉书·南蛮西南夷列传》载：“阆中有渝水，其人多居水左右。天性劲勇，初为汉前锋，数陷阵。俗喜歌舞，高祖观之，曰：‘此武王伐纣之歌也。’乃命乐人习之，所谓巴渝舞也。”[②] 可见，这种东汉时仍流传于四川阆中士卒中的巴渝舞，应是远古干戚舞的遗存。而且，两汉时，以兵器为道具的舞蹈已可用于宴饮助兴。如《史记·项羽本纪》所载鸿门宴故事中，范增命项庄“入前为寿，寿毕，请以剑舞，因击沛公于座”，而已与沛公刘邦结为儿女亲家的项伯见局势不妙，“亦拔剑起舞，常以身翼蔽沛公”。项庄和项伯在酒宴上持剑而舞，可以间接证明其时民间已有剑舞。今天出土的两汉画像砖石中，也可找到一些佐证。如四川彭州出土的一块画像砖上，左面一人盘坐摇鞞奏乐，中间一人挥动长袖，翩然而舞，右边一人则双手握剑，踏节而舞。到唐代，这种剑舞已发展成熟，成为闻名当时的宴饮、娱乐佳舞，并出现了冠绝一时的剑舞高手——公孙大娘。诗圣杜甫的《观公孙大娘弟子舞剑器行》一诗，即为对公孙氏剑舞的精彩描述；而司空图《剑器》、姚合《剑

① 欧阳修、宋祁：《新唐书》，中华书局，1975，第470页。
② 范晔撰，李贤等注：《后汉书》，中华书局，1997，第2842页。

器词》等诗以及四川出土古砖上的《剑器浑脱舞》图等，都显示了这种舞蹈在唐代的流行。

4. 两宋民间吉祥舞蹈

北宋结束了唐末以来藩镇割据、人民流离失所的动乱局面，稳定的政治统治有力地促进了社会经济、文化等的发展，传统的吉祥舞蹈也再度在民间兴盛起来。

首先，与传统傩仪有着千丝万缕关系的傩舞在两宋时期极为兴盛。由远古方相氏傩仪演化而来的假面傩舞，在此时期又呈现出新变：十二个演员所戴面具不再局限于最初的十二神兽，而是出现了判官、魁星、钟馗、门神等众多神灵形象。《梦粱录》卷六“除夜”条载，是夜，士庶之家俱“净庭户，换门神，挂钟馗，钉桃符，贴春牌”；宫廷中则“教乐所伶工装将军、符使、判官、钟馗、六丁、六甲、神兵、五方鬼使、灶君、土地、门户、神尉等神”。[①]北京故宫博物院所藏宋代《大傩图》中，十二个舞者都戴老者面具，与古代傩仪中的“十二相”有相合之处，但其装束与道具却滑稽可笑：他们头上戴的不是帽子，而是柳条筐、畚箕、米斗、笏板等物品，有的还插有松枝、梅花、鸡毛等，手里握的或是扫帚、木勺、蕉叶扇、柳编小罐等生活用具，或是拍板、鼓槌等乐人用器，有的还身背蚌壳、木鼓等杂物。而且，演员们狂放不羁的舞蹈动作也让人忍俊不禁：身背大鼓者边走边敲击手中所持小鼓，另一人则边走边敲击前人所背大鼓，二人似在为整个舞队击节伴奏。头顶畚箕者左

故宫博物院藏宋《大傩图》

① 孟元老等：《东京梦华录（外四种）》，文化艺术出版社，1998，第 169 页。

手扶住畚箕，右手提着扫帚，正迈开大步向前急赶，其前那个头戴斗笠、手臂前伸的舞者似乎要阻拦他，其后那个头插松枝、双手摆弄拍板的舞者则眉开眼笑，似乎正在自娱自乐。其他舞者也都以各自粗俗、自然的动作，使观众沉浸在一种欢乐祥和的世俗娱乐气氛中。整幅画真实地反映了两宋时期以娱人为目的的民间傩舞场面，体现了远古以来神圣傩仪的“世俗化”。此外，从此画中十二舞者所持的农具、乐器等物看，古时庄严而神圣的傩仪和傩舞，到宋代已衍生出意在祈求丰收、自娱自乐的傩戏的雏形。

两宋时期的民间傩舞形式多样。《东京梦华录》卷七“驾登宝津楼诸军呈百戏”条①载，诸军所献百戏中有“抱锣”“舞判”“硬鬼”等乐舞样式。“抱锣”舞由一个演员单独表演，他“假面披发”“如鬼神状”，“携大铜锣随身，步舞而进退”；“舞判”由两个演员表演，一个头戴假面长髯，身裹绿色长袍，“如钟馗像”，另一个则“以小锣相招和舞步”；“硬鬼”舞参演人数不详，演员均头戴面具，身披兽皮，手执刀、斧、杵、棒等武器，“脚步蘸立，为驱捉视听之状”。这些舞蹈显然都与远古傩舞有密切的传承关系，也同样具有驱邪祈福的吉祥意义。

其次，随着两宋经济、文化的发展繁荣，民间社火舞蹈也逐渐兴盛起来。两宋社火表演主要集中在节庆期间，诸节庆中最为隆重的当数元宵节，而元宵社火中阵容最为庞大的当数队舞。队舞其实早在隋唐时期就已出现，只不过当时尚属皇家专用的宫廷舞蹈。值得注意的是，唐时已出现吉祥字舞，这是一种演员们以身为墨排列出吉祥文字的队舞。唐代王建《宫词》百首其十七写道：“罗衫叶叶绣重重，金凤银鹅各一丛。每遍舞时分两向，太平万岁字当中。”②这种参演人数

① 孟元老等：《东京梦华录（外四种）》，文化艺术出版社，1998，第47-48页。
② 王建著，王宗堂校注：《王建诗集校注》，中州古籍出版社，2006，第561页。

朝鲜古籍《进馔仪轨》中的牡丹队舞图

众多的吉祥字舞，在两宋宫廷和贵族的节庆娱乐活动中仍有流传，但在民间社火活动中，最受欢迎的是精彩迭出的杂艺、百戏类队舞。《梦粱录》卷一“元宵”条所载队舞名称，有棹刀、鲍刀、焦鎚架儿、杵歌、诸国朝、村田乐、神鬼、十斋郎、踢灯、驰象、傀儡等二十三种，其中的傀儡又有二十四家。《武林旧事》卷二“元夕”条中罗列的大小舞队计有七十种，其中的傀儡、竹马、杵歌、旱龙船等节目，至今尚在民间流传。《东京梦华录》卷七的“驾幸临水殿观争标赐宴”条中，不仅记载了水傀儡、水秋千等乐舞，而且详细介绍了当时的蛮牌队舞：在乐曲伴奏声中，一百多个“花妆轻健”、军士打扮的演员上场了，他们手执雉尾、蛮牌、木刀等，变幻出开门、夺桥、偃月等队形，然后是几对演员先后出阵对舞，“或以枪对牌，剑对牌之类”。[①] 此队舞显然源自远古的干戚舞和干羽舞，但其娱乐世人之意更为明显，至今流传于民间的盾牌舞、藤牌舞等，应与此一脉相承。另外，成书于十九世纪末期的朝鲜古书《进馔仪轨》中，保存了一些沿袭自两宋宫廷的长生宝宴、梦金尺、献仙桃、寿延长、莲花台、佳人剪牡丹、抛球乐等十种舞蹈。由其所附佳人剪牡丹队舞图[②]可知，此舞有十二个女性舞者，她们头戴花朵，舒展双臂，正长袖飘飘地围着一个插满鲜花的大花樽婀娜起舞，其中六人的右手还握有花束。不难想见，这些作为舞蹈道具的花朵当为象征富贵华美的牡丹花，而此

① 孟元老等：《东京梦华录（外四种）》，文化艺术出版社，1956，第140-141、371-372、40-42页。

② 王克芬：《乐舞交流话友谊》，《文史知识》，1994（6）。

舞蹈的祈吉之意不言而喻。

除了队舞，两宋社火经常搬演的吉祥舞蹈还有鲍老儿、憨郭郎、乔宅眷、扑旗等。其中，鲍老儿和憨郭郎都属以逗乐为能事的傀儡舞。陈师道《后山诗话》载，北宋诗人杨大年曾撰《傀儡诗》已传为笑谈："鲍老当筵笑郭郎，笑他舞袖太郎当。若教鲍老当筵舞，转更郎当舞袖长。"[①]可见，这两种舞蹈都以头戴面具的男演员挥动长袖、舞出各种逗人发笑的动作为特色，所不同者：鲍老应为老年男子形象，郭郎[②]为秃顶男子形象。乔宅眷则是一种装扮成大户人家女眷的舞蹈。"乔"即乔装打扮，两宋以"乔"命名的舞蹈另有乔亲事、乔迎酒、乔乐神、乔三教、乔像生、乔师娘、乔学堂、乔捉蛇、独自乔之类。此类舞蹈应是通过化装成各色人等，再现一定的生活场景来娱乐观众。其中乔亲事、乔迎酒等演的显然是民间婚嫁的喜庆场面，乔乐神和乔三教演的应是虔诚而恭敬的祭神祈福场面，其他则都属逗笑取乐的生活场景。这种乔装打扮成各式人物的舞蹈在后世渐与高跷、旱船、跑驴等结合起来，衍生出多种新兴的节庆舞蹈。扑旗也称扑旗子，是一种持旗而舞的舞蹈，此舞屡见于两宋典籍，以《东京梦华录》卷七"驾登宝津楼诸军呈百戏"条中记录最详："一红巾者弄大旗，次狮豹入场，坐作进退，奋迅举止毕。次一红巾者，手执两白旗子，跳跃旋风而舞，谓之'扑旗子'。"[③]据此可知，北宋扑旗舞分两部分：一部分为舞者持旗指挥狮、豹完成规定的动作，类似于今天的驯兽表演；一部分则由舞者挥动旗子，做出各种舞蹈动作，类似于今天的旗舞。

值得一提的是，两宋时代的民间狮舞应已发育成熟。晚唐以来，宫廷狮舞的昌盛也刺激了狮舞在民间的流行；至两宋时期，舞狮已成为民间节庆的常见娱乐项目。北宋陈旸《乐书》卷一百七十三中出现

① 陈师道：《后山诗话》，中华书局，1981，第 304-305 页。
② "郭郎"应为秃顶男子之因，详见后文，此不赘语。
③ 孟元老等：《东京梦华录（外四种）》，文化艺术出版社，1998，第 47 页。

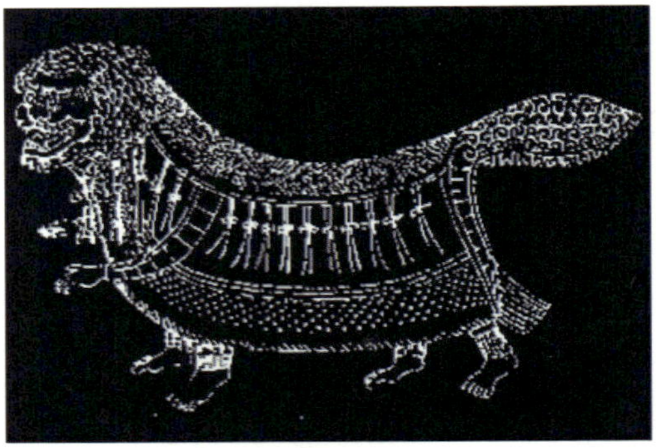

《乐书》“师子舞”图

了“师子舞”，并配有图示，其狮身文饰非常复杂，狮腹下露出四只人足，狮身前部则有两只人手；其文字说明中曰：“亦谓之五方师子舞。……（师子）缀毛为之，各高丈余，人居其中，像其俯仰驯狎之容，二人持绳垂拂为习弄之状。”可知此狮由两人扮演、两人习弄，规模已远小于唐时宫廷狮舞的每狮十二人。另如今存相传为南宋苏汉臣所作《百子戏春图》的左下角，甚至出现了活泼可爱的小儿舞狮形象：两小儿合扮一狮，狮身下仅露小儿两足；狮前一小儿持绳，似正在牵引、指挥狮子前行；狮后一小儿持球奔来，似为逗狮者。可见，此时已出现狮子滚绣球这一传统舞蹈动作。由此两例可约略推知，舞狮在两宋民间已流行开来。

而两宋勾栏、瓦子等歌舞娱乐场所的兴起，也刺激了一些原本仅用于祭神赛会的舞蹈样式在民间的普及和发展。《东京梦华录》卷二“东角楼街巷”条载，开封城里仅东角楼街就有“大小勾栏五十余座。内中瓦子、莲花棚、牡丹棚、里瓦子、夜叉棚、象棚最大，可容数千人”[①]。这些集中而设的勾栏、瓦子，不仅贩卖各种物品，且有多种娱乐性演出活动，因而使人“终日居此，不觉抵暮”。再如《武林旧事》卷六“诸

① 孟元老等：《东京梦华录（外四种）》，文化艺术出版社，1998，第15页。

色伎艺人”条载，南宋都城临安的民间游艺种类繁多，仅傀儡戏就有悬丝傀儡、杖头傀儡、药发傀儡、肉傀儡、水傀儡等多种样式。这些曾经仅应用于祭祀、丧葬、宴饮场合的傀儡舞，显然已成为普通民众的日常娱乐活动。另如《武林旧事》卷二“元夕”条载，民间元宵庆祝活动中有“贺丰年”“村田乐”“扑蝴蝶”“鼓板”等舞[①]。其中的“扑蝴蝶”舞,直至“文革”前仍在北京海淀区后沙涧村一带流传；而“贺丰年”“村田乐”等舞，也对后世秧歌、花鼓、采茶等吉庆舞蹈的形成产生过或直接或间接的影响。

5. 元明清民间吉祥舞蹈

元代，由于统治者的政治、文化压制，传统文人在仕途闭塞的情况下，转而向民间戏曲艺术寻求精神寄托，因此，元杂剧和南戏都得以飞速发展。而元杂剧、南戏等对传统歌、舞、表演艺术等的广泛接纳和吸收，刺激原本独立表演的民间歌舞逐渐转变成为民间戏曲表演艺术中的重要组成部分。如两宋时期的村田乐舞蹈，被《刘玄德醉走黄鹤楼》杂剧第二折吸纳、改编为喜庆的双人舞；八仙舞，被元杂剧《铁拐李度金童玉女》第四折吸纳、改编为欢乐的集体性群舞。在传统戏曲艺术家的吸纳和改编下，民间吉祥舞蹈逐渐程式化。到明清时期，有的已成为戏曲开场前的固定表演模式，如跳加官、跳灵官、跳八仙、跳钟馗等。

另一方面，元代以来，尤其是明清时期的民间社火活动继续盛行，除了元宵节，还常应用于城隍出巡、庙会等宗教性较强的仪式中，形成了规模空前的“走会”“过会”等。而明清民间“过会”舞蹈的盛况，从清代富察敦崇《燕京岁时记》可略见一斑：“过会者，乃京师游手，扮作开路、中幡、扛箱、官儿、五虎棍、跨鼓、花钹、高跷、秧歌、什不闲、耍坛子、耍狮子之类，如遇城隍出巡及各庙会等，随地演唱，

① 孟元老等：《东京梦华录（外四种）》，文化艺术出版社，1998，第 461-462、342-343 页。

观者如堵。”[①]在这些全民参与性的娱乐活动中，舞龙、舞狮、舞傀儡、舞盾牌、舞旱船、舞竹马、耍大头、耍和尚等传统吉祥舞蹈是常见项目。而且，还出现了装扮成戏曲、小说人物形象的舞蹈新样式，如明清时盛行的逗趣哑剧舞蹈——大头和尚戏柳翠，俗称“耍和尚”“跳罗汉”“耍大头”等。该舞蹈一般由男女二人表演，男表演者头戴极大的和尚头模具，身穿道袍，手持拂尘；女表演者脸带俏丽面具，身穿红衫绿裤，手持彩色绸巾。二人往往以夸张的动作边舞边嬉，逗人发笑。其源头，可远溯至两宋社火活动中的耍大头，尤其是演绎和尚与女子情爱故事的宋代话本小说《五戒禅师私红莲记》、元代李寿卿《月明和尚度柳翠》杂剧、明代徐渭《玉禅师翠乡一梦》杂剧、明清拟话本《明悟禅师赶五戒》等。又如流传至今的猪八戒背媳妇，也是一逗趣哑剧舞蹈，旧时多由一个头戴八戒面具的舞者身背绘制成年轻女子模样的道具边走边舞，偶尔也有扮成唐僧、悟空、沙僧等形象的舞者参与。可见其人物和故事，显然与明清时期盛行的神魔小说《西游记》密不可分。如今，此舞蹈仍是广受欢迎的春节喜庆舞蹈，但已发生了一些新变化，如山西平遥的元宵庆祝活动中，已经出现了由多个身穿八戒衣服、手持八戒道具的女性舞者集体表演的新样式。

明清两代社火舞蹈的兴盛，最直观地体现在一些明清绘画和雕刻作品中。如现藏于国家博物馆的《宪宗元宵行乐图卷》中，描绘了民间社火队进入大明宫廷的盛况：行进队伍中，有与两宋吉祥舞蹈一脉相承的舞判、舞狮、舞钟馗、耍和尚等，还有跳加官、麒麟送子以及可能出自《三国演义》中“三英战吕布”情节的舞竹马。而另一幅收藏于国家博物馆的明代画作《南都繁会图》（复制品），则描绘了明代南京民间社火的盛景：在长长的游行队伍中，最显眼的是与远古傩仪有着割舍不断关系的十二神兽舞，此外还有象驮宝物的百蛮进宝舞，

① 潘荣陛、富察敦崇：《帝京岁时纪胜　燕京岁时记》，北京古籍出版社，1981，第67页。

国家博物馆藏《南都繁会图》（复制品）

标识为“淮安地戏”的耍和尚，舞狮以及手持棍棒、脚踩高跷、边走边舞的高跷舞等。国家博物馆还收藏有描绘清代天津民间祭祀海神活动的《天后宫过会图册》，其中也收录了多种舞蹈，如高跷舞、扑蝴蝶、耍和尚、闹花鼓等。描绘清代北京民间社火盛况的《北京走会图册》，其中也记录有高跷、旱船、小车、地秧歌、狮子、腰鼓等舞蹈样式。尤其值得一提的是：清代之前的舞狮图中大都是两人舞一狮，《北京走会图册》中却出现了两大、两小四只狮子共舞的现象。据说大者象征太师，小者象征少师[1]，大、小狮子共舞表达了对官禄代代相传的美好祈盼，也表明了清代民间狮舞的繁盛。

此外，一些文学作品也间接反映了明清时期社火舞蹈的繁盛。如明时盛演不衰的无名氏南戏剧本《白兔记》中，为了吸引观众、增加喜庆因素而加入了与剧情没有太大关系的《报社》《祭赛》两出戏，插入“跳鬼判的、踹跷的、做戏的”等一系列民间社火舞蹈。其热闹程度从第三出的《插花三台令》一词中可约略猜知：“打和鼓乔妆三教，舞狮豹间着大旗。小二哥敲锣击鼓，使牛儿箫笛乱吹。浪猪娘先呈百戏，驷马勒妆神跳鬼。牛筋引鼠哥一队，忙行走竹马似飞。”[2]可

① 太师、少师均为古代高级官职名称，明清时人们往往以音谐、形近的大狮、小狮喻指太师、少师，借以寄托代代出高官的祈盼。

② 无名氏：《白兔记》，载毛晋编《六十种曲》，中华书局，1958，第7页。

见，当时戏曲正式剧目表演时，应先由装扮成儒、道、佛三教人物的演员敲打着“和鼓”舞蹈而出，接着上场的是精彩热闹的舞狮、舞豹和扑旗子舞，继而是在锣鼓箫笛等民间器乐队伴奏下的百戏、跳鬼、竹马等表演。而较为全面地展现了清代社火舞蹈的文学作品，要数近年来被认定为曹雪芹祖父曹寅创作的杂剧《太平乐事》。这部共十折的杂剧，情节上杂乱无章、不合逻辑，其本意其实是为了反映清康熙年间（1662—1722）元宵社火盛况，因而其最大的艺术特色是，几乎折折都穿插有民间吉祥舞蹈，如《灯赋》折插入丰富多彩的花灯舞，《太平有象》折插入有大象参与的百蛮献宝舞，《龙袖骄民》折插入男女对舞的秧歌，《卖痴呆》折插入由小儿表演的竹马舞，其他折中还对舞龙、跳钟馗、跳八仙、百丈旗等有所应用。可见，此杂剧实可谓清代民间社火舞蹈的集大成者。

另外，值得一提的还有明清时期发展兴盛起来的秧歌、采茶戏等与生产劳动习俗相关的吉庆类舞蹈。在此仅以秧歌为例，略加叙说。秧歌的源头，应远溯至两汉时的灵星舞。明宗室成员朱载堉在其《乐律全书》中，不仅收录了《灵星小舞谱》，还撰写了《灵星队赋》，并配以多幅图画，其赋中即说：“灵星雅乐，汉朝制作。舞象教田，耕种收获。击土鼓，吹苇籥。时人皆不识，呼为村田乐。……祭蜡以息老物，祈年以御田祖。”由此可知此舞起源于两汉，意在模拟耕种以祈丰年，可用于蜡祭和赛社。其舞蹈样式，则是以“童男十六，两两相对”，各执镬、锹、锄、竿等农具，依次模仿各种农事活动：

> 第一对教芟除，手执镰舞；第二对教开垦，手执镢舞；第三对教栽种，手执锹舞；第四对教耘耨，手执锄舞；第五对教驱爵（即雀），手执竿舞；第六对教收获，手执杈舞；第七对教舂梻，手执连枷舞；第八对教簸扬，手执木锨舞。[1]

[1] 朱载堉：《乐律全书》卷四十一，文渊阁《四库全书》本。

这种源自两汉宫廷乐舞的灵星舞，虽在表演形态上与两宋社火庆典上的村田乐舞有着明显区别，但在本质上，其实都与农事活动有着极为密切的关系，都是建立在农业生产劳动基础上的祈吉表演艺术。至明清时期，这种祈吉表演艺术，又逐渐衍生出一些新的样式，其中最为著名的当属秧歌。如清康熙时文人孔尚任等写作的《燕九竹枝词》中，即有描述秧歌表演盛况者：

秧歌初试内家装，小鼓花腔唱凤阳。如蚁游人拦不住，纷纷挤过蹴球场。

——袁启旭

早春戏馆换新腔，半杂秧歌侑客觞。偏是醉归人似蚁，太平鼓闹蹴球场。

——陆又嘉[1]

前者写游乐场所的秧歌表演，演员初采用新式的“内家装”，而且与凤阳花鼓结合，成为一种有舞有唱有鼓乐伴奏的新样式，于是吸引游人“如蚁”般“挤过蹴球场”，可谓盛况空前；后者写“戏馆”里初“换新腔”的歌舞表演，那就是地方色彩浓郁、勾起游子思乡之愁、使得“醉归人似蚁”的“秧歌”。可见，清康熙时期，秧歌已发展成为一项极受城市民众欢迎的新兴歌舞娱乐样式，且其演出场合已由最初的节庆拓展至日常的娱乐场所“戏馆”。

至乾隆四十年（1775年），清人吴锡麒在其辑刊的《武林新年杂咏》“秧歌”条中称：“秧歌，南宋灯宵舞队之村田乐也。所扮有花和尚、花公子、打花鼓、拉花姊、田公渔妇、装态货郎，杂沓灯街，以博观者之笑。”可见，源自两宋时元宵灯会村田乐的民间秧歌，已意在“博观者之笑”，即演变成了一种专用于城市的纯娱乐性歌舞艺术。不过，

① 张杰编：《断袖文编 中国古代同性恋史料集成3》卷六，天津古籍出版社，2013，第1517页。

吴锡麒又录其友人项朝棻咏秧歌诗：

插秧时未至，先听踏歌行。
挝乱细腰鼓，唱高丰岁声。
休夸村妇艳，解颂长官清。
谱入香岩曲，红腔绿韵生。①

由此可知，乾隆时民间秧歌的表演者主要为女性，她们身背腰鼓，边击鼓边应节而舞、而歌；其唱词中，不仅充满祝愿丰年（“唱高丰岁声”）之语，而且有歌颂官府长官（“解颂长官清”）之词，充分体现了其祈吉求福的根本内涵。

至清末，载歌载舞的秧歌又发展演变出一些地秧歌、高跷秧歌等特定的舞蹈样式，而且成为宫廷乐舞表演的一部分，如《北京走会图》中即绘有地秧歌表演。现在，秧歌又演变出胶州秧歌、海阳秧歌、冀东秧歌、东北大秧歌、陕北秧歌、关中秧歌、甘肃毛秧歌等多种类别，并一直在民间流传。

三、现代吉祥舞蹈的新变

中华人民共和国成立以来，民间吉祥舞蹈获得了全新的发展机会。改革开放尤其是进入二十一世纪以来，随着人们物质生活水平的提高、拯救与保护传统文化意识的加强，民间传统吉祥舞蹈再次兴盛起来。

首先，全民性拯救、保护与传承非物质文化遗产的自觉意识，极大地促进了民间传统吉祥舞蹈的复兴。自2006年以来，全国共计有九十六项民间舞蹈入选国家级非物质文化遗产名录，这些舞蹈绝大部分来自民间传统的吉祥舞蹈，而进入各地省、市、县级非物质文化遗

---

① 吴锡麟辑：《武林新年杂咏》，载张智主编《中国风土志丛刊》第51册，广陵书社，2003，第102页。

产保护名录的民间舞蹈项目更是远远高于此数据。对于已入选国家级非物质文化遗产名录的民间舞蹈，各地都采取了有效的保护和拯救措施：政府部门采用物质扶持、精神奖励等多种手段，不仅在传承人培养方面下足了功夫，也在观众和爱好者的培养方面做足了文章，为这些舞蹈项目的活态传承奠定了良好的基础。各项目的传承人不仅能够身心舒畅地投入自己喜爱的舞蹈表演中，而且能够毫无保留地将平生所学传授、分享给广大的爱好者。电视、网络等新兴媒体凭借先进的现代科技手段使这些舞蹈项目更直观、形象地呈现在世人面前，为这些舞蹈走向世界提供了没有地界，也没有国界的展示舞台。

其次，来自民间和高校的体育竞技项目，也有力地促进了民间传统吉祥舞蹈的复兴。数千年来，一些特殊的吉祥舞蹈广受历朝历代各族民众的喜爱，并随着中华儿女的迁移传播到世界各地，其中最典型的就是舞龙和舞狮。近代以来，这些舞蹈逐渐演变成为新兴体育竞赛项目的一种，成为集娱乐、喜庆、竞技、健身等多种功能于一体的现代舞蹈。舞龙、舞狮活动首先在一些东南亚国家和地区成为常见的体育竞赛项目，其后，逐渐成为国内民间、高校的竞技项目之一，如全国农民运动会、全国体育大会等全国性竞技活动中均有此两项。近年甚至出现了全国龙狮精英赛、世界龙狮锦标赛等专门的国际性竞赛，而国家体育总局于 1995 年成立了专门的中国龙狮运动协会，并授予广东中山“中国龙狮运动之乡”的荣誉称号。这些活动显然都对龙狮舞的振兴和传承起到了极其重要的作用。此外，一些出现在传统社火活动中的简单舞蹈，如手持刀、剑、棍、棒等兵器道具的二人或多人对舞，经过数百年的发展演变，也逐渐成为独立的集娱乐、健身、体育竞技于一体的现代运动，频繁出现于高校和民间的竞技比赛中。

再次，现代城市广场文化和健身运动的兴盛，也促进了现代民间吉祥舞蹈的兴盛。近年来，随着人们物质生活水平的提高和现代健康意识的增强，城市广场、公园甚至小区空地等公共场所都被强身健体、休闲娱乐的人们占领，一些广受欢迎、易学易练的民间吉祥舞蹈，如秧歌、扇舞、绸舞、巾舞等，也被发掘出来，成为兼具健身、交友新功能的现代广场舞蹈。这些舞蹈中，最为兴盛的要数国家体育总局大力推广的健身秧歌。健身秧歌是国家体育总局组织相关专家在传统秧歌舞基础上开发出来的现代健身舞蹈，目前已开发出多套健身秧歌，受到全国多地民众的欢迎。江苏连云港、山东枣庄两市甚至因此获得国家总局颁发的“全国健身秧歌城市”的称号。这些建立在传统吉祥舞蹈基础上的现代健身舞蹈，不仅使现代市民在积极参与的热闹气氛中锻炼了身体、愉悦了心情，还使这些传统吉祥舞蹈重新走入民众生活，再度成为民众喜闻乐见的喜庆活动，为它们自身的活态传承奠定了良好的群众基础。

最后，近年来，一些民间传统喜庆习俗的回归也促进了传统吉祥舞蹈的复兴。如在都市和乡村的新婚庆典、开业庆典等喜庆活动中，人们又开始聘请民间舞蹈队来渲染喜庆气氛，最经常表演的是舞狮、秧歌、腰鼓等民众喜爱的传统舞蹈。虽然这些喜庆舞蹈给表演者带来的红包尚不足以维持民间舞蹈社团的正常运转，但足以给那些本来就是凭着个人喜好参与其中的演员们带来精神上的满足感，使得这些传统的吉祥舞蹈更好传承下去。

在上述种种因素的作用下，二十一世纪以来的民间吉祥舞蹈正呈现出在继承中创出新样式的可喜局面。

1. 现代驱辟类舞蹈的发展

自远古始，中华先民就采用舞蹈方式祭祀神灵、祈求驱除邪恶。历经数千年的发展演变之后，这些驱邪祈福类舞蹈至今仍有所传承。大致说来，这些沿自远古驱恶仪式的现代民间舞蹈可分为以下几种：

江西南丰民间跳傩

一是来自远古驱傩仪式的

傩舞。

现代民间傩舞俗有“耍傩傩”“跳鬼脸”之称。演出时，舞者一般头戴狞厉凶恶的面具，且伴以大声呼喊。一般在农历正月初一至十六期间集中表演，也有应聘请者要求而单独献演的情况。目前，该舞蹈主要流传在我国江西、安徽、湖南、贵州、四川一带，但成功入选我国国家级非物质文化遗产名录的只有江西的南丰跳傩、婺源傩舞、乐安傩舞，而河北武安、安徽池州、湖南新晃侗族自治县和沅陵县以及贵州德江等地的傩戏都是作为“传统戏剧”而非“民间舞蹈”项目入选的。

值得注意的是，在漫长的流传过程中，充满庄严神秘的宗教色彩的远古驱傩仪式，随着人类认知能力的提高，逐渐演变成为一种借祭神娱神而娱乐广大民众的全民性娱乐活动；而原本意在驱除邪恶的傩舞，也在继承传统之中悄然发生着新变。

今天的傩舞样式因在继承之中不断发生新变，从而形成了各不相同的地域流派。仅江西乐安一县的傩舞，便衍生出东湖村、流坑村、罗山村三个各有千秋的流派。前两个村的傩舞主要在农历正月初一至十五期间进行，罗山村傩舞却在农历五月初一到五月初五端午节期间进行。而且，此三村傩舞的具体样式也迥然不同。其中，东湖村的“滚傩神”，据说沿袭自西汉年间的“猪头打鬼”舞，是现存最为古老的傩舞。它的舞蹈面具数量众多，极为独特，共有猪嘴神、鸡嘴神、鹅王、东岳、判官、白虎精、歪嘴婆婆等十八个面具，面具不像其他傩舞一样是完整的一个，而是由独立的上额、下嘴、耳翼三部分组成。东湖村“滚傩神”在本村表演时，一般只表演鸡嘴舞、猪嘴舞两个节目，仅由七个红布裹头、脸戴面具的演员出场表演；到外村演出时，则要表演包括七圣、收小鬼、牛魔王、夜叉、训状元、鸡嘴、猪嘴、踩爆竹在内的全部节目，但演员只增加到十二人；只有遇到水旱、瘟疫等自然灾害时，才会隆重地请出十八个演员，扮演十八个傩神，挨家挨户地边舞蹈边驱邪祈福。可见，东湖村的滚傩神舞蹈始终笼罩在一种庄重肃穆、神秘压抑的气氛中。而流坑村傩舞，相传发端于北宋初年，展现的是一种完全相反、当地人俗称“玩喜”的活泼热闹、喜气洋洋的气氛。流坑傩舞的面具更是为数众多，计有钟馗、天官、和尚、财神、和合神、周公、桃花女等三十多个。演出节目自然也范围极广，主要有钟馗扫台、天官赐福、安庙装香、书生进考、跳财神、出六将、出三官、出和合、出真定、周公与桃花女、闯辕门、斩蔡阳、取经等。演出风格粗犷古朴、妙趣横生，既有京剧的庄重大方，又有木偶戏的滑稽诙谐，还有采茶戏的轻松欢快。而且，由于驱邪祈福意义的弱化，流坑村傩舞不到村民家中表演，而是在专门的戏院中演出。因此，流坑村曾有三座各可容纳千人的大戏院，至今仍有一座保存完好。而罗山村傩舞俗称“打戏头鼓”，显然源自宋元以来逐渐兴盛的民间戏曲。不过，它的舞蹈项目仅有打瓜斧、打关刀、矛吒钻、打鞭、杀戟、打闹帚六项，充分体现出以武打动作为主的表演特色，其演出风格也以热烈紧张、粗犷豪劲而闻名。罗山傩舞敬奉以钟馗为首的十七位来自历史故事和神话传说的人物，面具却只有十六个，即秦叔宝、尉迟恭、关羽、蔡阳、金吒、木吒、赵公明、马元帅、龙王、哪吒、千里眼、顺风耳、玄母娘、判官、雷震子和元皇。这是因为，当时的人们认为，众神之首钟馗就像古代行军作战的主帅一样，只需安坐于军帐里运筹帷幄，无须参与现场冲杀，故而没有面具，也无须演员。

由此三例可知，民间傩舞虽都沿袭自远古傩舞，但在长时间的流传过程中，都在继承传统之中不断发生新变，从而形成了自己的特色和风格。扼要而言，这种新变，主要体现为三个方面：

首先是傩舞队伍的扩大及其形象的日益美化。如远古傩舞之神为方相氏和十二神兽，至两宋时又增加了钟馗、判官、土地神、灶神、众鬼之类。在古人看来，这些神灵都能驱除人们所恐惧的疾病、瘟疫、水旱等凶鬼恶怪，所以应更威武、更强悍、更怪异，这就决定了诸神面具的狞厉和诡秘。但两宋以来，随着祭神娱人观念的发展与进步，驱傩逐渐演变成为一项娱乐性越来越强的活动，傩舞诸神的队伍也越来越庞大。而今，傩舞诸神中已然出现了诸多来自历史故事、民间戏曲、文人小说等中的人物形象。这些新兴的傩神形象或和善可亲，或公正可敬，或俊美可爱，或滑稽可笑，更加贴近广大民众的现实生活，如前述乐安傩中的猪嘴神、鸡嘴神、和合神、周公与桃花女等。另如俗称“木面舞”或“肥套”的广西河池毛南族傩舞，使用多种来源广泛、神情不一的傩神面具。其中不仅有慈眉善目、老态龙钟的毛南族生育女神万岁娘娘，俊眼修眉、神似观音的毛南族美女三娘，龇牙咧嘴、满脸痛苦的毛南族挑夫，头戴尖帽、满脸笑容的毛南族邻居——白裤瑶王，还有婆王、三界、三元、雷王、社王、土地、欧官、鲁班、恩公、瑶婆、猎人等众多来源不一、各具特色的人物形象。另如江西南丰傩舞中，来自民间传说的和合二神，嘴角上扬，面带喜气；演变自盘古开天辟地神话的开山神，额佩铜镜，威武果敢；源自现实生活故事的老夫少妻、喜得贵子的老傩公和小傩婆，前者满脸皱纹、眉开眼笑，后者娇羞妩媚、嘴角上扬，都展现了广大民众所追求的那种幸福美满感。

其次是傩舞主题和故事情节的日益丰富。大致说来，旧时傩舞基本只反映诸神打鬼驱怪的主题，其情节较为简洁单一；现代傩舞的主题则日益世俗化、故事化，其情节也更加丰富多彩。如江西南丰傩舞中，除展现开山神开天辟地、傩公傩婆生育人类等传说故事外，还有如后羿射日、高禖求子、文王访贤、李冰治水、关公祭刀、目连救母、

贵州雷山千户苗寨景区内每天上演的芦笙堂

水漫金山、哪吒闹海等众多来自历史、神话、传说等的故事。这些傩舞所展现的，不再是局限于传统的驱邪避恶主题，而是遍及广大民众对美好生活诸多期盼的方方面面。再如安徽贵池傩舞中，出现了备受民众欢迎的“舞古老钱”情节：一般由两个舞者表演，既可扮成传说在玉皇大帝身边服务的顺风耳与千里眼，也可扮成统治人间的皇帝和土地神；一人持彩纸和木条制成的大伞，一人持书有“风调雨顺”“人丁兴旺”等字样的特制大铜钱，通过各种对舞动作，表达对财运亨通、人丁兴旺等世俗愿望的真诚期盼。

再次是傩舞性质的彻底娱乐化。近年以来，为拯救和保护这些民间吉祥舞蹈，也为促进旅游经济的发展，原本专用于傩仪、意在驱邪除恶的传统傩舞逐渐发展为以娱人为主，有的甚至发展成为带有狂欢性质的待宾娱客舞蹈。如贵州雷山千户苗寨景区内，几乎天天上演原本只用于大型祭祀祈福活动的舞蹈“芦笙堂”；在广西环江毛南族自治县举行的分龙节活动中，更是屡屡出现上万游客竞戴傩面、嬉戏打闹的狂欢场面。

二是来自古代祭神祈福仪式的拟兽舞。

自从葛天氏时“三人操牛尾，投足以歌八阕”的舞蹈出现以来，各种意在驱恶祈福的拟兽舞便日益发展成熟。其中，狮舞在隋唐时便开始出现于皇家宫廷，至两宋时期，已发展成为农历正月十五前后必演的民间娱乐性舞蹈，又经元明清尤其是近代以来的发展和完善，更成为民间节庆、婚庆、开业、庙会等喜庆娱乐活动中最为常见、最能活跃气氛的驱恶祈福类舞蹈之一。今天，这种源自远古驱恶祈福仪式的拟兽舞在中原大地上更加丰富多彩，已然发展出以狮舞为代表的多种吉祥舞蹈。

狮舞可谓是当前最为广大民众喜闻乐见的喜庆舞蹈之一，已形成了南、北两种截然不同的舞蹈风格以及众多各具特色的舞狮门派。

北狮起源较早，主要分布在长江以北的广大地区。其狮头造型酷似真狮，没有太多的装饰，舞者身着与狮身毛色相近的金黄色服装，借助扑、跌、滚、跃、翻等敏捷步法，以及踩绣球、钻火圈、走梅花桩、滚桌子甚至叠罗汉等高难度动作，展现狮子的雄武勇猛。南狮又称醒狮，成熟时间要晚于北狮，分布在以广东为中心的南方地区，并流行于东南亚一带。其狮头造型夸张、装饰华丽、制作考究，舞者所着服装不一，舞蹈重在表现狮子酣睡、出洞、巡山、会狮、采青、回洞等富有戏剧性、情节性的生活常态，因而动作较为柔和，但其中也有极为惊险的环节，如最初暗寓明末义士"反清复明"之决心，今天则有生意兴隆、财源广进之吉祥寓意的采青环节。近年来，民间狮舞还出现了融合南、北狮舞特色的创新舞法——"南狮北舞"，就是将绚丽夸张的南狮道具和矫捷敏健的北狮步法与动作相结合，从而使狮舞更美观，更刺激。

知名的民间狮舞，主要有已入选首批国家级非物质文化遗产名录的河北徐水狮舞、山西襄汾的天塔狮舞、浙江临海的黄沙狮子、广东佛山和遂溪的醒狮。这四种狮舞派别中，河北徐水狮舞诞生于北狮发祥地之一，以要长凳、跳梅花桩、空翻上下高台等高难度动作为特征，要求舞者具有相当深厚的武术功底；山西天塔狮舞、浙江黄沙狮子则都以高台表演而闻名，前者以狮子口吐吉祥字幅为特征，舞蹈动作有惊无险，后者以悬桌脚、叠罗汉等动作为奇绝，舞者需掌握一定的杂技技艺；而广东醒狮舞的最大特色，是在表演上以采青、踩球、高台饮水等具有一定故事性的套路为主，遂溪醒狮还衍生出地狮、凳狮、高台狮、高竿狮、桩狮等多种新形式。

除了这四种名声较大的狮舞，民间各地还有多种流传范围较窄，但也各具特色的狮舞。如广东乐昌三溪镇的青蛙狮舞，采用的不是常见的狮子道具，而是竹扎纸糊的狮、佛、猴面具；表演时，三名分戴面具的舞者在锣鼓伴奏声中上演与广东醒狮大致相同的故事性套路。江南民间信仰青蛙神，传说舞青蛙狮可驱除民间瘟疫虫害，保佑五谷丰登、六畜兴旺，此舞的驱恶辟邪意义不言而喻。再如广东梅州客家人俗称"打席狮"的席狮舞，虽采用与广东醒狮一脉相承的舞蹈程式，道具却采用了江南民众用作坐卧之具的草席，且专用作当地“香花”佛事[①]中的僧人表演项目，其驱邪祈福之意也极为明显。其他如上海马桥和安徽贵池等地的手狮舞、广东怀集壮族的壮狮舞和连州瑶族的布袋木狮舞等，也都各具特色。可见，今天的民间狮舞已演变成为一种融驱恶、祈福、欢庆、娱乐于一体的中华风俗舞，在祈盼风调雨顺、人寿年丰、国泰民安的同时，也给广大民众带来了视觉上的享受。

在狮舞之外,民间还流传有多种源自远古驱恶祈福的拟兽舞样式。如前已述及的广西融水苗族“芒蒿舞”，其实就是远古拟兽舞的遗存。另如至今在广西、贵州、四川等地客家聚居区流行的舞春牛，源自旧时于立春日张贴《春牛图》、鞭打泥塑或纸塑春牛以迎春接福的习俗。客家人舞春牛多在春节或开耕时节，表演者为男性，通过拍牛、牵牛、鞭牛、牛耕地、牛吃草等简单动作，表达对耕牛的依赖和宠爱，也展示对风调雨顺、六畜兴旺、丰衣足食等美好生活的期盼。再如广西贺州壮族的舞猫，是一种类似于“青蛙狮”的驱恶（鼠）祈福之舞。该舞有“舞长猫”和“舞猫人”两种形式,前者摆的是由稻草编成的“长猫”（类似汉族龙舞中的龙）和稻草扎成的“老鼠”，后者舞动的则是用稻草编成的“猫头帽”和“鼠头帽”。这两种舞蹈都在正月初一至元宵节期间表演，充分表达了稻作民族驱除鼠害、祈求丰收的美好愿望。此外，云南楚雄彝族正月初八至十五期间上演的“跳老虎”，也是极具特色的拟兽舞。舞者身披画有老虎斑纹的毛毡，手脚则直接绘饰虎纹，在音乐的伴奏下，一边跳着明显带有原始生育、生产、生活痕迹的舞蹈，一边挨家挨户地驱祟除鬼，虔诚表达对新年幸福安康的祈愿。其他如广东澄海民间春节的舞蜈蚣、广西藤县古龙里民间农历七月十六日的舞豹、青海黄南土家人农历十一月二十日的舞於菟等，

---

① 香花佛事，也简称香花，是流传在广东梅州客家地区的一种佛教丧葬祈福仪式，一般由晚辈为亡故的长辈操办，以祈超度亡魂、佑护生者。

都是古代驱恶类拟兽舞的遗存。

三是祈求风调雨顺的舞蹈。

严格讲，此类舞蹈应划归祈福类舞蹈，但因其祈福是建立在驱恶基础之上而暂归于此。风调雨顺，是我们这个以农耕为基本特色的古老民族的最大心愿，而滋养万物的雨水尤为农耕民族所重视，因而古代帝王非常重视祭祀能够兴云降雨的“山川百源”的雩礼，民间则逐渐生成了与宫廷雩礼一脉相承的龙舞，并成为传承至今、影响最广的一种意在祈求风调雨顺的吉祥舞蹈。

从两汉宫廷雩祭时的土龙，到今天的草龙、布龙、纱龙、纸龙、竹龙、钱龙、棕龙、火龙、香龙、炮龙、板凳龙、百叶龙、鸡毛龙、荷花龙等；从最初的一龙独舞，到今天的对龙舞、四龙舞、群龙舞等多种样式；从简单的游走动作，到今天的滚、盘、腾、游、蹿、卧、旋等单一动作以及由单一动作融汇而成的二十多套复杂套路；从专门的祭祀祈雨仪式，至今天的节庆、社火、庙会及民俗展演、文艺表演、体育大赛等各种公共娱乐活动。龙舞演变史已难以一一追溯，其受欢迎程度可略见一斑。进入二十一世纪以来，重庆铜梁的火龙舞、广东湛江人龙舞和汕尾滚地金龙舞、浙江浦江板凳龙舞、长兴百叶龙舞和奉化布龙舞、四川泸州雨坛彩龙舞、贵州苗族鼓龙鼓虎—长衫龙舞等入选首批国家级非物质文化遗产名录，更激发和促进了龙舞在民间的活态传承与繁荣发展。在此仅扼要简述这八种已入选国家级非物质文化遗产名录的龙舞的独有特色。

重庆的铜梁火龙舞并不像普通龙舞一样使用常规的龙形道具，而是通过表演者将融化了的温度极高的铁水洒向空中，绽出金花的样式，营造出一种铁水金花、绚烂夺目的火龙景象。再加上表演者口中火、脊上火、腹中火、升天火等众多惊险表演，以及现场参与者和观众接连不断的惊呼与喝彩，在热火朝天的喧哗热闹之中展现除去旧年晦气、迎来新年幸福的美好祝福。

广东湛江的人龙舞也不使用常规的龙形道具，而是秉承“人即龙，龙即人”的舞蹈理念，由表演者们巧妙搭建而成的上下两层人形龙，体现出一种精诚合作、团结奋进的现代精神。

广东汕尾的仅二人即可表演的滚地金龙舞，却有开场、打围、戏水、洗鳞、闻雷、起舞、飞腾、收场八个舞段，精彩演绎了刚柔兼济、积极进取的龙马精神。

浙江浦江的板凳龙舞俗称“长灯”，以一条条用花灯装饰起来的普通家用板凳为道具，在舞者和观者的震天喝呼声中，舞出敬天顺民、娱己娱人的民间信仰。

浙江长兴百叶龙的道具尤为奇特优美，它由一朵朵娇嫩艳丽的荷花和一只美丽的蝴蝶组成。众舞者手持道具分立而舞时，展现的是一幅蝶舞荷塘的优美画面；众舞者手持道具配合而舞时，则组合出一条由荷花状龙头、荷花瓣状龙鳞、蝴蝶状龙尾构成的漂亮花龙，给人以柔美无比的视觉享受和纯净自然的心灵洗涤。

浙江奉化的布龙舞使用常规的龙形道具，但以盘、滚、翻、跳、戏等干净利落的基本动作和小游龙、大游龙等多达四十余套的基本套路而闻名，有的甚至已被用作舞龙比赛的规定动作。在布龙舞表演过程中，不仅展示了神龙气吞山河、搏击长空的矫健雄姿，也反映了中华民族勇于奋斗、不屈不挠的英雄气概。

四川泸州的雨坛彩龙舞，以专用于民间婚丧嫁娶活动而出名，它所独有的夺宝、拖宝、滚宝、脱衣、抱蛋、擦痒、叹气、砌塔等动作，不仅诙谐幽默、充满情趣，也充分展现了民间艺人天马行空般的艺术想象力。

贵州苗族鼓龙鼓虎—长衫龙舞的最奇特之处，在于它像传统傩舞一样使用面具：表演者们头插野鸡翎毛，脸戴龙形面具，身穿黑色长衫，腰系红腰带，把自己装扮成想象中的龙。他们边吹苗家传统乐器——芦笙，边舞出龙斗角、龙吐水、龙出洞等动作，从而表达对龙神的感激和祈愿之情，而且，该舞蹈还是花苗这一苗族支系节日集会、婚嫁、立房、跳月等传统民俗活动的必演项目。

除了这八种已入选国家级非物质文化遗产名录的龙舞，民间还有不少各具特色的龙舞。如广西侗族的飑颈龙舞，只有分舞龙头和龙珠的两个舞者，舞蹈中有像醒狮舞一样的登高台项目，体现了不同舞蹈样式的相互影响。另如广西贵港的龙凤麒麟舞，让蛟龙与凤凰、麒麟等瑞兽联手共演，使孔武有力的龙舞、秀丽柔美的凤舞、活跃奔放的麒麟舞相结合，充分体现了中华吉祥文化的深远影响。再如江苏海安的苍龙舞，其最大特色在于别出心裁地以女性为舞者，舞蹈动作大多源自行船、摇橹、行舟走路等江南女子的日常劳动生活，道具则是色彩艳丽、小巧玲珑的布制小龙，表演者往往人手一条小龙，在瞬息万变的上下翻飞中舞出中华女性特有的刚柔兼济。江西吉安的篾伛龙舞善摆“天下太平”等吉祥字样，湖南衡阳的疙瘩龙舞环环相扣、盘结复杂，却又能灵活展开，这些都是现代民间喜庆龙舞中的佼佼者。

2. 现代节庆类舞蹈的繁荣

自两宋以来，庆祝春节、元宵、庙会等的社火活动在大江南北的城市和乡村都极受欢迎，在这样的氛围中，民间吉祥舞蹈也如火如荼般发展起来。而今，这些与社火活动相伴而生的吉祥舞蹈仍在民间传承着。比较而言，此类吉祥舞蹈主要可分为以下三种：

一是鼓乐喧天、普天同庆的鼓舞。

自两汉始，传统民间信仰中具有通灵作用的鼓就与祈吉求祥的舞蹈结合，形成了盘鼓舞、建鼓舞等多种喜庆吉祥的舞蹈。迄今，鼓舞已成为现存民间舞蹈中流传范围最广、最受各民族群众喜爱的艺术样式，其品种也更加丰富多样，单是已收录于国家级非物质文化遗产名录中的就有十四个民族的二十余种。此仅择要简述如下：

太平鼓舞中，兰州太平鼓舞如万马奔腾，时时给人以男子汉威武雄壮、洒脱豪放的振奋感；京西太平鼓舞如柔韧健美的女性，处处洋溢着婀娜多姿的柔美感。像京西太平鼓舞一样充满女性柔美特色的，还有各种花鼓舞和长鼓舞。其中，翼城花鼓舞中，舞者身背数个小巧玲珑的花鼓，在使人目不暇接的欢快舞蹈动作中，演绎一种婀娜迅捷的风姿；极似鼓子秧歌的柳林花鼓舞中，舞者身背垂至膝下的“长带鼓”，在疾风暴雨般的迅猛节奏中膝、鼓相随，演绎一种令人惊叹的恢宏气势；朝鲜族和瑶族的长鼓舞，不仅以伴舞之鼓的细长而闻名，更以其舞蹈动作的柔和欢快、喜庆热闹而广受欢迎。

以羊皮鼓为主要道具的现代喜庆鼓舞，常采用传统的圆圈舞方式。如甘肃武山的旋鼓舞与四川羌族古老的羊皮鼓舞，都采用以羊皮鼓伴奏、按逆时针方向转圈而舞的方式，但二者又各具特色。一是羌族羊皮鼓舞的宗教性强，多在每年二月的还愿、四月的祭山、十月的羌历年及其他的宗教祈福活动中上演；武山旋鼓舞却是娱乐性、祈福性强，在每年春末夏初尤其是端午时节展演。二是羌族羊皮鼓舞的舞蹈动作少，动作小，为的是营造出虔诚、神圣的宗教氛围；武山旋鼓舞以欢庆丰年为宗旨，因而舞步欢快热闹，且插入了二龙戏珠、狮子滚绣球、太子游四门、齐五乱点兵等多种戏剧化的舞蹈动作。此外，甘肃卓尼土家族的巴郎鼓舞，也是一种围成圆圈旋转而舞的喜庆舞蹈，它以土家族特有的短把羊皮鼓——巴郎鼓和一盏盏纸糊的红灯笼为道具，舞者一般右手持鼓，左手提灯，借助循环不断的圆圈舞表达出对平安如意、幸福吉祥生活的祈求和感恩。

现代祈福类鼓舞还擅长模仿各种动物。如毛南族的打猴鼓舞和瑶族的猴鼓舞，都与猴子传说有关。但前者源自一种由巫师表演、纪念亡灵的传统舞蹈，只有猴王出世、猴子敲椿、猴火引路三部分内容，且只有一人独舞和二人对舞两种形式；后者却是农历五月二十七至二十九日的“达努节”（又称瑶年或祖娘节）期间庆祝祖先反抗压迫、取得斗争胜利的群体性舞蹈，舞者多化装成猴子模样，舞蹈动作也多模拟猴子的跳跃、嬉戏等，舞蹈场面宏大热闹。原始而古朴的反排族木鼓舞，善于模仿鸟（斑鸠）、兽（牛）、虫（蜜蜂）、鱼等的动作，尤以小伙子们扎实稳健的大动作而闻名。主要用于每年六月祭祀水龙活动的青海藏族螭鼓舞，则更多模仿雄鹰、骏马、海螺等动物，或舒展或奔放或柔和的动作中，充满了高原民族的洒脱豪放和热烈粗犷。

而那些来自传统仪式的现代鼓舞，更因来源不一而具有鲜明的地域特色。如凉州的攻鼓子，据说是演变自古代军旅的行军作战，因而除走村串镇的小规模表演外，还会有大规模的“会鼓子”展演。届时，来自多支不同鼓子队的数百名舞者神奇地踩着同一种步伐，变幻出忽如雁翎展翅，忽如长蛇疾冲，忽如太极旋走，忽如方阵横列的多种庞大队形，生动演绎出古代军旅凯旋的喜悦与气势。而山东栖霞的八卦鼓舞源自道教宗教仪式，舞者往往为八男八女，他们身背装饰有八卦图案的大鼓，采用特定的“禹步”“滑步”“连步”等步法，按照八卦方位，在阴阳两极、变幻多端的队形中不断演绎道教哲学理念。同样带有浓郁宗教祭祀色彩的，还有青海东部民和马营土家族的“神鼓舞”，该鼓舞专用于当地每年金秋八月举办的赛神祈福活动。

不过，随着社会文明的发展和进步，鼓舞的应用场合已由原本的传统节庆、赛神祭会等，拓展至婚丧嫁娶、开业庆典等各种喜庆活动以及日益昌盛的广场文化、体育赛事等娱乐性强的活动中。而各种鼓舞在现代民间各地备受欢迎，不仅是因为其源自传统的祭祀祈福习俗，还因为鼓舞本身寄寓了广大民众对生活美满、国家安定、社会太平的深厚期盼，营造了那种鼓乐喧天、普天同庆的喜庆氛围。

二是灯火辉煌、绚烂多姿的灯舞。

起源于两宋时期元宵节闹花灯习俗的灯舞，到明清时已发展成熟并盛行于民间。旧时灯舞多在夜间表演，道具灯笼中一般燃有蜡烛，晃动的烛光与五色的彩灯相得益彰，愈显多姿多彩、如梦似幻，而舞者欢快灵动的步伐、舞队瞬息万变的队形，更使灯舞显得奇丽多彩，魔幻般演绎出普通民众憧憬中的神仙生活。因而，自产生以来，灯舞便在民间流传不衰。而今，灯舞主要流传在江南水乡一带，作为主要道具的灯的造型也多种多样。就外形说，一般有动物、花卉、器物三类；就功能说，不仅有可持、可提、可举者，还有可担在肩上、挂在腰间、缀在腿上或直接摆放在地上者。表演时，舞者可一人一灯或一人多灯，也可多人一灯，可单独进行技艺性的表演，也可共同进行队舞性的表演，如排成“天下太平”“五谷丰登”等吉祥字样的队形，摆出双梅花、喜重重等吉祥图案，或者走长蛇阵、连环阵等军旅阵形。

灯舞的类型多样，旧时有龙灯舞、狮子灯舞、马（仔）灯舞、蚌灯舞、茶灯舞、花灯舞等。今天已列入国家级非物质文化遗产名录的，有浙江的余杭滚灯舞和青田鱼灯舞、福建莆田的九鲤灯舞、江西吉安的鲤鱼灯舞、广东深圳沙头角的鱼灯舞、河南博爱的苏家作龙凤灯舞以及安徽的东至花灯舞和蚌埠、凤台、颍上等地的花鼓灯舞等。此仅择一二略述如下。

近两年最有名的，当属 2008 年 8 月 8 日晚在北京奥运会开幕式前展演的浙江余杭滚灯舞。余杭滚灯舞大约形成于南宋时期的元宵节庆活动或民间赛神庙会活动中，如南宋范成大《上元纪吴中节物俳谐体三十二韵》诗及注中，即提到小球灯和大滚球灯：“掷烛腾空稳（小球灯时掷空中），推球滚地轻（大滚球灯）。”[①]今传余杭滚灯舞的独特之处有二：一是其所用之灯并非常见的瑞兽祥云等吉祥造型，而是分为内外两层的球状竹编，外为一个未加装饰的大型竹编圆球，中为一个可燃蜡烛的球形竹编小灯；二是不以传统灯舞的队舞见长，而重在体现舞者的舞蹈动作，今已形成了霸王举鼎、旭日东升、荷花竞放等九套二十七个固定动作。而今，因北京奥运会开幕式前的现场展演而闻名世界的余杭滚灯舞，仍在以其独特的方式和风采丰富着广大民众的文化生活。

其次应是各种鱼灯舞。如浙江青田的鱼灯舞，据说源自元末刘基操练起义军的阵法，因而以走阵为主。阵形有二龙阵、三拗阵、四角阵等多种；所用道具则是制作成以鲤鱼为主，包括鲢鱼、草鱼、鲫鱼、金鱼、河豚等瓯江淡水鱼族的各种彩灯，因此可知，其体现的仍是广大民众对风调雨顺、连年有余的幸福生活的向往和追求。另如福建莆

① 赵杏根选编：《历代风俗诗选》，岳麓书社，1990，第 68 页。

田的九鲤灯舞，所用道具并非全是鲤鱼灯，而是制作成龙（蛟）、鳌、鳜、鲈、鳊、鲤、鲫、花鱼、金鱼九种水族动物的彩灯；该舞演绎了“鲤鱼跃龙门”的传说故事，整个过程可分为嬉游、觅珠、围珠、抢珠、跳龙门五个程式，因而除手举“九鲤”的舞者外，还要有肩扛龙门者。再如江西吉安的鲤鱼灯舞，也与“鲤鱼跃龙门”传说有点关系，但当地人更喜欢将它与“龙女化鲤”传说[①]联系起来；其道具灯除一只可爱的鳌鱼和一只活泼的小虾外，均为小巧漂亮的金丝鲤鱼或大红锦鲤鱼。

此外，各种与瑞兽有关的灯舞，如四川双流的黄龙溪火龙灯舞、河南博爱的苏家作龙凤灯舞、湖北郧阳的凤凰灯舞、浙江玉环的八兽灯舞和宁海的马灯舞，在民间也极受欢迎。其中流传最广的，当是以四川双流黄龙溪火龙灯舞为代表的龙灯舞。它其实是中华传统龙舞的一种变异，也是中华民族龙崇拜和农耕社会祈雨祈福文化的充分体现。浙江玉环的八兽灯舞，因其以麒麟、狮子、豺、独角兽、四不像、雷公兽、倒鼻兽、老虎等八兽灯为道具而得名，这八兽在民间也称“八蛮”，故又有“八蛮”灯舞之名。按表演者人数分，八兽灯舞有八人舞和十六人舞两种，前者每人各举一小型兽灯，后者两人合举一大型兽灯，最后都以麒麟灯的喷火喻示生活红红火火而结束。由此数例可见，现代灯舞中的瑞兽灯舞，与古代驱恶祈福的拟兽舞之间也有说不清的联系，今天也正在逐渐转向纯粹的娱乐性舞蹈。

以祥云灯为道具的各种云灯舞，体现的也是传统农耕社会祈雨祈福的吉祥文化。其中比较有名的，是江西赣县田村客家人的云灯舞和安徽芜湖郎溪县姚村的“跑云灯”舞。这两种灯舞所用的道具，都是

① 传说南海龙王的小女儿因好奇人间闹元宵时鼓乐喧天、鞭炮齐鸣的热闹生活，便央求六个姐姐一起偷偷变形出宫。大姐变成鳌鱼，七妹化为青虾，其他姐妹变为金丝鲤鱼，随行的侍女则变成小红鲤鱼。到人间后，她们帮助人们降服水怪、驱除灾难，但回到龙宫后却受到了龙王的严厉处罚。为了感谢和纪念她们，人们便于元宵节期间舞鲤鱼灯。

模拟各种云彩的“云”牌，反映了传统吉祥云信仰在民间的绵长影响力。其舞蹈所表现的也是传统吉祥文化影响下的普通民众对五谷丰登、人寿年丰、九州升平等内容的期盼。

需要指出的是，与上述各种灯舞相比，安徽蚌埠、凤台、颍上三地的花鼓灯舞有着极为明显的区别：它的道具不是传统的花灯，而是传统秧歌舞蹈最常采用的伞、扇、巾；舞者也如秧歌一样分伞头、鼓子、兰花三类，舞蹈动作也是传统秧歌的以“扭”为主。因此，严格意义上讲，花鼓灯舞应该归入秧歌舞类。尤值一提的是，在今天长江以北的广大地区，也流传有一些虽不太有名，但极具特色的灯舞。如山东枣庄薛城区的沙沟镇一带，曾经流传着一种极为奇特的人灯舞：舞者身穿特制的连头包裹在内的超长大褂，头顶长条凳，条凳上绑一倒扣的画有五官、戴着礼帽、象征舞者头部的瓦罐，罐内可点蜡烛；舞者在脚下舞动的同时，双手要配合操作方凳上的瓦罐灯，因而形成了“颠如浪，颤如簧，行如云，停如墙”的独特舞步。[①]另如河南驻马店钟村一带，至今流传有一种九莲灯舞：三十六位舞者每人双手分持四盏莲花灯，步法有“倒行子”“走剪子”“错对子”等多种，通过变换队形，排出“红莲图”“星月同光”“五星闪耀”等喜庆图案，以及“天下太平”“五谷丰登”等吉祥字样。[②]

三是群艺荟萃、精彩纷呈的高跷队舞。

高跷历史悠久，据说起源于尧舜时期以鹤为图腾的丹朱氏族，但直至秦汉时期，仍只是杂技百戏的一种。至两宋时期，随着社火活动的兴盛发展，高跷开始出现在民间社火的庆祝队伍中，逐渐演变成为一种叫作“踏跷”的民间队舞。而在明清时期的民间社火活动中，已出现了由演员踩着高跷、扮成各种戏曲人物、边舞边唱的表演样式，

① 李海流：《山东枣庄“人灯舞”：头顶独凳，独凳上系“泥罐”人头》，《齐鲁晚报》，2009年12月4日。

② 高云、王轩昊：《九莲灯舞成火龙 从明朝舞到现在》，《河南商报》，2010年5月13日。

即“高跷秧歌”。今天，边舞边唱的“高跷秧歌”渐已失传，但边走边舞的高跷队舞，却仍广为流传。而且，山西稷山高跷走兽、辽宁海城高跷和辽西高跷、甘肃永登苦水高跷等，已被列入国家级非物质文化遗产名录。

山西稷山的高跷走兽，是一种由两个扮成历史人物的演员同骑一种瑞兽的连体高跷舞，是山西稷山县清河镇一带民间庙会期间的必演项目。其中的走兽形象都源自当地民间传说中的瑞兽，大致可分为两派：一派以独角兽、貅狼、麒麟、竹马、猫为主，一派以黑狸虎、梅花鹿、貘为主。表演时，两个脚踩高跷的演员将走兽道具系于腰间，边走边舞，看上去就像是骑在神兽上，而二人的手部动作与脚下步伐必须相互配合，才能使兽、人协调一致，使表演显得活灵活现，非常逼真。海城高跷和辽西高跷是流传于辽宁民间的高跷舞，以东北人民常见的手绢、彩扇、烟袋等日用品为道具，舞蹈动作也都以“扭、浪、逗、相”为代表。但海城高跷的装饰更加华美亮丽，能表演的组合造型也更加丰富，不仅有常见的单人和双人造型，还有四人组的“孔雀开屏”、六人组的“飞人”、多人组的“万象更新”等。甘肃永登苦水的高高跷，以超过三米的木跷闻名，主要用于每年二月二的龙抬头庆祝活动。而且，演出时，演员们面画脸谱，挥舞着不同吉祥道具，身穿超长戏服，扮成各种秦腔人物，排着浩浩荡荡的舞队，穿街走巷，将幸福和欢乐洒向围观和追随的群众。

此外，各地还流传有一些各具特色的高跷队舞。如山西夏县的连腿高跷，往往三人合踩四只跷，或四人合踩五只跷，难度极高；新绛县双池镇的“扑蝴蝶”高跷，既有丰富的故事情节，又有“鹞子翻身”等高难度动作；而山东民间不仅有传统的能叠起三层的高跷，近年来还推出了融传统高跷和现代街舞于一体的“高跷街舞”。可见，民间高跷队舞的祈福主旨，也正在逐渐让位给纯粹的娱人娱己。

3. 现代丰收类舞蹈的传承

自古以来，中华民族就以舞蹈来欢庆丰收和胜利。从远古岩画和陶器上的拟兽舞、圆圈舞、干戚舞等，到今天仍流传在民间的秧歌、藤牌舞等，这种意在庆祝丰收和战争胜利的吉祥舞蹈，一直在继承和创新中发展演变。就形式而言，今存此类吉祥舞蹈主要可分三种。

一是在北方汉族聚居区广为流传的庆祝丰收舞蹈——秧歌。

旧时民间艺术中，秧歌一名实含两义：一是戏曲样式的秧歌戏，二是舞蹈样式的秧歌舞。此处特指严格意义上的“秧歌舞”。秧歌本是流传在长江以北地区的一种庆祝丰收、欢度新年的民间舞蹈，其源头则可远溯至两汉时期的灵星舞、干戚舞等。近年来，随着全民健身运动的兴起，它已发展成为现代都市文化广场舞的强大主力军，有的甚至入选国家级非物质文化遗产名录，如山东的商河鼓子秧歌、胶州秧歌、海阳大秧歌，陕西绥德的陕北秧歌，河北昌黎、辽宁抚顺的地秧歌，等等。

胶州秧歌舞宣传图中的小嫚、棒槌、翠花、鼓子和扇女

其中，山东商河鼓子秧歌以“跑”为基本特征，因而民间称其为“跑秧歌”。众多舞者在始终不断的跑动中完成来自日常生活、神话传说、历史故事等的各种动作，并在不断的跑动中排列出“双十字街”“大香山”“金钱蝴蝶”“单劈葫芦”等多种队形，跑出舞者那充满青春活力的阳刚之气，跑出广大民众对人寿年丰、普天同庆的美好期盼。

山东胶州秧歌旧时有小嫚、棒槌、翠花、鼓子、膏药客五类角色，而今，意在调笑逗闹的膏药客已经消亡，并演变出活泼可爱的扇女一角。舞蹈动作以“扭”为突出特征，因而俗称“扭秧歌”。舞者通过身体动作的“三变九动十八态”，精彩演绎各角色的不同性格特点。在舞者或娇羞动人或粗犷豪放或滑稽可笑的扭动中，营造一种欢乐祥和、喜庆热闹的节庆氛围。

山东海阳大秧歌则以串街走巷的队舞为特色，舞者扮演成渔夫猎人、大夫货郎、才子佳人等各种角色。动作有跑有扭，跑扭结合，队形则有八卦斗、龙摆尾、龙盘尾、二龙吐须、三鱼争头、众星捧月等多种，长长的舞队极易吸引沿街群众自主参与，共同舞出民间舞蹈的喜庆与欢乐。

陕北秧歌俗称“闹秧歌”，有正月里拜年的排门子秧歌和彩门秧歌，还有闹元宵的酒曲秧歌和花灯秧歌。其动作潇洒大方，场面热闹喜庆，舞者不分男女老少，充分体现了朴实厚道的陕北人民开朗乐观、粗犷豪放的性格特点。

河北昌黎的地秧歌，据说始自元代，动作和服饰都遗留有蒙古族舞蹈的痕迹。在长期的流传过程中，它逐渐形成了表演戏剧化的特点，注重通过舞蹈来展现生活中的小故事，使舞蹈成为生活气息浓郁的喜庆哑剧。

辽宁抚顺的地秧歌则明显带有满族风格，俗称“鞑子秧歌”，其动作多为源自骑马、射箭、渔猎、跳神等满族生活实践的蹲、踩、摆、颤、盘、扬，整个舞蹈体现了满族人民庆祝战斗胜利、农业丰收时的刚劲豪放、欢快热闹气氛。

除了这六种秧歌，山西民间的丰收秧歌也非常有名。综合而言，山西秧歌大都有歌有舞、歌舞一体，是一种接近于戏曲的民间艺术，但其中的舞蹈部分，也像前述六种秧歌一样，具有极强的欢庆色彩。如汾阳、孝义一带的武场地秧歌，在融入空翻、踢腿、打旋、下叉等武术动作的同时，又形成了一条龙单引、两条龙双引等七十多种套路，其刚劲有力、热情奔放的舞姿，为节日喜庆气氛增添了不少光彩。临县、汾阳一带的伞头秧歌，虽有扭有唱，但一般扭时不唱、唱时不扭，其中的扭秧歌，具有与前述几种秧歌舞一样的喜庆性质。而神池一带的踢鼓子秧歌，演员阵容庞大严整，包括伴奏的鼓道和歌手、十六名舞者分成的前后八角、起活跃气氛作用的一名络旄等，共约三十人；表演时，十六名舞者要紧踩鼓道的鼓点，敏捷转换出五雷阵、梅花阵、天地牌、双掏云、拉山子等多种阵式，在热烈奔放的鼓点和繁杂有序的阵式转换中，带给观众视觉的盛宴。再如原平民间的凤秧歌，以男性舞者头上佩饰的类似凤凰红冠的红色绒球而得名，其定场表演时的舞蹈也极有特色：男舞者手持花扇走向场地中央，将周围绕圈而舞的众多女舞者一个一个地点出来，然后大家一起舞出扭麻花、掏八字等变幻莫测的不同队形，在不断的队形变换中展现丰收的欢乐和幸福。

二是在少数民族聚居区广为流传的庆祝丰收的舞蹈——圆圈舞和农乐舞。

圆圈舞是一种集体舞，在世界各地都有传统，如俄罗斯、德国、波兰等国民间舞蹈中，均有此类舞蹈。在中国，圆圈舞的源头，可远溯至新石器时代，如前述青海省大通县上孙家寨近年出土的舞蹈纹彩陶盆、云南沧源第七地点一区崖画中的围成圆形的五人舞蹈图等均为实物证据，青海同德马沟乡宗日遗址、甘肃武威磨咀子马家窑文化遗址等也出土有类似的多人挽臂（或拉手）站成圆形而起舞的彩陶盆或残片。这些实物证据充分显示了中国圆圈舞的源远流长。

今天，圆圈舞仍是不少地区尤其是少数民族聚居区广大民众欢庆聚会时常用的舞蹈，其中最为著名的，当属广泛流传于西藏、青海、云南、甘肃等地藏族聚居区的“锅庄”。“锅庄”，也称“卓”“果卓”等，意译为圆圈舞，是一种没有乐器伴奏的集体舞，一般在大型宗教祭祀、民间传统节日和家庭亲朋聚会等活动时表演。跳锅庄时，舞者男女分列两队，站成圆形，舞蹈动作比较简单，主要是挥动手臂，并配以适当的跨腿、辗转、踏步蹲等动作，队形则基本按顺时针方向行进，体现出高原民族的古朴、稳健风格。舞蹈过程中，还伴以男女两队的问答对唱，其唱词不仅歌咏打青稞、捻羊毛、打酥油、酿青稞酒、造房等劳动场面，也歌咏佳节、婚嫁等聚会欢庆场面，充分展现藏族民众热爱劳动、热爱生活、淳朴乐观的人生态度。

其他地区的一些少数民族，也保留有跳圆圈舞的习俗。如流传于甘南藏族自治州卓尼县康灵乡土家族民众中的巴郎鼓舞，一般应用于每年正月初八至正月十五间的节庆表演。届时，场地中央会燃起熊熊的篝火，舞者往往右手持双面羊皮鼓，左手提灯，围着篝火先顺时针方向，再逆时针方向各转三圈，并在“戛尔巴”（领舞者）口哨声的指挥下，摆起或聚或散、圆圈或大或小的队形，还不时穿插腾踏跳跃、急速旋转等高难度动作，并有原地踏舞对歌、变换队形等不同形式。舞蹈往往通宵达旦，反复进行，在彻夜的歌舞中表达土家人对人寿年丰的美好期盼。可见，巴郎鼓舞既带有浓郁的藏族锅庄舞的痕迹，又不失土家族舞蹈独有的风格特色，也是一种充满祈福、欢庆意味的吉祥圆圈舞。再如云南佤族节庆时也喜跳圆圈舞，其圆圈舞不分男女老幼，众人手拉手或相互搭臂于肩上围成圆圈，边逆时针方向踏步起舞，边齐声放歌，有时是数人领唱、众人相和，场面极为和谐、热闹。而云南西盟佤族村寨还流传有一种使用鼓、镲、铓等乐器伴奏的圆圈舞，一般男性舞者在外圈，女性舞者在内圈，基本步法为踏、蹬、点、吸、屈膝抬腿等，男性舞者以身体随步法前俯后仰为特色，女性舞者则以手臂随步法前后摆为特色，因而也称“跳摆”，每曲唱完舞完后，都有众人齐声同喝的“帅—帅—帅”之声，场面也极为壮观。值得注意的是，西盟佤族的跳摆因应用场合不同而又分多种，如男女老幼皆可参与的集体舞“哦咳郎”“雪排吉”，只用于青年男女社交活动的“雪管朵”，等等。流传于云南澜沧拉祜族自治县的拉祜芦笙舞，往往在家族堂屋和村寨广场举行，其显著特色在于男女分成两圈而舞：男性舞者手捧芦笙围成内圈，女性舞者手拉手围成外圈，而且往往还会有一位（有时是几位）男性舞者在最内圈里领舞，在领舞的指挥下，众舞者不断变换出各种套路，充分体现出拉祜族人崇尚团结、期盼幸福的美好心灵。

农乐舞是一种流传于吉林、黑龙江、辽宁等地朝鲜族聚居区的民间舞蹈，其源头可追溯至远古时代的狩猎活动和古朝鲜时代祭祀仪式中的“踩地神”。聚居于东北长白山下的朝鲜族民众也长期种植水稻，因而其农乐舞就像起源于汉族稻作区的秧歌一样，也以庆祝农业丰收为主题，也多在新年伊始和欢庆丰收时节展演。演出时，各村寨派出的参演人员组成浩浩荡荡的舞队，舞队的最前方是一面令旗和一面写有“农业为天下之本”的农旗，旗后是一名手执小锣的男性指挥者，在他的带领下，舞队载歌载舞，依次展演小鼓舞、圆鼓舞、叠罗汉舞、拍打舞、刀舞、长袖舞、假面舞、长鼓舞、扇子舞、鹤舞、顶水舞、象帽舞十二个舞蹈。在活泼优雅的舞姿、欢快热烈的节奏、激情洋溢的气氛中展示了朝鲜族民众那种积极热情、奋发有为的生活态度。今天，来自传统农乐舞中的小鼓舞、长鼓舞、扇子舞、象帽舞等，已作为单独的欢庆舞蹈样式，时常出现于祖国各地的节日庆典中，成为广受各族民众喜爱的娱乐性舞蹈。其他如布依族的丰收舞、傈僳族的生产舞、黎族的舂米舞等，都是源自生产劳动、今已用于欢庆娱乐的吉祥舞蹈。

此外，一些源自传统渔猎丰收庆典的舞蹈，如广西南宁壮族农历八月十五的斑鸠舞、贵州丹寨苗族苗历新年时的锦鸡舞等，今天都已开始广泛应用于节日、婚嫁等庆典活动中。

三是仍在极少数地区流传的庆祝战争胜利的盾牌舞。

自先秦时代起，中华民族就创作了意在祈求和平与庆祝战争胜利的吉祥舞蹈，如一直流传于皇家宫廷的干羽舞、干戚舞等。至唐宋时，民间已衍生出剑舞、刀舞等多种以兵器为道具的娱乐性舞蹈。不过，由于兵器本身所具有的搏杀功能，使得以兵器为道具的舞蹈极少被列入专用于节庆、宴饮等喜庆场合的民间舞蹈类，而是更多地被归为杂技、武术等竞技项目中。但例外的是至今流传于江西永新一带的盾牌舞。

永新盾牌舞，也称“藤牌舞”或“滚挡牌”，当地人认为它传自明代抗倭名将戚继光《纪效新书》中记录的士兵训练之法。但其源头，其实完全可以追溯至两宋社火中的蛮牌舞，甚至更早的先秦干羽（戚）舞。永新盾牌舞一般由九位男性舞者表演，除一位扮作将领的舞者手执带有响环的钢叉外，其余舞者全部右手持短刀，左手持盾牌；舞蹈主要展现两军对垒破阵主题，因而多采用对舞或对打方式；在对舞或对打过程中，还不时穿插阵式，包括四角阵、长蛇阵、八字阵、黄蜂阵等八种阵式。其中的“打花牌”环节最为扣人心弦，在跳牌、扯牌、滚牌、躲牌等紧密变换的动作中，舞者凭借坚实的武术功底，生动展现战争场面的惊心动魄。永新盾牌舞动作严谨激烈，舞姿粗犷威武，阵法壁垒分明、复杂多变，再配以节奏紧凑的锣鼓声、唢呐声，艺术性地再现刀光剑影、血雨腥风的战争场面，也真诚演绎了为保家卫国而慷慨赴死的将士们的英勇气概。而今，永新盾牌舞已发展成为集武术、杂技、舞蹈、音乐于一体，既具观赏性和娱乐性又能强身健体的民间舞蹈，常应用于多种节庆、娱乐场合。

此外，颇值一提的是侗族民众中仍有所流传的“款会舞”。这其实是一种建立在兵器舞基础上的武舞，一般在侗家举行三月约青、九月约黄或临时款会等仪式时展演。舞蹈穿插于祭场、宣誓、盟誓、检阅等款会环节中，但大都自成体系，如出征舞、凯旋舞、盾舞、长短刀舞等，且竞技性极强，在闪展腾挪、迅捷勇猛的武术动作中，充分展示中华传统武舞的刚健多姿。

随着广大民众物质生活水平的提高、现代广场文化的发展、文化遗产保护意识的增强等，民间吉祥舞蹈正呈现出一片繁荣昌盛的新局面。它不仅像旧时一样活跃在节庆、庙会、婚庆、开业庆典等活动中，还逐渐出现在体育竞技和民俗活动的赛场、高校课堂、城市休闲广场、乡村集体活动大院等场所，成为新兴的集体性休闲娱乐舞蹈之一。可以说，民间吉祥舞蹈正在以前所未有的步伐发展着、前进着，同时也丰富和充实着人民群众的精神生活。

第五章　民间吉祥器乐

与民间歌谣一样，我国民间吉祥器乐的形成和发展，也经历了一个复杂而漫长的发展演变过程。在这一过程中，共同的文化渊源促使民间吉祥器乐形成了驱恶祈吉、活泼快乐的共同特征，但不同地域、不同民族的文化差异，又使各种民间吉祥器乐形成了丰富多彩、迥然不同的风貌。

一、古代吉祥器乐

据今存文字、图画、实物等文献可知，古代吉祥器乐的发展演变主要体现在两个方面：一是乐器的发明和丰富，二是吉祥器乐的创作和传承。本部分按大致的时间顺序扼要概述这两方面的内容。

1. 早期吉祥器乐的生成

首先，与歌舞一样，古人发明乐器、创作和演奏器乐的最初目的是祭神娱神，以求获得神灵的庇佑。如前述今知最早的大型乐舞“葛天氏之乐”中，《敬天常》《达帝功》《依地德》等阙仅据题名即可推知有祭祀祈吉之意。但可惜的是，《吕氏春秋》仅记只言片语，难以推知其是否使用乐器。而通过今存文献可以确知的最早使用乐器的祈吉活动，应是《吕氏春秋·仲夏纪·古乐》记载的朱襄氏之乐：“昔古朱襄氏之治天下也，多风而阳气畜积，万物散解，果实不成，故士达作为五弦瑟，以来阴气，以定群生。”[①] 朱襄氏也是远古部落首领，唐孔颖达、司马贞等学者认为其在葛天氏之前，也有不少学者认为他

① 张双棣、张万彬、殷国光、陈涛译注：《吕氏春秋译注》，吉林文史出版社，1987，第139页。

就是众所熟知的中华始祖之一的炎帝。由这段文字可知，朱襄氏统治时期，气候干旱少雨，以致农作物歉收、民生艰难。因此，作为部落首领的朱襄氏就让一个叫士达的人制作五弦瑟，以求招来“阴气”、安定众生。可见，五弦瑟最初的制作和使用目的，就是为了祭祀和娱乐神灵，以求神灵纠正阴阳失衡的现状，使得人间风调雨顺，故此弦乐的祈雨求吉本质，显而易见。而为了更好地祭神娱神，后人又在朱襄氏时五弦瑟的基础上，研制出十五弦瑟、二十三弦瑟等多种弦乐器，如《吕氏春秋·仲夏纪·古乐》载，尧帝时，乐师“瞽叟乃拌五弦之瑟，作以为十五弦之瑟。命之曰大章，以祭上帝。舜立，命延，乃拌瞽叟之所为瑟，益之八弦，以为二十三弦之瑟……以明帝德”①。据此则知，尧帝时的十五弦瑟乐《大章》和舜帝时的二十三弦瑟乐，都是祭祀上帝的。

而且，舜帝统治时期，大型祭祀祈福、宴会庆祝活动中的乐器种类已经较为丰富，器乐也已具有一定规模。如《尚书·益稷》记载，舜继帝位后，命夔制定、管理国家礼乐，夔就汇报说：“戛击鸣球、搏拊琴瑟以咏。祖考来格，虞宾在位，群后德让。下管鼗（táo）鼓，合止柷（zhù）敔（yǔ），笙镛（yōng）以间。鸟兽跄跄，箫韶九成，凤皇来仪。”可见，在当时祭祀祖先、宴请宾客和各诸侯国国君的活动中，已出现了击打鸣球（一种类似于玉磬的乐器）、抚弄琴瑟的器乐伴奏者和专门的歌唱表演者，并有管乐吹奏者、敲鼗鼓（一种类似于后世“拨浪鼓”的手摇小鼓）者以及专用于演奏开始和结束时的敲柷敔者、中间穿插演奏的吹笙者和敲镛者等，这些人都安排在祭祀或宴会大厅之外，能够进入大厅表演的，是装扮成鸟兽、凤凰等吉祥动物的舞蹈演员们，他们要表演的箫韶吉舞分为九个部分，因也称九韶。

① 张双棣、张万彬、殷国光、陈涛译注：《吕氏春秋译注》，吉林文史出版社，1987，第140—141页。

可见，此时已出现了鸣球、琴瑟、管、鼗鼓、柷敔、笙、镛等多种乐器，其作用和使用场合各有不同，而且这些乐器的演奏者们组成了具有相当规模的“器乐团”，不仅可以独立表演，还可为“歌唱团”“舞蹈团”伴奏，甚至出现了专门的“指挥”。《尚书·益稷》还记载，夔后来又向舜帝报告说：“予击石拊石，百兽率舞，庶尹允谐。”这里的“石”，是类似于商周时期的石磬之类专用于击打节拍的石制乐器；这里的“百兽率舞”，则是一种装扮成兽类、以驱恶祈福的拟兽舞；而主管礼乐的夔亲自手执石制乐器以控制整场演出的节奏和进度，他所承担的，显然是作为现代器乐团灵魂人物的指挥角色。

这一时期里，身为天下诸侯之长的舜帝，还亲自发明了用于祭祀祈福的五弦琴。如《礼记·乐记》记载：“昔者舜作五弦之琴，以歌《南风》。”前文已述，《南风歌》是一首祈求南风适时而至、保佑农作物丰收的吉祥歌谣。为了能有合适的乐器给这首歌谣伴奏，日理万机的舜帝竟亲自发明、制作五弦琴，并极有可能亲自参与了此歌谣伴奏琴乐的创作，故此琴乐的重要性毋庸赘言。至春秋时期，琴已成为演奏祈吉音乐的常见乐器。如《列子·汤问》中记载：

> 当春而叩商弦以召南吕，凉风忽至，草木成实。及秋而叩角弦以激夹钟，温风徐回，草木发荣。当夏而叩羽弦以召黄钟，霜雪交下，川池暴沍（hù）。及冬而叩徵弦以激蕤宾，阳光炽烈，坚冰立散。①

文是当时最著名的琴师，他琴艺高超，擅长用琴乐来求得自然神灵的庇佑，表达人间的现实诉求：春天来临时，他用南吕律的商弦为主旋律，以求南风忽至、草木丰实；西风吹起时，他用夹钟律的角弦为主旋律，以求温风徐起、花荣草发；盛夏酷暑之际，他采用黄钟律的羽弦，以求霜雪交下、河流冻结；隆冬严寒时节，他使用蕤宾律的

① 韩猛译注：《列子》，山东画报出版社，2012，第137页。

徵弦，以求阳光普照、坚冰立解。可见，乐师文演奏时，能根据不同季节选用恰当的律吕宫商，从而使琴乐成为人类与自然万物交流、沟通的神奇工具。此记载虽有夸张之意，却也真实反映了古人希求通过音乐谐和万物、实现风调雨顺及物阜年丰的最初目的。

其次，远古乐器的发明和吉祥器乐的创作，还与纪念成功和庆祝胜利有着极为密切的关系。如前引《吕氏春秋·仲夏纪·古乐》记载，尧初即帝位，即“命质为乐”，质“乃效山林、溪谷之音以歌，乃以麋輅（gé）置缶而鼓之，乃拊石击石，以象上帝玉磬之音，以致舞百兽”。[①]质首先仿效自然万物的相和之音创作了乐歌，又将鹿皮蒙在瓦缶上制成鼓，将石头打磨成可以像“上帝玉磬”一样发出宏大清亮乐音的乐器，进而创作了模拟百兽、祈求和庆祝狩猎成功的拟兽舞。可见，乐官质仿效自然创作的这部大型歌舞器乐，应有纪念和庆祝尧帝成功继位的性质。而且，至迟在这个时期里，缶鼓、石磬等乐器已经出现，并已应用于大型的纪功庆祝活动，今天的出土文物也有力地证明了这一点。如距今6100—4600年的山东大汶口文化遗址中，曾出土了一个装饰精美的彩陶鼓。

山东省博物馆藏彩陶鼓

稍后的大禹在治水成功、继承帝位后，也曾命乐官制作专门的乐歌以庆祝和纪念。如《吕氏春秋·仲夏纪·古乐》载：“禹立……于是命皋陶作为《夏籥》九成，以昭其功。”[②]皋陶创作的纪念其治水之功的乐曲叫作《夏籥》，像舜帝时乐舞箫韶一样，也分为九个部分。

① 张双棣、张万彬、殷国光、陈涛译注：《吕氏春秋译注》，吉林文史出版社，1987，第140页。
② 张双棣、张万彬、殷国光、陈涛译注：《吕氏春秋译注》，吉林文史出版社，1987，第141页。

另据《庄子·天下》篇，禹帝前后的古代帝王在成功继位后，都曾命人创作纪功、庆祝性质的乐舞："黄帝有《咸池》，尧有《大章》，舜有《大韶》，禹有《大夏》，汤有《大濩》，武王、周公作《武》。"[①]因此，我们可大胆猜想，古代民间应也有此类性质的喜庆乐曲。如《周易》中孚卦六三爻辞说："得敌，或鼓或罢，或泣或歌。"[②]此爻辞大意说：战争结束后，获胜者们有的击鼓作乐庆祝，有的疲劳至极而卧倒，有的高兴至极而哭泣，有的放声高歌来欢庆。这里的"鼓"和"歌"，显然是战胜者自发庆祝的音乐。

对于古代音乐的纪念和庆祝性质，孔子有着非常直观的认识。如《礼记·乐记》记载，孔子以为，"夫乐者，象成者也"。这就直接将音乐的功能归结为"象成"，意即模拟成功或胜利。他还举例说：周武王、周公时创制的"大武之乐"，"揔（zǒng）干而山立，武王之事也"。"干"，古指作战时用以防卫的盾牌；"揔干"，即手持盾牌。"大武之乐"表演时，舞者像高山一样笔直地站立着，手中高举（或持）防守性的盾牌道具，而无攻击性强的戈戟斧钺等武器。可见，这是一种模拟武王伐纣战争取得胜利时的庆功之舞，其伴奏器乐自然也属纪念庆祝性质的吉祥之乐。因此，一向崇尚和平、反对战争的孔子，评价大武之乐为"尽美矣，未尽善矣"（《论语·八佾》）。

2.《诗经》时代吉祥器乐的成熟

至春秋中叶，古代乐器的种类更为丰富，大型吉祥器乐也更趋成熟。其性质开始由纯粹的祭神娱神以求福佑，逐渐发展出兼具娱人娱己的娱乐、庆祝功能。使用场合则开始由国家祭祀、宫廷宴饮、军队庆祝等大型活动，逐渐扩展至婚丧嫁娶、宴饮娱乐等小型的家族喜庆活动。这从《诗经》的许多诗篇中可发现端倪。

---

① 王先谦集解，方勇导读、整理：《庄子》，上海古籍出版社，2009，第339页。

② 黄寿祺、张善文译注：《周易译注》，上海古籍出版社，2012，第315页。

首先，《诗经》时代的乐器制作技艺已非常成熟，而且出现了多种乐器联合演奏的大型音乐。如《小雅·宾之初筵》说："钟鼓既设，举醻（同酬）逸逸。……籥舞笙鼓，乐既和奏。"可见当时已出现钟鼓、箫笙和奏的表演方式。而《小雅·鼓钟》一诗描述的和奏场面更为宏大，"鼓钟伐鼛（gāo），淮有三洲。……鼓钟钦钦，鼓瑟鼓琴，笙磬同音。以雅以南，以籥（yuè）不僭。"[①]这里使用的乐器计有钟、鼛、瑟、琴、笙、磬、籥七种，其中钟、磬、鼛是打击乐器，钟由金属铸就，磬石制，鼛类似于今之鼓，瑟、琴是流传至今的弹拨乐器，笙、籥是竹制的吹奏乐器。这些材质和演奏方式各异的乐器的合奏，不仅反映了乐器制作技术的成熟，也反映了音乐水平的高超。另据统计，《诗经》中出现的乐器多达二十九种，这些乐器的出现与音乐的普及和成熟应有很大的关系。此外，山东省博物馆收藏的战国乐舞俑中，不仅有击鼓者、敲磬者、击钟者，还有居中而坐的抚琴者。由此也可见稍前的《诗经》时代的"器乐团"的大致构成情况。

山东省博物馆藏章丘女郎山出土的战国乐舞俑

其次，《诗经》时代的器乐，最主要的作用仍是祭神祈福。如在《小雅·楚茨》这首相传为周王祭祖祭神的乐歌中，不仅提及以酒食祈福的做法，即"以为酒食，以享以祀，以妥以侑，以介景福"，而且提及演奏音乐以求福佑的做法，即"乐具入奏，以绥后禄"。另如《小雅·甫

① 周振甫译注：《诗经译注》，中华书局，2002，第 367–368、341–342 页。

田》说："琴瑟击鼓，以御田祖，以祈甘雨，以介我稷黍，以谷我士女。"[①]农人们祭祀田神时弹琴奏瑟，击鼓成乐，为的是祈求风调雨顺、五谷丰登，这些带有祭祀性质的祈福乐曲显然充满了远古的吉祥意味。但在祭祀祈福之外，《诗经》时代的器乐开始呈现出娱人娱己的欢庆色彩。如"窈窕淑女，琴瑟友之"（《周南·关雎》），"琴瑟在御，莫不静好"（《郑风·女曰鸡鸣》），"妻子好合，如鼓琴瑟"（《小雅·常棣》）等诗句，[②]尽管学术界一直认为这些诗句只是用琴、瑟相和为比来祝愿新婚夫妻，但也从侧面反映了婚礼仪式上使用琴、瑟为主的喜庆器乐的习俗。另如"既见君子，并坐鼓瑟……并坐鼓簧"（《秦风·车邻》），"我有嘉宾，鼓瑟吹笙，吹笙鼓簧……鼓瑟鼓琴"（《小雅·鹿鸣》）等诗句，[③]真实反映了《诗经》时代的饮酒宴集已使用器乐伴奏。尽管《诗经》反映的大都是贵族阶层的习俗，但上有所好，下必从之，而且，演奏乐曲的乐工们想必来自下层普通民众，春秋中后期的"礼崩乐坏"必将导致这些宫廷乐工流散民间，从而刺激这些原本仅属于上层统治阶级的吉祥乐曲流入民间。因而，可以大胆推想，普通民众的婚嫁、喜庆酒宴上，应该也有使用器乐的传统。

3. 两汉吉祥器乐的繁荣

历经诸侯竞起、逐鹿中原的战国时期之后，大一统的秦汉政权创造了前所未有的强盛时代，传统吉祥器乐也发展到相当繁荣的地步。一方面，两汉民间和宫廷祭祀皆用器乐。如《史记·封禅书》载：

> 其春，既灭南越上有嬖臣李延年以好音见。上善之，下公卿议，曰："民间祠尚有鼓舞乐，今郊祀而无乐，岂称乎？"公卿曰："古者祠天地皆有乐，而神祇可得而礼。"或曰："太帝使素女鼓五十弦瑟，悲，帝禁不止，故破其瑟为

---

① 周振甫译注：《诗经译注》，中华书局，2002，第 343-345、349-350 页。
② 周振甫译注：《诗经译注》，中华书局，2002，第 2、119、236 页。
③ 周振甫译注：《诗经译注》，中华书局，2002，第 176、230 页。

二十五弦。”于是塞南越，祷祠太一、后土，始用乐舞，益召歌儿，作二十五弦及空侯琴瑟自此起。[①]

由此可知，汉武帝时，民间祭祀常用一种“鼓舞乐”，这种“鼓舞乐”应与汉初盛行的建鼓舞、踏鼓舞、迎鼓舞等舞蹈关系密切。此种舞蹈类似今天的鼓舞，是一种边击鼓为节、边踏步起舞的喜庆舞蹈。今国家博物馆收藏有一个出土于四川成都天回山汉墓的击鼓说唱陶俑，他满脸笑容，大嘴张开，前伸的右手紧握鼓槌（今已脱落），左臂将一小鼓夹于腋下，同时身体前倾，左腿半蹲，右腿前伸，似正在边舞蹈，边击鼓，边说唱。其憨态可掬的表情、滑稽可爱的动作，不仅显示了民间雕塑艺术的造诣，也间接证明了鼓乐在民间的成熟。在民间祭祀使用器乐习俗的影响下，汉代宫廷才逐渐恢复祭祀、赛祷皆用器乐的传统习俗。

国家博物馆藏东汉击鼓说唱陶俑

另一方面，民间大型饮酒聚会活动也常常使用吉祥器乐。如汉初桓宽《盐铁论》卷六《散不足》篇载：“往者，民间酒会，各以党俗弹筝鼓缶而已，无要妙之音，变羽之转。今富者钟鼓五乐，歌儿数曹。中者鸣竽调瑟，郑儛赵讴。”[②]汉之前，民间欢庆宴饮时已使用筝、鼓等器乐；至汉初，富有之家不仅“鸣筝调瑟”演奏乐曲，还要请郑姬挥袖起舞、赵女引吭而歌。另如《古诗十九首》其二中说：“今日良宴会，欢乐难具陈。弹筝奋逸响，新声妙入神。”[③]据诗意，此次聚会

① 司马迁撰，裴骃集解，司马贞索隐，张守节正义：《史记》，中华书局，1959，第 1396 页。
② 桓宽撰，王利器校注：《盐铁论校注》（增订本），中华书局，1992，第 353 页。
③ 杨效知：《古诗十九首鉴赏》，兰州大学出版社，1992，第 8 页。

规模应该不大，却也要“弹筝奋逸响”，可见器乐在当时民间宴会中的重要地位。著名的汉乐府民歌《孔雀东南飞》中，女主人公刘兰芝是东汉末年庐江郡普通人家的女子，她“十三能织素，十四学裁衣，十五弹箜篌，十六诵诗书”。可见，当时公认的女性才艺中，已包括“弹箜篌”这一技能，这也侧面显示了民间器乐的繁荣和发达。

此外，两汉时期还出现了一种带有异域色彩的鼓吹乐。据相关资料记载，鼓吹乐是一种外来器乐，本是流行于西北少数民族的一种马背上的器乐，主要用鼓、角、笳等演奏。汉初从西域传入中原后，多用作官方宫廷宴饮、仪仗、祭祀、军队出行等伴奏乐。至东汉时，鼓吹乐已发展成四类：“黄门鼓吹”主要用于宫廷宴饮，“骑吹”主要用于帝王出行的仪仗，“短箫铙歌”主要用于郊祠庙祀，“横吹”主要用于军队出行、赏赐等。在青岛崇汉轩汉画像砖博物馆收藏的出土于河南南阳汉墓的乐舞百戏画像砖拓片上，除左起的羽人戏仙鹿图外，其余全为乐舞百戏图，其十四人中，弄乐者多达八人。左起第一人右手摇鼗鼓，左手摇铃或铎，第二人吹竽，第三人鼓瑟或弹琴，第四人吹竖笛或箫，第五人吹横笛，第六人吹埙或篪，第七、八人正双手分持鼓槌、围着一巨型建鼓而舞。由此可见器乐在当时的发达程度。

不过，《汉书·礼乐志》载：汉哀帝时，官方“罢乐府官”，裁减“不应经法”者四百余人[①]，其本意是要从宫廷雅乐中剔除民间俗乐的成分，切断宫廷音乐与民间音乐的联系。但这一措施的实际作用却适得其反，

青岛崇汉轩汉画像砖博物馆收藏的乐舞百戏画像砖拓片

① 班固撰，颜师古注：《汉书》，中华书局，1962，第 1073 页。

这四百余已熟悉宫廷音乐的乐工流入民间，必将促进宫廷音乐与民间音乐的交互发展。如《宋书》记载曹植《鞞舞哥（同“歌”）序》中称：

汉灵帝西园故事，有李坚者，能鞞舞。遭乱，西随段煨。先帝闻其旧有技，召之。坚既中废，兼古曲多谬误，异代之文，未必相袭，故依前曲改作新哥五篇，不敢充之黄门，近以成下国之陋乐焉。①

李坚本是汉灵帝时的宫廷鼓吹乐工，因遭汉末之乱而流入民间，后依附董卓手下大将段煨，段煨死后，又被挟汉献帝以令天下的曹操所得。李坚散入民间的日子里，必然会利用所掌握的宫廷乐艺谋生求存，也就必然会与普通民众和民间艺人发生交集。因此，当重新回到宫廷时，他最初掌握的宫廷音乐已产生很大变化，即曹植所说的“中废”，导致这一变化的主要因素当是民间音乐的影响。由此可猜知，与李坚接触过的民间艺人的音乐也应发生一定变化。

而且，当时像李坚一样散入民间的众多宫廷艺人，肯定不能都像李坚一样幸运地又回归宫廷，他们必然会对民间音乐产生更为深远的影响。因此，宋代郭茂倩编选的《乐府诗集》中收录有不少两汉魏晋时期的吉祥鼓吹曲辞。如前章提及的《陌上桑》，即被视作婚嫁礼仪上的喜庆歌辞，其配乐自应为婚庆喜乐；而《吴鼓吹曲》十二首之三，与远古的“葛天氏之乐”一样充满了驱恶祈福的吉祥意义：“摅武师，斩黄祖。攘夷凶族，革平西夏。炎炎大烈，震天下。”②

至汉末魏初，鼓吹乐已成为民间喜庆嘉会、丧葬礼仪等的常用器乐，如《晋书·礼志》载：“汉魏故事，将葬，设吉凶卤簿，皆以鼓吹。”③晋代文人陆机甚至创作有专门的《鼓吹赋》，其中说“鼓砰砰以轻投，箫嘈嘈而微吟”。可见，此时的鼓吹乐已增加轻柔、抒情的色彩。

① 沈约：《宋书》，中华书局，1974，第551页
② 郭茂倩编：《乐府诗集》卷十八，中华书局，1979，第270页。
③ 房玄龄等撰：《晋书》，中华书局，1974，第626页。

如今，民间婚庆、丧葬等礼仪中仍广泛流行鼓吹乐，并形成了“辽南鼓吹”“徽州鼓吹”“冀中管乐”等多个不同乐种。这些鼓吹乐应该是两汉以来官方鼓吹乐的遗存。

4. 魏晋南北朝吉祥器乐的丰富

这一时期里，国家的四分五裂、政权的频繁更迭、战争的此起彼伏等，虽给民众带来了深重的灾难，但多民族大融合的生存现状，却给民间吉祥俗乐提供了较好的发展机会。

首先，传统清商乐的盛行刺激了民间吉祥音乐的繁荣。清商乐是在两汉相和曲与南方民歌尤其是“吴声”“西曲”等的基础上发展起来的，当时民歌中不少曲辞具有吉祥祈福性质，如前章提及的《读曲歌》《捉搦歌》以及《子夜歌》中部分曲子，应为婚嫁喜歌，为其伴奏的乐曲显然也是充满喜庆意味的吉祥音乐。但今存文献中极少有关于清商乐详细情况的专门记载，仅可从《乐府诗集》收录的《上声歌》《子夜歌》等曲辞中约略猜测其曲调及演奏概况。如下引《上声歌》八首之二、三：

> 郎作《上声曲》，柱促使弦哀。
> 譬如秋风急，触遇伤侬怀。
>
> 初歌《子夜》曲，改调促鸣筝。
> 四座暂寂静，听我歌《上声》。[①]

这两首曲子都提及，《上声歌》演唱时有筝等弹拨类器乐伴奏，其韵律短促急迫，其曲调则高亢昂扬。另据《乐府诗集》所引《古今乐录》，当时清商乐的伴奏乐器有笙、笛、筑、瑟、琴、筝、琵琶、箎、节等多种，其中琵琶乐应较为流行，如国家博物馆即收藏有这一时期的弹琵琶陶俑。而这幅模印在北齐黄釉瓷壶上的乐舞图也清晰显示，

---

① 郭茂倩编：《乐府诗集》，中华书局，1979，第655页。

当时流行的胡旋舞也以中原的琵琶、横笛为伴奏乐器。

国家博物馆藏北齐弹琵琶陶俑　国家博物馆藏北齐黄釉乐舞图瓷扁壶

其次，经由西域传入中原的异域乐器与音乐的传播，促使民间吉祥俗乐再度发生新变。如唐杜佑《通典·乐二》载：

> 自（北齐）宣武已后，始爱胡声，洎于迁都。屈茨，琵琶，五弦，箜篌，胡箠（zhí），胡鼓，铜钹，打沙罗，胡舞铿锵镗（tāng）锴（dā），洪心骇耳，抚筝新靡绝丽，歌响全似吟哭，听之者无不凄怆。琵琶及当路琴瑟殆绝音。皆初声颇复闲缓，度曲转急躁。按此音所由，源出西域诸天诸佛韵调，娄罗胡语，直置难解。①

可见，南北朝时的民族大融合，促使传入中原的异域乐器种类更趋丰富。其中的箜篌，虽在两汉民间已极为流行，如前述《孔雀东南飞》中女主人公刘兰芝学弹箜篌之事，但当时流行的应是先秦时开始出现的传统乐器——卧箜篌。而魏晋南北朝时期盛行的，则是如下面第一幅图中的竖箜篌，这是一种经由西域传入的波斯乐器（如下面第二幅图乐队中的右边第二人手中所持乐器）。

① 杜佑：《通典》，中华书局，1988，第 3614-3615 页。

甘肃博物馆藏唐代弹箜篌抚琴模印砖

国家博物馆藏陕西西安出土的唐代演奏陶俑

这些经由西域传入中原的异域乐器，刺激中原音乐产生了一些全新的乐种，如吕光建立后凉后“变龟兹之声”“号为秦汉伎”(《隋书·音乐志下》)[①]而形成的西凉乐，北周宇文邕的皇后阿史那(Asna，北狄人)出嫁时将西域康国、龟兹等地音乐带入中原而形成的龟兹乐，等等。在这些新乐种的刺激下，当时“民间竞造新声杂曲”(《南齐书·王僧虔传》)，从而形成了《通典》中所说的“初声颇复闲缓，度曲转急躁”新乐风。这一乐风正与前述《上声歌》《子夜歌》等民间相和曲的风格一致，可见西域胡乐与中原民间吉祥俗乐的相互借鉴与融合。

最后，魏晋南北朝时期佛教音乐的兴盛，也有力地刺激了民间吉祥俗乐的大发展。佛教传入中国后，佛教音乐与传统清商乐相互影响，从而形成了一些新乐种，刺激民间宗教节庆乐曲走向成熟。如释慧皎

① 魏徵、令狐德棻撰：《隋书》，中华书局，1973，第378页。

《高僧传》卷十三载：

然天竺方俗，凡是歌咏法言，皆称为呗。至于此土，咏经则称为转读，歌赞则号为梵呗。昔诸天赞呗，皆以韵入弦管，五众既与俗违，故宜以声曲为妙。原夫梵呗之起，亦兆自陈思。始著《太子颂》及《睒颂》等，因为之制声。吐纳抑扬，并法神授。今之皇皇顾惟，盖其风烈也。①

“赞呗”也称“梵呗”，是佛教音乐的梵语名称，《佛光大辞典》以为其“以音韵屈曲升降，能契于曲，为讽咏之声，乃梵土之法曲”。但古印度的佛教梵呗初传入中国时“水土不服”，于是以陈思王曹植为首的佛教爱好者对其进行改编，从而创制了以鱼山梵呗为代表的具有中华特色的佛教音乐。其中，鱼山梵呗至今仍在民间流传，并已于2008年被列入“第二批国家级非物质文化遗产名录”。北魏杨衒之《洛阳伽蓝记》卷一载，景乐寺“至于六斋，常设女乐。歌声绕梁，舞袖徐转；丝管寥亮，谐妙入神”；卷三则载，景明寺于农历四月初八佛诞日，“梵乐法音，聒动天地；百戏腾骧，所在骈比”。②可见，当时寺庙已形成于佛教节庆日搬演佛教歌舞百戏的习俗，至隋唐时发展至搬演变文、话本等，从而刺激了民间戏曲、说话等艺术的成熟与发展。至今，在民间四月初八佛诞日等佛教节日时，仍可感受到佛教音乐那种“丝竹寥亮”“聒动天地”的热闹劲。

5. 隋唐吉祥器乐的大发展

这一时期里，国家政权的再度集中、统一，有效刺激了民间器乐前所未有的发展。

首先，中华传统吉祥器乐在民间的传播范围、应用场合更加广泛。一方面，民间驱傩、社火等传统仪式中出现了用以伴奏的专门器乐，

① 释慧皎撰，汤用彤校注：《高僧传》，中华书局，1992，第508-509页。

② 杨衒之著，杨勇校笺：《洛阳伽蓝记校笺》，中华书局，2006，第51、125页。

如王建《宫词》百首其九十载，唐代宫廷驱傩已使用笙乐："金吾除夜进傩名，画袴朱衣四队行。院院烧灯如白日，沉香火底坐吹笙。"[①]孟郊《弦歌行》诗也记载，民间傩仪杂用以鼓、笛为主的鼓吹乐："驱傩击鼓吹长笛，瘦鬼染面惟齿白。"[②]而王维诗记载，民间祭祀神女、田神等神灵时，也用器乐，如其《鱼山神女祠歌》写民间迎神、送神时均用箫鼓："坎坎击鼓，鱼山之下。吹洞箫，望极浦"，"悲急管兮思繁弦，神之驾兮俨欲旋"。其《凉州郊外游望》则说："野老才三户，边村少四邻。婆娑依里社，箫鼓赛田神。"[③]即使是僻在凉州一隅，仅有三户人家的小村，在祭祀田神时也要使用箫、鼓，可见器乐在民间祭祀、赛神活动中的应用之广。

另一方面，民间节庆、婚嫁等喜庆活动都已普遍使用器乐。如刘禹锡《竹枝词九首》序载："岁正月，余来建平，里中儿联歌竹枝，吹短笛，击鼓以赴节。"[④]建平即当时的夔州，今重庆市奉节县一带，刘禹锡于长庆元年（821 年）冬被贬为夔州刺史，次年正月到任，在观赏了当地民间正月庆祝乐歌后，因嫌其"伧（cāng）儜（níng）不可分"（即听不懂）而创作了这组《竹枝词》。可见唐时民歌《竹枝词》可用于节庆，且演唱时有笛、鼓等器乐伴奏。由此也可推知，前章所引敦煌曲词中的祝寿、斗草、上梁等吉祥歌谣，都应有相应的吉祥器乐。再如乔知之《倡女行》诗中说："莫吹羌笛惊邻里，不用琵琶喧洞房。"此诗虽是"昨宵绮帐迎韩寿，今朝罗袖引潘郎"的倡女生活写照，却也间接反映了唐时民间婚庆使用羌笛、琵琶等器乐闹洞房的习俗。此外，今存唐人诗歌中，还有大量语句写及当时酒宴应用器乐的情形，如：

---

① 王建著，王宗堂校注：《王建诗集校注》，中州古籍出版社，2006，第 638 页。
② 傅正谷选释：《唐代音乐舞蹈杂技诗选释》，人民音乐出版社，1991，第 87 页。
③ 杜兴海、杜运通评注：《中国古代音乐文学精品评注》，线装书局，2011，第 87-88 页。
④ 杜兴海、杜运通评注：《中国古代音乐文学精品评注》，线装书局，2011，第 143 页。

中军置酒饮归客，胡琴琵琶与羌笛。

——岑参《白雪歌送武判官归京》

琵琶长笛曲相和，羌儿胡雏齐唱歌。

——岑参《酒泉太守席上醉后作》

桑落气薰珠翠暖，柘枝声引管弦高。

——白居易《房家夜宴喜雪戏赠主人》

裂管萦弦共繁曲，芳樽细浪倾春醁。

——温庭筠《夜宴谣》

烦君玉指轻拢撚，慢拨鸳鸯送一杯。

——李群玉《索曲送酒》

上引岑参二诗反映的是军中宴饮的场景，所用乐器有胡琴、琵琶、羌笛、长笛等；另三人之诗则反映了官绅之家的夜宴场景，其器乐以管弦为主，且已有《鸳鸯》等专门劝酒的曲目。另如今藏于北京故宫博物院的五代画家顾闳中《韩熙载夜宴图》，就是对晚唐五代时期豪家贵族开宴行乐场景的真实写照。其第四段韩熙载独自赏乐图中，画面正中，五个头梳高髻、身着华服的女伎朝向不一，随意而坐，正专心致志地演奏，其中二人吹横笛，三人弄竖箫；五人之左，一位正襟危坐的身着官服者手执拍板，似乎正在应节而击；五人之右，则是右手挥扇、盘腿端坐在太师椅上凝神而听的韩熙载及其三个侍女。此图生动再现了达官贵族之家的行乐场面。

据崔令钦《教坊记》载，唐时教坊乐曲多达三百二十七个，其中，《会

北京故宫博物院藏《韩熙载夜宴图》（局部）

佳宾》《倾杯乐》《上行杯》《荷叶杯》《抛球乐》等可用于宴饮，《千秋乐》《万年欢》等可用于祝寿，《好郎君》《同心结》等可用于贺婚，《绿钿子》《金钱子》等可用于贺财，《泛舟乐》《泛龙舟》《玩中秋》等可用于节庆。虽然唐代教坊属官方音乐机构，但据研究，至中晚唐时，其乐工主要来自青楼乃至民间普通人家，[①] 如段安节《乐府杂录》“歌”条即载，开元年间（712—741）皇宫宜春院中最为著名的歌妓永新“本吉州永新县乐家女也”，而大历年间（766—779）号称“记曲娘子”的“才人”张红红“本与其父歌于衢路丐食”。[②] 李绛《李相国论事集》卷六“论择采事”条也载：“元和八年冬，教坊使忽于外间采择人家子女，及有别室妓人，皆取以入。”[③] 由此可见，《教坊记》收录的这些吉祥乐曲，应也在民间广有流传。

其次，魏晋南北朝时期传入的竖箜篌、琵琶等异域乐器已与中原本土乐器完美结合，出现了许多知名的演奏家，相关曲目的创制也达到前所未有的新高峰。如前述《李凭箜篌引》一诗便描绘了竖箜篌演奏家李凭的演奏技术。另如唐段安节《乐府杂录》“琵琶”条记载：

> 贞元中有康昆仑，第一手。始遇长安大旱，诏移两市祈雨。及至天门街，市人广较胜负，及斗声乐。即街东有康昆仑琵琶最上，必谓街西无以敌也，遂请昆仑登彩楼，弹一曲新翻羽调《录要》（即《绿腰》是也，本自乐工进曲，上令录出要者，因以为名。自后来误言《绿腰》也）。其街西亦建一楼，东市大诮之。及昆仑度曲，西市楼上出一女郎，抱乐器，先云：“我亦弹此曲，兼移在枫香调中。”及下拨，声如雷，其妙入神。昆仑即惊骇，乃拜请为师。女郎遂更

---

① 柏红秀、王定勇：《关于唐代教坊的三个问题》，《盐城师范学院学报（人文社会科学版）》，2005（1）。

② 中国戏曲研究院编：《中国古典戏曲论著集成（一）》，中国戏剧出版社，1959，第46-47页。

③ 李绛：《李相国论事集（附李相国遗文）》，中华书局，1985，第50页。

衣出见，乃僧也。盖西市豪族，厚赂庄严寺僧善本（姓段），以定东鄙之胜。①

这个发生在唐贞元（785—805）年间长安东西两市祈雨仪式上的斗琵琶故事，透露出许多关于当时民间吉祥俗乐的信息。一是琵琶这种异域乐器已成为当时流行乐器，并出现了康昆仑、段善本等僧俗名家以及包括唐德宗在内的众多"琵琶迷"。二是琵琶乐已专可用于祈雨，并形成了专门的曲目《录要》。《录要》，民间俗称《绿腰》或《六幺》，本为唐时琵琶曲名，后又配词演唱，成为民间流行时调，如白居易《杨柳枝》词四首其一开篇即描述了这种情况："六幺水调家家唱，白雪梅花处处吹。"②

此外，隋唐五代时期，佛教得到长足发展，开斋、浴佛、盂兰盆等各种名目的佛事活动在民间兴盛起来，并出现了佛事活动参与传统祈雨祈晴、改元登基、春节上元等活动的现象。这些佛事活动常伴有吟唱梵呗、乐舞表演、说唱经文等节目，从而刺激了佛教节庆乐舞的生成和发展。如唐释道宣著《续高僧传》卷三十《声德篇》总论中说："世有法事，号曰《落花》。通引皂素，开大施门。打刹唱举，抽撒泉贝。别请设座，广说施缘。或建立塔寺，或缮造僧务。随物赞祝，其纷若花。士女观听，掷钱如雨。"这里的"刹"，应指民间打击乐器"镲"，在这种被现代学者视为民间"莲花落"说唱艺术的"落花"佛事活动中，有唱有说，还有打击乐器伴奏。另如敦煌莫高窟第一百一十二窟（中唐）南壁的《观无量寿经变》壁画中，除了中间一击腰鼓、一反弹琵琶的两舞伎，左右两侧还各有八位手执乐器进行伴奏的乐伎，可见当时佛教乐舞之发达。

---

① 中国戏曲研究院编：《中国古典戏曲论著集成》（一），中国戏剧出版社，1959，第 50 页。
② 张晓云选注：《唐五代词》，珠海出版社，2004，第 88 页。

敦煌莫高窟第一百一十二窟（中唐）南壁《观无量寿经》壁画

6. 两宋吉祥器乐的流行

北宋以来，随着城市经济的繁荣、市民阶层的壮大，尤其是两宋交替之际官府教坊组织的取消，民间音乐得到了更加自由的发展空间，民间器乐种类日益增多，应用场合也更加广泛。如宋代城市的瓦肆、勾栏等场所流行的器乐中，既有丝竹合奏的“细乐”、管乐合奏的“清乐”，也有以鼓、笛、拍板等为主的“小乐器”“鼓板”等。在河南禹县白沙镇宋墓出土的乐舞壁画中，已出现了由十名器乐手组成的乐队，艺人所用乐器有箫、笛、琵琶、笙腰鼓、大鼓、箫等多种，极为丰富。[①]至南宋时，临安民间艺人甚至还成立了专门表演清乐的“清音社”，即使是边远地区，民间器乐也已发展成熟。如宋周去非《岭外代答》卷七载：“广西诸郡，人多能合乐，城郭村落祭祀、婚嫁、丧葬，无一不用乐，虽耕田亦必口乐相之，盖日闻鼓笛声也。”[②]在这样的大背景下，器乐逐渐应用于民间祭祀、婚嫁、社火等喜庆活动中，成为民间吉祥音乐的新类型，连广西这样偏远地区的民间祭祀、婚嫁等事宜

① 梁济海编：《中国古代绘画图录：宋辽金元部分（三）》，人民美术出版社，1991，第165-167页。

② 周去非撰，杨武泉校注：《岭外代答校注》，中华书局，1999，第251页。

也皆用鼓乐。吴自牧《梦粱录》卷二十“嫁娶”条也载，男方花轿到女方家后，“乐官作乐催妆”，且一路上均有器乐相伴，婚后夫妻二人到女方家“行拜门礼”时，女家须“备鼓吹迎送婿回宅第”。[①]而王国维《宋元戏曲史》收录的一段金人院本中，还记载这样一件事，男主人公说：“小生昨日街上闲行，见了四个乐工……小生邀他今日在大姐家，庆会小生生辰。”[②]可见，宋金时民间嫁娶、庆生等场合，都已开始应用器乐。

宋元民间吉祥器乐还可从配乐歌唱的宋词、元小令和套数中找到踪迹。前章提及的关于祝寿、贺婚、祈福、驱穷等寓意吉祥的宋元词牌、曲牌等，即为当时流行的吉祥器乐。宋代祭祀神灵时往往有器乐伴奏，如吴曾《能改斋漫录》卷五“‘黄帝炎’曲‘炎’当作‘盐’”条，引张芸叟《南迁录》说，衡山岳祠“有乐工六十四人”，“每岁立夏之日致祠”，届时，官方“备三献奏曲侑神”，“初曰《苏合香》，次曰《皇帝盐》，终曰《四朵子》”。[③]可见，这三支乐曲都可用于祭祀山岳神灵。另如释文莹《湘山野录》卷中载：“范文正公谪睦州，过严陵祠下。会吴俗岁祀，里巫迎神，但歌《满江红》，有‘桐江好，烟漠漠，波似染，山如削。绕严陵滩畔，鹭飞鱼跃’之句。”[④]姜夔《满江红》词序也说，过巢湖圣姥庙时，“闻远岸箫鼓声，问之舟师，云：‘居人为此湖神姥寿也。’予因祝曰：‘得一席风径至居巢，当以平韵《满江红》为迎送神曲。’”[⑤]可见，《满江红》这支最初在两宋文人词客之间流行的词牌，到了民间艺人那里，竟成为迎神祭神以祈福佑的吉祥器乐。尤为可喜的是，因为有了简单的记谱方式，宋元时期的部分吉

① 孟元老等：《东京梦华录（外四种）》，文化艺术出版社，1998，第 305-306 页。
② 王国维撰，叶长海导读：《宋元戏曲史》，上海古籍出版社，1998，第 105 页。
③ 吴曾：《能改斋漫录》，上海古籍出版社，1979，第 105-106 页。
④ 文莹撰，郑世刚、杨立扬点校：《湘山野录 续录 玉壶清话》，中华书局，1984，第 35 页。
⑤ 殷光熹主编：《姜夔诗词赏析集》，巴蜀书社，1994，第 93 页。

祥词谱和曲谱得以保留了下来。如宋末元初的陈元靓在其《事林广记》续集卷七“圆社摸场”条[①]中，收录了唱赚[黄钟宫]《圆里圆》的全套曲谱，此唱赚由《愿成双令》《愿成双慢》《狮子序》《本宫破子》《赚》《霍胜子急》《三句儿》等七支曲子组成。[②]而在此曲谱之前，陈元靓还收录了一幅“圆社”踢球图，其中图左三人，一人吹笛，一人击鼓，一人执拍板，似正在为中间三踢球者伴奏，而图右三人则似正在凝神观看。因此，此图被许多现代学者鉴定为宋元时期的民间唱赚表演图。

《事林广记》续集卷七载“圆社”踢球图

此外，宋元民间杂剧、诸宫调、南戏等戏曲样式的繁荣发展，也反映了吉祥器乐的发展繁荣。据研究，诸宫调是一种流行于宋元民间的戏曲样式，初时主要有鼓、板、笛等伴奏乐器，后来又加用琵琶、筝等弦乐器和其他打击乐器，其乐曲多采自唐宋词调、大曲以及其他时兴俗曲，其中不少曲目寓意吉祥。如今传《西厢记》剧本，共使用了十四个宫调、一百五十一个曲牌，其中不少曲牌名透露出喜庆因素，

① 陈元靓：《事林广记》第5册，中华书局，1963，第191-199页。

② 也有学者认为，这是两套唱赚，即《愿成双》和《狮子序》，前者包括前两支曲，后者包括后五支曲。详见廖奔：《〈黄钟宫·愿成双赚〉系误标名》，《光明日报》，2017年2月13日。

如《仙吕调·乐神令》《中吕调·渠神令》《仙吕调·喜新春》《双调·庆宣和》《般涉调·长寿仙衮》等。杂剧是元代比较流行的戏曲样式，起源却早在北宋时期。孟元老《东京梦华录》卷八“中元节”条记载，当时民间已形成了农历七月十五日祭祖的传统，祭祀期间，“构肆乐人，自过七夕，便搬目连救母杂剧，直至十五日目，观者倍增”。[1]为该杂剧伴奏的器乐，显然具有与杂剧相同的祭祀祈福寓意。元代杂剧已成为一种深受北方民间喜爱的戏曲样式，它的乐曲多借用自当时流行的词曲小令以及诸宫调唱赚等，其中不少曲目带有吉祥成分，如《昼夜乐》《人月圆》《金盏儿》《滴滴金》《快活年》《神仗儿》《迎仙客》等。自南宋时即流行起来的南戏，也与杂剧一样，多采用来自唐宋的词曲、诸宫调、唱赚曲调等，常见的吉祥曲目有庆祝胜利的《大胜乐》、祝寿的《长寿仙》、贺婚的《于飞乐》和《贺新郎衮》、贺高中或升迁的《步蟾宫》等。

7. 明清吉祥器乐的昌盛

明初以来，随着农业、手工业的发展，城市经济更加繁荣，市民队伍日益壮大，娱乐需求也日趋旺盛。这便直接刺激了歌舞、说唱、戏曲等艺术的大发展，也使为其伴奏的器乐艺术更加广泛地流行开来。如明沈德符《万历野获编》卷二十五“时尚小令”条载：

> 自宣（德）正（统）至成（化）弘（治）后，中原又行［琐南枝］、［傍妆台］、［山坡羊］之属。……自兹以后，又有［耍孩儿］、［驻云飞］、［醉太平］诸曲，然不如三曲之盛。嘉（靖）隆（庆）间，乃兴［闹五更］、［寄生草］、［罗江怨］、［哭皇天］、［干荷叶］、［粉红莲］、［桐城歌］、［银纽丝］之属……比年以来，又有［打枣竿］、［挂枝儿］二曲，其腔调约略相似。则不问南北，不问男女，不问老幼良贱，人人习之，亦人人喜听之。

① 孟元老等：《东京梦华录（外四种）》，文化艺术出版社，1956，第49页。

以至刊布成帙，举世传诵，沁人心腑。[1]

这里提及的十六支流行时调，多来自民间戏曲。民间戏曲的传播刺激了这种“人人习之”“举世传诵”氛围的形成，这一氛围必然也会反过来刺激民间戏曲的发展。戏曲和民歌时调这种相互刺激、共同发展的良性状态，刺激了与之相配的民间器乐的发展繁荣。如“弦索调”是明代中后期在北方民间兴起的一种器乐，最初只是用三弦或琵琶对一些流行俗曲进行简单伴奏；到清朝中后期，已发展成一种应用琵琶、三弦、古筝、胡琴等多种弦索乐器联合演奏的方式，并形成了包括《十六板》《琴音板》《清音串》《平韵串》《月儿高》《琴音月儿高》《普庵咒》《海青》《阳关三叠》《青松夜游》《舞名马》《合欢令》《将军令》十三支曲子在内的“弦索十三套”套曲，应用范围更是拓展至婚嫁、节庆及戏曲表演等多种喜庆场合。其中的《合欢令》《将军令》《十六板》等曲，至今仍是广受欢迎的节庆必选曲目。

另如，明清民间戏曲中用于朝会、宴集、征战、婚嫁、节日等喜庆场合及祭祀、丧葬、驱傩等传统仪式上的吉祥器乐，常常来自现实生活，也应用于现实生活。如明初贾仲名《金安寿》剧中的《集贤宾》《贤吉士》《小拜门》《大拜门》《朝天子》《驸马还朝》《小喜人心》等曲牌，李日华改编的《西厢记》昆曲中的《升平乐》《醉太平》《金鸡叫》《节节高》《越恁好》等曲，大都是经过文人改造的民间俗曲。这些民间俗曲经过戏曲的借用和传播后，又在民间得到了更为广泛的应用。明人王磐的著名小令《朝天子·咏喇叭》，嘲讽的正是正德年间（1506—1521）宦官们以唢呐为出行伴奏器乐的丑态：“喇叭，唢呐，曲儿小腔儿大。官船来往乱如麻，全仗你抬声价。”此小令也间接反映了唢呐乐在民间的兴起和流传。而自清代“四大徽班”进京后，民间戏曲更趋兴盛，吉祥器乐在民间的传播也更趋广泛。如明中叶才发

---

① 沈德符：《万历野获编》（下），文化艺术出版社，1998，第692页。

展起来的唢呐乐，已广泛应用于戏曲中，其中有用于征战、庆祝班师还朝等的《将军令》《得胜令》《朝元令》《一江风》《五马江儿水》等曲，用于婚嫁、祝寿、贺生等喜庆礼仪的《汉东山》《万年欢》《百寿图》《节节高》《山花子》《小傍妆台》等曲。这些曲目至今仍是民间喜庆活动的常用乐曲。

明清时期，民间祭祀、节庆、婚嫁等活动的发展，也刺激了吉祥器乐的繁荣。当时，北方民间重祭祀，南方民间喜节庆。无论祭祀还是节庆，南北民间都喜用吉祥鼓吹乐，但其鼓吹乐南北不同，因地而异。如陕西西安民间在关帝庙会、大腊会、药王会等节会活动时用西安鼓乐，山西民间迎神赛社、婚嫁礼仪、岁时节庆等活动中喜用山西鼓吹，河北民间鬼节、灯节等节庆活动时爱用河北吹歌，江浙民间欢迎平倭英雄戚继光及其军队用的浙东锣鼓，等等。另如《夏津县志·典礼志》“迎春”条载，清乾隆年间（1736—1796），山东夏津一带常在立春前塑土牛、芒神，在立春前一日“用鼓乐迎至县门外”，立春当日则举行鞭春牛活动，其中也以“鼓乐前导”；[①] 清顺治《招远县志》卷四“立春”条亦载，山东招远一带在立春当日举行的打春牛、吃春宴活动无鼓乐，次日的“送春牛”活动中则“随以鼓吹”。[②] 可见，鼓吹乐在当时的应用范围之广。

据张岱《陶庵梦忆》卷五“虎丘中秋夜”条记载，杭州虎丘一带中秋夜祭月时，常演奏锣鼓乐，其时，“天暝月上，鼓吹百十处，大吹大擂。十番铙钹，渔阳掺挝，动地翻天，雷轰鼎沸，呼叫不闻”。[③] 这里的“十番铙钹”“渔阳掺挝”，都是器乐名称。“十番铙钹”疑与后来在苏、浙、鄂、徽、皖等地民间兴盛起来的“十番锣鼓”有一定的承继关系。“十番锣鼓”又称“十番鼓”“苏南吹打”等，因乐器主

---

① ［民国］《夏津县志新编》卷五，成文出版社，1968，第 288 页。

② 张作砺纂修：［顺治］《招远县志》卷四，国家图书馆藏清顺治十七年（1660）刻本，第 5 页。

③ 张岱撰，马兴荣点校：《陶庵梦忆 西湖梦寻》，上海古籍出版社，1982，第 85 页。

要用锣鼓且其曲子由急急风、求头、七记音等十段组成而得名，是清代民间祭赛活动的常用器乐。如清代珠泉居士《续板桥杂记》卷上记载，秦淮河沿岸百姓俗以农历五月十三日祭祀龙神，其时“游船数百，震荡波心。清曲南词，十番锣鼓，腾腾如沸，各奏尔能”。“渔阳掺挝”也称“渔阳掺”，是源自汉末民间的一种鼓乐。相传汉末名士祢衡得罪“挟天子以令诸侯”的曹操后，被贬作鼓吏，在正月十五的相府宴会上，他操起鼓槌，演奏此乐，其鼓声深沉悲壮，有雄壮浑厚之感。至明清时，“渔阳掺”已成为南方民间喜爱的节庆鼓乐。如钱谦益《列朝诗集小传》丁集上“屠仪部隆”条记载，明万历三十一年（1603 年）中秋，在福建闽侯县组织的庆祝活动中，有人即兴表演此乐，其时，“梨园数部，观者如堵。酒阑乐罢，长卿幅巾白衲，奋袖作《渔阳掺》，鼓声一作，广场无人，山云怒飞，海水起立”。①

明清时期，市民娱乐需求的旺盛和传统礼俗活动的发展，不仅刺激了民间吉祥器乐应用场合的增多和新变，也刺激民间吉祥器乐吉庆曲目的日趋固定。如锣鼓乐中，有专用于节庆的《划龙船》《万花灯》《喜元宵》《万家欢》等，有用于贺寿的《寿庭侯》《万年春》《万寿无疆》等；筝乐中，有专用于贺官的《万里封侯》《状元及第》，有专用于庆丰收的《渔舟唱晚》等。其他如《合欢令》《将军令》等弦索乐，《粮满仓》《抬花轿》《百鸟朝凤》等唢呐乐，《太平年》《打花鼓》《三阳开泰》《山门六喜》《四喜满江红》等鼓乐，也都是明清时期逐渐固定下来的喜庆曲目，至今仍在民间有所流传。

① 钱谦益：《列朝诗集小传》，上海古籍出版社，2008，第 445 页。

二、现代吉祥器乐

现代民间器乐主要指用我国传统乐器演奏的民间音乐，分独奏与合奏两种表演形式。独奏一般以乐器为标准分为吹奏、拉弦、弹拨等类型，合奏则以乐器组合方式分为锣鼓乐、丝竹乐、弦索乐、吹打乐等形式。现代民间器乐的演奏多与婚嫁、节庆、迎神、赛会等民俗活动密切相关，因而民间吉祥器乐仍能在民间广泛流传。

1. 现代祭神赛会器乐

今天，以驱傩、社火为代表的祭神赛会仍是广受民众欢迎的民俗活动。在这些活动中，可以营造喜庆喧闹氛围的器乐尤其是吹打乐，已成为必不可少的助兴项目。

岁末驱傩是自方相氏时代即已出现的集体仪式，但至唐代始使用鼓、笛等鼓吹乐，这一传统保留至今。宋人岁末驱傩时多用鼓乐，如陆游《朝中措·梅》词中说："鼕鼕傩鼓饯流年，烛焰动金船。"[1]刘克庄《湘潭道中即事二首》其二中也说："傩鼓鼕鼕匝庙门，可怜楚俗至今存。"而韦骧《钱塘集》卷四收录了他与时任滁州知州的陈绎唱和的《坐中闻击鼓殴（通"驱"）傩声戏联数韵》一诗，因此可知安徽滁州民间驱傩时已使用有管有鼓的箫鼓乐："旌旗催出猎，箫鼓引殴傩。"此外，元刘埙《隐居通议》卷八的《秋麓山鸡爱影集》一文中，记录了南宋末年人刘镗的一首《观傩》诗，其中说："鼓声渊渊管声脆，鬼神变化供剧戏。"由此可知当时驱傩时不仅使用箫鼓乐，而且还出现了专门的傩戏，有现代学者因此认为此诗是"目前留存最早、描写江西南丰傩舞最全面的文献"[2]。

① 王兆鹏主编：《增订补释全宋词》第2卷，文化艺术出版社，1997，第582页。

② 虞文霞、王河：《宋代江西文化史》，江西人民出版社，2012，第297页；另可参阅余大喜：《刘镗〈观傩〉与傩舞戏》，《江西社会科学》，1993（2）。

明清时期民间傩仪的器乐，基本沿袭了使用箫鼓乐的传统。如明杨慎编、周复俊续编的《全蜀艺文志》卷十六中，收录了朱琉的《舟晓》诗，其中说："祈岁乡傩箫鼓咽，坐风舟子笑歌喧。"可见，当时四川民间乡傩沿用箫鼓乐。而解缙《河州正月十五夜有感》诗中则说河州一带驱傩器乐杂用钟、鼓、筑等："青狮傀儡动地来，歌钟彻夜兼鼙鼓。……驱傩击筑斗喧呼，剪纸拈花作歌舞。"由此可见明清民间傩乐的喧哗与热闹。

今天，民间驱傩仪式上的器乐仍以鼓乐为主，其形式更加丰富多彩。如在驱傩民俗至今盛行的江西省，尽管各地驱傩时间、仪式不同，但大都采用锣鼓乐：婺源民间驱傩活动一般于腊月二十四到正月期间举行，期间要搬演祭神跳鬼、驱瘟避疫的"舞鬼戏"，伴奏乐器以锣鼓为主，曲目主要有《一棰头》《双五棰》《三棰头》等；南丰民间的驱傩活动一般始于农历正月初一，终于正月十六，以三溪乡石邮村傩仪上的傩舞表演最为有名，伴奏乐器也以锣鼓为主，有与《开山》《纸钱》《魁星》《雷公》《钟馗醉酒》《傩公傩婆》《跳凳》《双伯郎》等傩舞相配的吉祥单曲，前章中的南丰民间傩舞，画面右面分执锣鼓的二人，正是伴奏者。随着个别地域驱傩仪式的新变，民间傩乐也发生了变化。如豫北民间传统驱傩仪式已演变成"腊鼓驱疫"活动，多于农历腊月初八至春节期间举行，其乐器以鼓为主，杂用铙、钹、锣等。届时，人们边沿街行进，边击鼓敲锣以驱疫祈福，其鼓有"开闪鼓""助威大鼓""玩会小冬鼓""佛鼓"等名目，其常用鼓曲目则有《忽雷炮》《凤凰三点头》等。随着贵州雷山"苗年"逐渐演变成国际性的旅游庆祝节日，原本只用于祭祀祖先的苗家铜鼓舞和铜鼓乐，也正在向日益纯粹的商业性娱乐活动转变。当然，在不少地方，铜鼓乐仍保留了仅用于驱傩、敬神的传统。如下图为平时供奉在西江千户苗寨鼓藏头家里的苗家圣物——铜鼓。

社火旧有春社、秋社之别，是对祭祀土地神和火神、祈求和庆祝丰收系列活动的统称，其历史也非常久远。最初由官府主持举办，两

苗家铜鼓

宋时始在民间壮大流行起来，如今已演变为春节、元宵节等大型节庆活动的统称，举办时间也因地而异。传统社火活动以舞蹈为主，如前章提及两宋、明清时期的扑旗子、耍和尚、舞狮子、扭秧歌等舞蹈。这些舞蹈往往伴有器乐，如清纪昀《游览》十七首其七，就记载了当地民间社火有舞狻猊比赛，并使用箫鼓乐的情景："箫鼓分曹社火齐，登场相赛舞狻猊。一声唱道西屯胜，飞舞红笺锦字题。"[①] 至今，吹打乐仍是北方民间社火活动的主要器乐，并形成具有地域特色的各种社火曲目。

民间社火吹打乐尤以晋北《大得胜》套曲而闻名。《大得胜》套曲主要使用唢呐（分高低音）、锣（分大小）、钗（分大小）、鼓、管（或口琴）、笙等乐器，全套由十一支单曲组成：演员上场时先后演奏《将军令》（又名《得胜鼓》）、《耍娃子》、《出鼓子》（又名《撩单子》）、《过街词》、《吵子》五曲，上场后列队表演时则先后吹奏《跑场》（又名《过队》）、《编笸篮》、《步步紧》三曲，然后是一段作为过场的打击乐（《长流水》或《滚头子》），最后以《吊棒槌》《二亲相骂》《八板儿》三支快节奏的乐曲作结。该套曲相传源自唐前军阵乐，两宋以来逐渐演变成民间社火比武活动的伴奏乐，旧时也用于八音会、庙会等活动，如今多用于春节期间全民娱乐庆祝活动，一般作为武术表演、跑旱船、踩高跷、花车展演等节目的伴奏乐。

以锣、鼓为主奏乐器的打击乐，是北方民间社火活动中经常使用的另一种器乐，今已形成了因地域而异的多种风格。如陕西民间锣鼓

① 王希隆：《新疆文献四种辑注考述》，甘肃文化出版社，1995，第 186 页。

乐中，安塞腰鼓气势磅礴，洛川蹩鼓粗犷雄健，宜川胸鼓活泼风趣，韩城围鼓热烈喜庆。而且，各地社火锣鼓乐所用曲目也各不相同，如西宁民间常用《秧歌》《十杯酒》《十盏灯》《十里亭》《牡丹到处香》《大红袍》《双八谱》《满天星》等曲；豫北民间农历正月二十八九两日祭祀火神的“抬阁大会”上，却爱选用提倡做买卖要公平合理的《斤秤溜》[1]；河南民间社火锣鼓乐常用《狗撕咬》《战堂》《一阵风》等曲。

南方民间社火器乐则喜用以笛、箫、扬琴、琵琶等为主奏乐器的丝竹乐，尤以《行街四合》套曲为著。《行街四合》是江南丝竹八大名曲之一，由《行街》与《四合如意》两部分组成，全曲节奏先慢后快，情绪热烈欢快。其表演方式是在大街上边走边演奏，因而旧时常用作民间社火或庙会活动中人们在大街上迎神、送神时的伴奏曲目，而今也已成为民间婚嫁喜庆活动的必奏曲目。今天，在民间艺人的努力下，江南丝竹乐又诞生了许多新编曲目，如浙江嵊州集仁镇民间乐班2008年即编排有新编曲目《风旋柳絮》。

除了驱傩和社火，现代民间尤其是少数民族聚居区还流行其他祭神祈福活动，这些活动中也多用器乐。如浙江松阳一带，民间清明节之前举办祭祀城隍、温太保等活动，期间要使用清锣鼓乐《生冬当渡》、丝竹乐《行街四合》、丝竹锣鼓乐《住花园》及丝弦乐《佛头》《道河》《三番十二郎》《十思蛤蟆》《美貌娇容》等吉祥曲目。而在浙西南的龙泉、庆元、景宁等香菇种植地，民间崇拜菇神，俗以农历三月十七日（或六月二十四或七月十六日）举办祭祀香菇神吴三公的活动。[2]其中，龙泉市的凤阳山庙会最为隆重，伴奏器乐中，琴箫类吹奏乐常用《摆酒宴》《蘑菇调》《小开门》《九连环》《一枝香》等曲牌，吹打乐则有《闹龙宫》《凤香台》《八仙台》《八仙尾声》《过场》《三星高照》

---

① 古时以十六两为一斤，相传每一两代表天上一星，十六两分别代表北斗七星、南斗六星和福禄寿三星这十六星，因而此曲寓意做生意公平合理才能招致幸福吉祥。

② 田中娟：《浙西南菇神庙会的祭祀仪式与仪式音乐》，《乐府新声》，2009（2）。

《大开门》《满堂红》等曲牌。云南傣族民众崇拜寨神，每年（或三年）都要举行一次大规模的祭寨神、驱灾疫活动，其伴奏器乐以象脚鼓、锣、钹、镲等乐器的合奏为主，并有竹笛或象脚鼓的独奏乐。哀牢山区的哈尼族也崇拜寨神，当地祭祀寨神的活动称为“昂玛突”，仪式完成后，哈尼人要集体跳“戛拉搓”舞，伴奏使用的也是以锣、鼓为主的打击乐。再如鄂西恩施一带的土家族崇拜坛神，流行一种以酬神祭祖、驱灾还愿为目的的“还坛神”仪式，一般在农历冬月、腊月的农闲时节举行；旧时仪式上要表演请神、酬神、送神等二十五出法事，其中杂有说唱、歌舞活动，因而有用以伴奏的锣鼓乐，常用乐器为锣、鼓、钹、唢呐等，常用曲目则有《缭子腔》《老九锤》《小开门》《扮妆台》等十二种之多。

此外，与佛教、道教驱恶祈福仪式相关的庙会活动，在民间一直有着良好的生存环境，如北京门头沟区妙峰山庙会、朝阳区东岳庙庙会、山西太原晋祠庙会、上海龙华庙会、浙江磐安赶茶场、山东泰山东岳庙会、湖北武当山庙会、湖南火宫殿庙会、广东佛山祖庙庙会、陕西铜川药王山庙会等至今流传，并已被列入国家级非物质文化遗产名录。尽管这些宗教庙会的举办时间不一，但期间一般会举行隆重的祭神祈福活动，如旧时最为隆重的“行像”（也称“行城”“巡城”等）。与祈福活动相伴而生的，还有最吸引民众的民间说唱、杂耍百戏的展演。如两宋时即以庆祝泰山神生诞而闻名的泰山东岳庙庙会，至明代又增加了祭祀泰山奶奶——碧霞元君的新内容，庙会期间伴有各种交易和杂耍百戏，达到了空前繁荣的鼎盛时期，张岱编撰的《岱志》中即记载：

东岳庙大似鲁灵光殿。棂星门至端礼门阔数百亩。货郎扇客错杂其间，交易者多女人稚子。其余空地，斗鸡蹴鞠、走解说书，相扑台四五，戏台四五，数千人如蜂如蚁，各占一方。锣鼓讴唱，相隔甚远，各不相溷也。[①]

这种商贩杂集、艺人竞技、锣鼓讴唱不绝、游观者来来往往的繁华热闹景象，一直延续到今天。前引《燕京岁时记》所载，当“城隍出巡及各庙会等”时，北京民间艺人们纷纷表演“跨鼓、花钹、高跷、秧歌”，“随地演唱，观者如堵”。[②]至民国时期，老北京庙会更成为皮影、杂耍、魔术、评书、相声、大鼓、八角鼓、子弟书、大鼓圣会、清音圣会、地方戏曲等民间艺术荟萃的盛会。庙会上的祭神活动和杂耍百戏展演，无疑刺激了民间吉祥器乐的发展与兴盛，如庙会的“行街”迎神仪式一般采用民间喜庆器乐伴奏，而庙会展演的二人转、木偶戏、梨园戏、高甲戏、打城戏等曲艺节目，更是离不了器乐的伴唱。

不过，令人忧虑的是，随着社会的发展与科学技术的进步，与远古傩仪紧密相关的驱恶辟邪活动越来越难以找到赖以生存的土壤，已处于后继无人、日趋消亡的困境中。而源自远古先民神灵崇拜的社火、庙会等活动，虽因其全民娱乐性质至今深受广大民众喜爱，但电子音像技术的发展与成熟，也间接导致了与其相关的吉祥器乐趋于没落。

2. 现代节庆器乐

中华民族自古以来形成了春节、元宵、端午、中秋等诸多传统节日，也保留了节日期间举行集体性庆祝活动的习俗。在这些节庆活动中，大都有需要器乐伴奏的歌舞、竞技、戏曲等娱乐项目，自然也就产生了充满喜庆色彩的歌舞、竞技和戏曲器乐。在流传至今的众多节日中，最具有全民娱乐性的，要数元宵节和端午节，这两个节日分别孕育了喜庆欢乐的秧歌、花灯歌舞乐和龙舟竞技乐。

元宵节相传始自于西汉文帝时，正月十五夜出宫游玩、与民同乐、观灯赏焰火是其传统的庆祝活动。该活动在国力空前强大的唐代，已

① 张岱著，云告点校：《琅嬛文集》卷二，岳麓书社，1985，第 44 页。

② 潘荣陛、富察敦崇：《帝京岁时纪胜 燕京岁时记》，北京古籍出版社，1981，第 67 页。

十分兴盛。其夜，从当时的政治、经济中心京城长安，到僻处一隅的穷乡陋壤，处处张灯结彩，观者如堵。如苏味道《正月十五夜》（一作《上元》）诗以“火树银花合，星桥铁锁开”之语形容元宵节的盛况。顾况《上元夜忆长安》则说：“处处逢珠翠，家家听管弦。云车龙阙下，火树凤楼前。”至两宋时期，元宵节更发展成为空前热闹的全民“世俗性狂欢节”。其间，官方给假，官吏皆可与百姓同乐共赏，就连平时不得轻易步出闺门的女性，也可“出游街巷，自夜达旦”。南宋词人辛弃疾的《青玉案·元夕》一词，即描写了男女出游、赏烟花观彩灯的繁华热闹情景：“东风夜放花千树，更吹落，星如雨。宝马雕车香满路。凤箫声动，玉壶光转，一夜鱼龙舞。”

这里有火树银花般的焰火表演，有伴着箫声翩翩而起的鱼龙灯舞，更有骑马乘车、挤满道路的男女观众。另外，这首失作者名，也失调名的宋词则提及，当时的元夜花灯展演还有鼓乐伴奏：

帝里元宵风光好，胜仙岛蓬莱。玉动飞尘，车喝绣毂，月照楼台。

三官此夕欢谐。金莲万盏，撒向天街。讶鼓通宵，花灯竞起，五夜齐开。[①]

由宋入元后，官方虽取消了元宵假期，但赏灯活动却一直在民间延续。如元人郑玉《元宵诗 用仲安韵五首》其三中述及月夜赏灯一事：“赏罢花灯步月归，自将拄杖扣柴扉。”其五更是描述了元宵灯会上鼓乐喧天的盛况：“市上灯张玉井莲，门前箫鼓更喧天。”[②] 至明代，官方有意借元宵灯会营造歌舞升平景象，因而将灯节假期提前至正月初八，延长至正月十七。元宵灯会再度走向繁荣，一度出现了杨宛《元夜有感》诗中所说“弦管千家沸此宵，花灯十里正迢迢”的盛大景象。清兵入

① 朱德才主编：《增订注释全宋词》第四卷，文化艺术出版社，1997，第653页。

② 顾嗣立编：《元诗选初集》庚集，中华书局，1987，第1760页。

关后，官方虽不举办元宵灯会，民间的庆祝活动却依然兴盛，而且在灯舞之外又增加了舞龙、舞狮、旱船、高跷、秧歌等许多项目。就连东北宁古塔（今黑龙江宁安一带）的民间元宵庆典中，也出现了秧歌乐舞的踪迹。清人杨宾在其《上元曲》其三中记载："夜半村姑著绮罗，嘈嘈社鼓唱秧歌。"该诗出自成书于康熙三十年（1691年）左右的《柳边纪略》，此书卷四又详载当地的秧歌演出："上元夜，好事者辄扮秧歌。秧歌者，以童子扮三四妇女，又三四人扮参军，各持尺许两圆木，戛击相对舞，而扮一持伞灯卖膏药者作前导，傍以锣鼓和之，舞毕乃歌，歌毕更舞，达旦乃已。"①

如今，元宵节更是成为全民参与、老少皆宜的娱乐性节日，但大江南北地理、气候的不同，导致了南北方庆祝习俗的差异。一般说来，北方常扭秧歌，南方爱耍花灯，从而产生了南北风格迥异的秧歌乐和花灯乐。北方的秧歌乐多用唢呐、二胡、锣鼓等吹打乐，其风格也往往因地而异。如东北地区的秧歌乐俏皮幽默，尤以《瞎子观灯》为代表；山东民间的秧歌乐则幽默朴实，以《大实话》《赶集》为代表；山西、河北一带的秧歌乐轻快欢乐，常用曲调为《观灯》《小放牛》《满堂红》等。南方的花灯乐则多用胡琴、月琴、三弦、笛子、锣、鼓、镲等乐器，常用曲牌有《跳愿灯》《采茶调》《秧鼓调》《打花鼓》等，有时也会采用多个曲牌连奏的方式，如云南花灯乐最常用的就是将《打枣杆》《挂枝儿》《绿柳荫》《提水调》《倒板桨》连缀在一起的套曲。

南方花灯乐的风格也各有不同，如四川花灯音乐明快活泼、诙谐有趣，且形式多样；云南花灯音乐则细腻轻快，抒情中又多用装饰音；浙江花灯音乐则激越昂扬，振奋中又有婉转抒情。而且，不少地方的花灯乐还演变出特殊的传统。如浙江黄岩宁溪镇民间俗在农历二月初二举办灯会。届时，许多民间器乐班会自发地集中表演，常用的锣鼓

① 杨宾：《柳边纪略》，中华书局，1985，第68页。

乐是“二徽锣鼓”以及颇具地方特色的丝竹锣鼓乐“作铜锣”。而贵州铜仁则以其独特的器乐“龙灯钹”而闻名。钹是当地民间特有的器乐，“龙灯钹”则因专为春节期间的龙灯舞伴奏而得名，常由一锣四钹（主钹、副钹、次钹、么钹）联合表演，也可由一锣十钹甚至上百钹组演，其内容以龙凤呈祥、龙腾虎跃、龙飞凤舞等为主。

除了元宵节常用的秧歌乐、花灯乐、龙灯钹，现代民间节庆器乐还有与端午节密切相关的龙舟乐。端午节源自远古的驱邪避瘟疫活动，是又一个广受欢迎的全民娱乐性节日。届时，南方水乡民众在挂艾叶、戴菖蒲、吃粽子、喝雄黄酒之余，又通过赛龙舟这一活动实现既祭祀龙神、祈求风调雨顺，又万民同乐、共享太平的双重目的。端午赛龙舟，在明代就已形成了以箫、鼓等吹打乐伴奏的传统。如明孙承恩《观竞渡歌》，这样描写赛龙舟时江头箫鼓乐与船上鼓节声相呼应的盛况：

城中千门悬艾虎，汨罗江头沸箫鼓。
此时竞渡人聚观，蹑足骈肩似环堵。
轻舟利楫江之湄，长风猎猎吹红旗。
纠徒选侣分党与，一心各欲争神奇。
击节扬枹竞争进，万楫齐飞不容瞬。
……
儿郎棹歌声愈厉，阗阗鼓急喧如雷。[①]

清代民间沿袭了这种以箫鼓合奏乐为端午龙舟竞赛伴奏的传统。如清佟世南《华胥引·端午述怀》中说：“画鹢争飞，渡头箫鼓缭绕。”而苏州人尤侗《贺新郎·端午和刘潜甫韵》一词记载，当时苏州的龙舟竞赛中还使用了横笛：“何处觅、龙舟竞渡？横笛短箫江上远，但关山、烽火传鼙鼓。”[②] 远处那若有若无、时隐时现的横笛、短箫之音，

① 孙承恩：《文简集》卷二十，文渊阁《四库全书》本。
② 陈乃乾辑：《清名家词》第一卷，上海书店出版社，1982，第 89 页。

与激烈奔放、昂扬奋发的战地鼙鼓之声交织在一起，相映成趣，乐音传来之处，正是万千观众最为关心的龙舟赛场。

如今，龙舟竞赛仍是广大水乡民众最为喜爱的节庆活动，由广东民间乐人何柳堂（1872—1933）创制的丝竹乐《龙舟竞渡》，已被改编成气势更为宏大的吹打乐《赛龙夺锦》，成为端午龙舟赛事和其他节庆活动常用的伴奏器乐。

谈及现代节庆器乐，还需提及节庆戏曲器乐。旧时春节、中元节（佛教盂兰盆节）期间，民间往往会搬演戏曲，因而产生了与之相配的戏曲器乐。其中最为悠久的，莫过于中元节搬演的祭祀色彩浓郁的杂剧《目连救母》。《目连救母》杂剧讲述了目连的母亲青提夫人生前不修善向佛，死后被打入地狱，后经其子解救进入天堂的故事，该故事来自佛教，最早见于东汉初由古印度传入我国的《佛说盂兰盆经》。该杂剧经过历代民间艺人的改编加工，逐渐成为深受民众喜爱的一个古老戏曲剧种——目连戏。中元节搬演目连戏，是早在北宋时就已形成的惯例。如前引宋孟元老《东京梦华录》卷八载，北宋都城汴梁（今河南开封）的“构肆乐人，自过七夕，便搬目连救母杂剧，至十五日止”[①]。至明末，该习俗在南方民间已十分兴盛，而且形成了规模宏大、剧目成熟的目连戏。如张岱《陶庵梦忆》卷六“目莲戏”条中载：

> 余蕴叔演武场搭一大台，选徽州旌阳戏子，剽轻精悍，能相扑跌打者三四十人，搬演目莲，凡三日三夜。四围女台百什座。戏子献技台上，如度索舞絙、翻桌翻梯、觔斗蜻蜓、蹬坛蹬臼、跳索跳圈、窜火窜剑之类，大非情理。凡天神地祇、牛头马面、鬼母丧门、夜叉罗刹、锯磨鼎镬、刀山寒冰、剑树森罗、铁城血澥，一似吴道子《地狱变相》，为之费纸札者万钱，人心惴惴，灯下面皆鬼色。戏中套数，如《招

① 孟元老等：《东京梦华录（外四种）》，文化艺术出版社，1998，第49页。

五方恶鬼》《刘氏逃棚》等剧，万余人齐声呐喊。熊太守谓是海寇卒至，惊起，差衙官侦问，余叔自往复之，乃安。[1]

这段文字记载了当时徽州旌阳戏班应私人（余蕴叔）之请而于中元节期间在浙江绍兴民间演出的盛况，其中有几点值得注意：一是戏曲要演三日三夜，这期间要演度索等杂技百戏；二是戏班人员多到三四十人，能演百戏和目连戏；三是目连戏道具逼真，价值不菲；四是观众多达万余人，且入戏太深，其看戏发出的呐喊声足以惊动官府。

不过，该记载并未提及演出时的器乐，但根据凡杂技百戏和地方戏曲往往有器乐伴奏传统可知，此戏必有器乐。清代江西巡抚陈宏谋（1696—1771）于乾隆七年（1742 年）七月签署的这则《禁止赛会敛钱示》载："江省陋习，每届中元令节，有等游手妖民，借超度鬼类为名……扎扮狰狞鬼怪纸相，夜则燃点灯塔，鼓吹喧天，昼则搬演《目莲戏文》。……以致男女杂沓，观者如堵。"[2] 这则资料一方面反映了中元节搬演目连戏习俗在民间的历久不衰，另一方面也反映了搬演目连戏时"鼓吹喧天"的器乐情况。今天，中元节搬演目连戏的传统正在逐渐消失，仅个别地区仍保留有已经发生新变的"打目连"传统。如江西鄱阳湖一带的莲华山地区，每隔十二年要在秋收之后举行"打目连"庙会。届时，寺内建醮堂，寺外演目连戏等杂戏，历时长达十天十夜。

另需指出的是，近年来涌现出的一些由现代民间艺人创作的节庆曲目，如题为《正月十五闹花灯》的歌曲、笙曲、箫笛曲、唢呐曲等，题为《闹元宵》的歌曲、箫曲、古筝曲等，以及其他以"庆丰年""新春乐""贺新年"等为主题的现代歌曲、笛曲、筝曲、器乐合奏曲等，正在逐渐加入现代民间节庆器乐的行列。其中，中华人民共和国成立

① 张岱撰，马兴荣点校：《陶庵梦忆 西湖梦寻》，上海古籍出版社，1982，第 52-53 页。

② 王利器辑：《元明清三代禁毁小说戏曲史料》第二编，上海古籍出版社，1981，第 109-110 页。

初期民间音乐家赵玉斋在北方民间音调与锣鼓节奏基础上创作的古筝新曲《庆丰年》，其浓郁的地方色彩中展现了喜庆丰年的快乐情绪，在近年来的春节庆典中颇受欢迎。

3. 现代礼俗器乐

随着现代物质生活水平的提高，民间婚嫁、祝寿、开业等人生喜庆礼俗活动越来越隆重，从而为民间喜庆器乐提供了生存和发展的土壤。

如前所述，作为人生最重要的大事之一，婚嫁历来颇受民间重视。《诗经》时代即形成了婚礼上抚琴鼓瑟以庆之的习俗，两宋以来又形成了迎亲、拜堂、回门皆用器乐的传统。至今，民间不少地区仍沿袭了邀请器乐班热热闹闹办喜事的习俗，从而使婚庆器乐成为民间吉祥音乐的重要组成部分。大致说来，我国民间婚庆器乐偏爱喜庆热闹的吹打乐和打击乐，形成了同中有异、异中求同的鲜明特色。“吹打乐”也称“鼓吹乐”，常用于婚嫁、节庆以及地方戏曲中的入洞房、拜寿等场合，多以锣、鼓、唢呐等传统乐器主奏，既可用唢呐、笛子等吹管乐器独奏或重奏，也可用锣、鼓、钹、笛、唢呐等吹打乐器合奏。传统名曲有《开门》《朝天子》《将军令》《滚绣球》《万年欢》《庆贺令》《摆宴曲》《鸳鸯扣》等多种。其中，《开门》是流传最广的喜庆曲牌，有《小开门》《小拜门》《大开门》《大关门》《倒开门》《开门红》等多种别称，及《扬州开门》、京剧《小开门》、苏南吹打《小开门》、山东梆子《小开门》等多个类型。

民间婚嫁选用何种吹打曲目，常常因地而异。如山东鲁南地区喜用《采茶歌》《五六五》《十样景》《柳金子》《集贤宾》《庆贺令》《一枝花》《百鸟朝凤》等唢呐曲，鲁西北地区则爱用《丰收乐》《淘金令》《开门》《八仙庆寿》《洞房赞》《抬花轿》《拜花堂》《大登殿》等曲。其中，唢呐曲《百鸟朝凤》初传于山东、河南、河北、安徽一带，其旋律热烈欢快，其声模仿百鸟和鸣，展现出生机勃勃的热闹景象，极易被民间选作婚庆之乐；《抬花轿》《拜花堂》二曲源自唢呐名曲《大笛绞》，喜庆热闹，极受鲁西南民众欢迎，当地民谣曾这样描写此曲："金喇叭，银喇叭，曲儿声声传佳话。吹得福字家家到，奏得生活美如画。"而唢呐曲《开门》，初传于河北民间，常用作戏曲的过场音乐，后又与河北梆子乐《新水令》《梆子娃娃》等曲连缀成《小开门》套曲而应用于民间节庆、婚嫁等场合，并发展出《五字开门》《六字开门》《越调开门》《二八开门》等多种变体。

江西民间婚嫁喜用吹打乐，但在主奏乐器和选用曲目方面，赣南、赣中、赣东又有所不同。赣南民间喜用一种叫作"公婆吹"的吹打乐，也称"公嬷吹"或"公嬷子"，因其主要由一高音唢呐与一低音唢呐或对奏，或和吹，有雄雌唱和之意而得名。辅助乐器则有钹、锣、鼓、梆子等，一般迎亲时用《大伍队》《工尺上》《拜将台》《得胜调》等曲，拜堂时则用《满江红》《小桃红》《马骑驴》等曲。赣中万安民间婚嫁最爱用俗称"打八仙"的吹打乐，除唢呐外，还用锣、钹、鼓、梆子、笛子、二胡、京胡等乐器，迎亲时喜用《小开门》《大开门》《上萧楼》《下萧楼》《折桂令》《千里过场》等曲，拜堂时则用《八仙引》《风入松》《上萧楼》等曲，招待宾客酒宴时用《三通歌》《福台》《望章台》等曲；常用喜庆曲目另有《十杯酒》《十八赞》《小堂红》《喜洋洋》《乐融融》《欢天舞》《笑逐颜》《盈门庆》《游金街》《沽美酒》等，均寓意吉祥，活跃奔放。赣东民间婚庆乐也以唢呐为主奏乐器，辅以锣、鼓、钹、箫、笛等，所用曲目多为套曲，如迎亲时采用由《夜落金钱》《一封书》二曲加锣鼓乐连缀而成的套曲，拜堂时则用由《花闹台》《黄风》《四合如意》《一封书》《水仙子》五曲集接而成的套曲，或者使用由《开场锣鼓》《拾景》《借扇》《耍孩儿》《拾袈裟》《四合》《如意》《曳不断》《踢球》《芦花荡》等十支曲牌连缀而成的套曲。

除了吹打乐，现代民间婚庆时较常采用的还有以锣、鼓为主打乐器的锣鼓乐，著名的除前文已提及的明末清初即流行起来的"十番锣鼓"，另有山西《八大套》、舟山锣鼓乐、潮州大锣鼓等。其中，山西《八大套》又称《大八套》，是八套大型鼓吹乐的合称，自清末民初以来即流行于山西五台、定襄、原平、繁峙、代县、忻州、崞县等地。这八大套曲分别是《扮妆台》《青天歌》《推轱辘》《十二层楼》《大骂渔郎》《箴言》《鹅浪》《劝君杯》,其名称均来自该套首的第一首曲名。如《扮妆台》套曲即包括《扮妆台》《柳摇金》《到春来》《到夏来》《到秋来》《到冬来》《万年花》《月儿高》《西方藏》等九支曲子,《十二层楼》套曲则包括《十二层楼》《麦穗黄》《雁过南楼》《王大娘》《三头五合登》《二亲骂相》等六支曲子。卷帙浩大的《八大套》多用于春节、元宵以及庙会等大型节庆活动,也用于婚嫁喜庆场合和农闲时节的自娱自乐。

江浙沿海一带的喜庆锣鼓,与广泛流传于北方民间的锣鼓乐有着明显的区别。一是其主奏乐器锣、鼓的数量增多,因而又有“套锣”“套鼓”“排鼓”“排锣”等叫法。二是因受广东音乐的影响,其乐器中还加入了笛子、唢呐、笙等吹奏乐器,以及京胡、板胡、二胡、琵琶等拉弦乐器。江浙民间的喜庆锣鼓中,以舟山锣鼓最为典型。舟山锣鼓按演奏方式又细分为清锣鼓、丝竹锣鼓、吹打合奏乐三种。

清锣鼓的乐队规制最小,一般为四至八人,是舟山锣鼓中唯一没有加入笙笛、琵琶等丝竹乐器的。清锣鼓的常见组合是以一套五音排鼓和一至多音的套锣为核心,配以大小鼓、钹、锣等,多用于迎神赛会活动以及灯舞、龙舞、狮舞、跳蚤舞等喜庆舞蹈。清锣鼓的传统曲目有《潮音》《八仙序》《三番锣鼓》《跳蚤舞锣鼓》等,现代新作曲目则有《鱼跃龙门》《沸腾的渔港》等。

丝竹锣鼓,又称“细十番”或“细吹锣鼓”,因其在锣鼓乐传统的打击乐器中又加入曲笛、箫、京胡、二胡、扬琴等丝竹乐器而得名。其乐队规制略大于清锣鼓,远小于吹打合奏乐,演奏方式灵活多变,可坐可行,因而更受民间欢迎,主要演奏《三六》《小乐板》《一江风》等传统曲目。

吹打合奏乐是舟山最为典型的传统锣鼓乐,多用于迎神赛会、节庆、婚嫁等,其乐队规制最大,一般为十三至十七人,常用乐器有唢呐、曲笛、徽胡、越胡、板胡、二胡、小三弦、琵琶以及套鼓、套锣、大小镲、大小梆子等，因而演奏曲目多为吹打拉弹等多种乐器的合奏曲。传统曲目有《八仙序》《龙虎斗》《礼乐记普天乐》等，现代新编了《海上锣鼓》《渔民欢乐》《舟山锣鼓》等曲目。江浙民间婚庆有时还喜用古筝、琵琶、扬琴等演奏的弦乐，常用《锦上添花》《玉连环》《凤求凰》《大开门》《得胜令》《一锭金》《梳妆台》等曲目。

广东潮州的大锣鼓以大鼓为中心，辅以锣、钹、大小唢呐等乐器，表演时以大、小唢呐为领奏或主奏乐器。有坐奏、行奏两种表演方式，坐奏时多演传统套曲，如《庆丰收》《六国封相》《天官赐福》《十仙蟠桃会》等；行奏多用于节庆、赛会的游街，或用传统套曲中节奏规整的“二板”“三板”等曲牌，或直接选用民间流行时调、歌曲等。其中，《狮子戏球》是最受潮州民间婚庆活动欢迎的锣鼓乐，其节奏明快，意在通过对轻快活泼的狮舞场景的展现，以表达祈求五谷丰登、国泰民安的心愿。最初专用于娱神祈福的狮舞，而今已演变出古筝独奏曲、丝竹合奏曲、锣鼓合奏曲等多种器乐新样式，并广泛应用于节庆、婚庆等喜庆活动中。但在海南，民间爱用源自潮州音乐，却又异于潮州音乐的“八音乐”。该乐以弦、琴、笛、管、箫、锣、鼓、钹等八种乐器合奏，可分为大吹打、锣鼓清音、清音、戏鼓四类，常用于婚庆的主要有《庆新婚》《新拜堂》《拜堂》《大贺喜》《小贺喜》等曲目。

此外，花鼓乐也是一种广为流传的现代民间喜庆器乐。它是与花鼓戏相伴而生的，以锣、鼓、钹等打击乐器为主，具有节奏鲜明、旋律流畅的特点，主要流行于安徽、江苏、湖北、湖南、山东、山西、陕西等地。花鼓乐表演时，一般由或执锣钹或背花鼓的演员边歌边舞边打击乐器，因而有“半台锣鼓半台戏”之誉。常用曲目往往因地而异，如安徽凤阳民间喜用《凤阳花鼓》(也称《凤阳歌》)，湖北民间则以《洗菜心》《铜钱调》为著，陕西商洛、紫阳民间喜用《开门调》《新春调》《十盏灯》等曲。花鼓乐还与龙灯、狮舞、龙舞等吉祥舞蹈结合，成为民间婚庆、节庆的常用乐舞。

需指出的是，少数民族聚居区也有其独特的婚庆器乐。这些器乐大多具有三个特色：一是往往使用本民族的独有乐器演奏；二是多与喜庆舞蹈结合表演；三是其节奏一般先慢后快，最后戛然而止。如四川藏族的锅庄舞乐，以其民族乐器弦子演奏，分慢板与快板两部分，以慢板开始后逐渐过渡到快板，然后在越来越快、越来越激烈的节奏中停止。另如新疆维吾尔族民间的赛乃姆乐，以手鼓、萨巴依、四块石、弹拨尔等特有乐器演奏，其乐曲由多首曲子组成，一般以中速开始，逐渐加快至极速高潮时，戛然而止。其他如东北朝鲜族农乐舞、贵州苗族的芦笙舞、云南彝族“跳月”等喜庆舞蹈，都伴以本民族特有乐器演奏的器乐，但其节奏不以快慢相别，而是以活泼欢快相尚。

除了婚庆，现代民间还喜欢在开业、贺寿等喜庆场合使用器乐。旧时家庭贺寿常用潮阳笛曲《八仙欢宴》，中原鼓吹乐《小桃红》，冀中笙管乐《万年欢》《八仙庆寿》等曲，开业庆典常用《步步高》《百鸟朝凤》《花好月圆》《金蛇狂舞》《鼓乐喧天》等传统曲目以及山东管弦乐曲《丰收锣鼓》，潮州大锣鼓曲《抛网捕鱼》《春满渔港》等现代曲目。但今天，随着社会的进步和科学技术的大发展，民间庆典多采用播放录音、录像的现代方式，而较少采用乐队现场演奏的传统方式。

大致说来，民间庆典经常采用的器乐可分两类：一是传统喜庆器乐，二是当代流行的喜庆歌曲。前者中，比较有代表性的是风潮音乐唱片公司分别于 1992、1993 年发行的两个《喜庆锣鼓》专辑。第一辑包括《新年乐》《罗汉舞狮》《春节序曲》《步步高》《金蛇狂舞》《欢乐年》《大秧歌》《喜洋洋》《过新年》《百年春》《万寿无疆》《喜庆锣鼓》十二支乐曲，第二辑包括《将军令》《凤阳花鼓》《醒狮舞曲》《普天乐》《恭喜发财》《花好月圆》《将军令（北）》《欢乐歌》《赛龙夺锦》《大步步高》《娱乐升平》《桃花过渡》十二支乐曲。这两个专辑基本将热烈奔放、粗犷大气的北方喜庆鼓吹和精致细腻、热情含蓄的南方喜庆锣鼓网罗在内，应用起来极为方便。而从现实应用情况看，最受民间欢迎的还是《金蛇狂舞》《喜洋洋》《大秧歌》《步步高》《过新年》《新年乐》《春节序曲》《花好月圆》《喜庆锣鼓》等传统曲目。后者就比较随意，如祝寿时常用《好日子》《祝寿歌》《生日快乐歌》《祝福你》《祝酒歌》《今天是你的生日》《365 个祝福》等歌曲，开业庆典则用《开门红》《好日子》《喜洋洋》《好运来》《财神到》《开业大吉》《恭喜发财》《万事如意》《恭喜恭喜》《普天同庆》《越来越好》《喜庆的日子》《幸福万年长》《欢乐中国年》《娱乐升平》《欢乐歌》等歌曲。

随着现代科学技术的发展和普及，在当代祭神赛会、节庆典礼、婚嫁礼仪等民间吉庆活动中，更为简便实惠、以录音录像设备播放音乐的方式正在以突飞猛进的速度侵蚀着乐队现场演奏的传统方式。这一现象大幅消减了民间传统器乐队的经济收入，严重阻碍了传统吉祥器乐的生存和发展。可以这样说，传统吉祥器乐正面临着生存维艰、后继乏人的趋于消亡之境。

第六章 民间吉祥戏曲

拉大锯，扯大锯，姥姥门前唱大戏。
接姑娘，请女婿，小外孙儿也要去。
……

这首曾经广泛流传于中原大地的启蒙童谣，有着众多版本，但无不提及“姥姥门前唱大戏”这个令无数人难以忘怀的场景。而“姥姥门前唱大戏”这一传统，源自旧时民间赛神节庆、婚丧嫁娶等红白喜事都要搬演地方戏曲的习俗。这一习俗下繁荣起来的民间戏曲，充满了驱恶祈吉、欢乐喜庆的吉祥成分。

一、古代吉祥戏曲

数千年来，岁末驱傩、春初祈福、秋时赛报、神会祭祀等全民参与性质的驱恶祈吉庆祝习俗，在民间各地盛传不衰。因婚嫁、添丁、立房、丧葬等个人红白喜事而形成的亲戚朋友相聚庆贺习俗，也代代相承。在这种历史悠久、根基深厚的民风民俗中，民间吉祥戏曲应运而生，而繁荣昌盛，而传承至今。因此，民间吉祥戏曲的根源，最早可追溯至远古驱除邪恶、模仿劳动、庆祝丰收的歌舞娱乐活动。如两宋时期兴盛起来的傩戏、傀儡戏等民间吉祥小戏，与周王朝时期“掌蒙熊皮、黄金四目、玄衣朱裳、执戈扬盾”以驱时疫的方相氏傩舞之间，显然存在着千丝万缕的联系。另如两宋社火活动中异彩纷呈的杂耍百戏与先秦以来春社秋报仪式中的歌舞，及明清时期兴盛起来的花鼓戏、秧歌戏、采茶戏等社火戏之间，都存在着明显的承继关系。民间吉祥戏曲的内容，可据中华传统吉祥文化的主题而大致划分为三类：一类以驱恶辟邪、祈福迎祥为主题，包括各种傩戏、傀儡戏、打虎戏、目连戏等地方小戏；一类以欢庆丰收、自娱自乐为主题，包括秧歌戏、采茶戏、花鼓戏等各种与社火相关的地方小戏；一类以庆祝个人红白喜事为主题，包括宜于家庭堂会上演出的多种吉祥戏曲。此处仅按大致的时间顺序并结合其主题类别概述如下。

1. 唐前吉祥戏曲的萌芽

一般以为，我国传统戏曲生成于宋元时期，先秦至唐五代的漫长阶段，只是其萌芽期。在这漫长的萌芽期里，最先孕育生成的，应是与岁末驱傩、丧葬驱恶等礼俗相伴而生的傩戏、傀儡戏的雏形。先是源自远古时代的驱恶仪式，逐渐从纯粹的祭神娱神仪式转向兼以娱人的世俗活动，继而，在这些世俗化程度日益加强的驱恶仪式的刺激下，傩戏、傀儡戏、打虎戏等传统祈吉小戏的雏形逐渐生成。

首先，从先秦的方相舞到两汉宫廷的十二兽舞，传统驱恶礼仪及娱神乐舞的演员阵容、演出样式等都发生了较大变化，其中最大的变化是在头戴假面表演歌舞的基本样式之外，又生成了一种舞弄偶人表演歌舞的新样式——傀儡子。

先秦时期的方相氏，不仅主管岁末驱傩事宜，还负责丧葬礼仪中的驱恶事宜。如前引《周礼·夏官·方相氏》中又载："大丧，先柩，及墓，入圹，以戈击四隅，欧方良。"这个屡见于先秦驱傩和丧葬礼仪的方相氏，在后世产生了多种演变。一方面，他仍以艺人头戴面具、执戈歌舞的样式保存在傩仪与葬仪中。前者从《后汉书·礼仪志中》所载东汉宫廷傩仪、唐段安节《乐府杂录》"驱傩"条所载唐时宫廷傩仪"用方相四人，戴冠及面具"[1]等中，可探知一二。后者如《太平御览》卷五后五十二"方相"条所引《汉官仪》载："阴太后崩，前有方相及凤皇车。"[2]《后汉书·礼仪志下》亦载，汉献帝大丧时，"方

① 中国戏曲研究院编：《中国古典戏曲论著集成》(一)，中国戏剧出版社，1959，第43页。
② 李昉等编：《太平御览》，中华书局，1960，第2510页。

相氏黄金四目，蒙熊皮，玄衣朱裳，执戈扬楯，立乘四马先驱”[①]。这个出现在阴太后和汉献帝葬仪上的“方相”，应指头戴面具、扮成方相氏的艺人，民间也称“魌头”。如郑玄注《周礼·夏官·方相氏》条时说，方相氏“如今魌头也”；许慎《说文解字·页部》释“魌”说，“丑也，今逐疫有魌头”。值得注意的是，今湖南省博物馆收藏有一幅出土于汉墓的滑石兽面雕饰，它“圆睁双眼，巨口獠牙”，“形象使人望而生畏”；且鼻、口、耳处“钻有穿孔，孔内尚有铁钉及木的残存，原来应是钉在棺椁上的”，“它的作用是驱逐墓中厉鬼，保护亡灵”。[②]因而疑此滑石兽面源自驱恶辟邪的方相氏。

南北朝时，丧仪中用艺人扮方相的习俗仍有传承。如《北史·樊逊传》载，北齐天统元年（565 年），樊逊“行遇辆车，嚬眉下泪，指方相曰：‘何日更相烦君一到？’数日而卒，雇方相送葬，仍前所逢者。”[③]但这一时期，官方对丧葬用方相的规格做出明确规定，以致民间明确将方相与魌头区别开来。如高承和李果撰的《事物纪原·吉凶典制》“魌头”条载：“宋朝《丧葬令》有方相、魌头之别，皆是其品所当用，而世以四目为方相，两目为魌头。按：汉世逐疫用魌头，亦《周礼》方相之比也。”[④]而且，由于文献的缺失，这一时期民间傩仪和丧仪中的方相氏是如何表演的，已无从可考。但现代艺术考古学家常任侠先生认为，这个在先秦以来的丧葬仪式中出现的头戴黄金面具、先于灵柩进入墓穴的方相氏，就是我们现在所知道的最早的傀儡子，他表演的执戈驱赶四隅邪恶的舞蹈，也就是最原始的傀儡舞，这一表演，是中国戏剧的开端，也是傀儡戏的开端。[⑤]

---

① 范晔：《后汉书》，中华书局，1965，第 3144 页。
② 陈珂：《戏剧形态发生论》，中国戏剧出版社，2009，第 100 页。
③ 李延寿：《北史》，中华书局，1974，第 2790 页。
④ 高承、李果撰，金圆、许沛藻点校：《事物纪原》，中华书局，1989，第 482 页。
⑤ 郭淑芬、常法韫、沈宁编：《常任侠文集》（卷二），安徽教育出版社，2002，第 502-503 页。

常先生这些观点的提出，得益于他对先秦方相氏另一条演变途径的清醒认识，即先秦方相氏的形象还以人偶的样式出现于丧仪、墓葬和人们的日常生活中。常先生认为，从语言学视角看，“傀儡”二字有“魁壘、嵬壘、魄磥、魁櫑”等多种写法。“雄壮魁伟，勇武可怕，具有威赫逼人的相貌，就被称为魁壘。古语常说‘魁壘豪杰之士’，这就是它原来的意义”。从文献学、考古学、民俗学等视角看，先秦傩仪和墓葬中的方相氏，与汉代的“魌首”“傀儡”，唐代的“狂阻”“触圹”“苏”“傲”等，都是“一物的不同名称”，也与旧时丧葬礼仪使用头戴峥嵘可怕面具的方相氏为先导传统正相一致。[①]不过，人偶样式的方相氏，在今存文献和新出土墓葬人俑等中不常见。1969 年在广西发现的一座西汉早期汉墓中，曾出土有八件悬挂于铜棺四角和两侧的青铜人形面像，“高 21 厘米，宽 19 厘米左右，造型类若常人，头顶平齐，眼睛鼓出，嘴唇紧闭，表情痛苦”[②]，不知是否是从驱除墓室邪恶的方相氏变异而来。但不少现代学者认为，今存墓葬文物中的镇墓俑，应是先秦方相氏的变异。钟玲《四川汉代考古资料中的方相氏图像》一文，还细致分析了四川成都、川南、川东等多地以及山东沂南、河南洛阳等地发现的方相氏的异同，以为“方相氏与东汉时期四川地区流行的神仙巫术有直接联系”[③]。

人偶，尤其是用于墓葬和宴饮娱乐活动的歌舞人偶，在今存文物和典籍记载中比较常见。如《韩非子·显学》篇有“象人百万”之语，这里的“象人”，即指雕、塑成人形的木偶或人俑。今存春秋战国时期古墓出土的人俑中，不仅有木、铜、陶等多种材质，且有文官、武将、甲士、力士、歌伎、舞伎、乐伎、杂耍伎等众多类别，尤以乐舞俑和

① 郭淑芬、常法韫、沈宁编：《常任侠文集》（卷二），安徽教育出版社，2002，第 502-510 页。

② 赵唯：《浅析面具在两汉时期的功效及应用》，载中国汉画学会、河南博物院编《中国汉画学会第十三届年会论文集》，中州古籍出版社，2011，第 191 页。

③ 钟玲：《四川汉代考古资料中的方相氏图像》，《四川文物》，2016（1）。

侍从俑为多。山东临淄郎家庄和章丘女郎山、山西长治分水岭、河南辉县琉璃阁、河南信阳、湖南长沙等地发现的这一时期古墓中，均出土有大量的乐舞俑。[①]但据说，孔子对墓葬用俑的习俗很是反感，如《孟子·梁惠王上》中孔子说："始作俑者，其无后乎？为其象人而用之也。"宋朱熹注以为："古之葬者，束草为人以为从卫，谓之刍灵，略似人形而已。中古易之以俑，则有面目机发，而大似人矣。故孔子恶其不仁，而言其必无后也。"[②]因此可知孔子反对的原因，是俑的容貌、动作都太像人了。这也从侧面说明，孔子时代的人俑制作技术已经达到相当高的水平。另如《列子·汤问》篇载，周穆王时，工匠偃师能制木偶人，其偶人不仅能"趣步俯仰"，还能"頷其颐，则歌合律；捧其手，则舞应节"[③]，其性能简直堪与今天的电动玩偶一较高下。尽管今人多认为《列子·汤问》所记不可信，但它至少反映了古人对能步能趋、能歌舞娱人的木偶的想象与期盼。

或许，春秋战国时期日渐兴盛的墓葬用俑习俗、高超逼真的人偶制作技术以及世人对乐舞俑的想象与期盼，共同刺激了后世舞弄人偶而歌舞娱人的"傀儡子"之戏的生成。

"傀儡子"之戏的起源，据唐段安节《乐府杂录》"傀儡子"条，民间相传始于汉高祖时的平城之战：

> 自昔传云：起于汉祖，在平城，为冒顿所围，其城一面即冒顿妻阏氏，兵强于三面。垒中绝食。陈平访知阏氏妒忌，即造木偶人，运机关，舞于陴间。阏氏望见，谓是生人，虑下其城，冒顿必纳妓女，遂退军。……后乐家翻为戏。[④]

① 冯普仁：《俑》，贵州人民出版社，1998，第6-7页。
② 朱熹：《四书章句集注》，中华书局，1983，第205页。
③ 严北溟、严捷译注：《列子译注》，上海古籍出版社，2006，第133页。
④ 段安节：《乐府杂录》，载中国戏曲研究院编《中国古典戏曲论著集成》(一)，中国戏剧出版社，1959，第62页。

平城之战见载于《汉书·匈奴传》。公元前200年，汉高祖率军征讨入侵的匈奴，因为冒进而中匈奴单于冒顿之计，被围困在平城（今山西大同东北一带）七天七夜，最终派人用珠宝收买冒顿之妻阏氏，阏氏游说冒顿，使其“开围一解”，汉高祖这才得以生还。而民间传说在汉高祖被围、陈平献计、冒顿退军等基本史实中，虚构了陈平造木偶人舞于城墙、使冒顿妻望见而担心冒顿纳汉人美女以致退兵的情节，从而将傀儡戏的源头远溯至西汉初年。不过，此传说中的舞“木偶人”有舞无乐，且没有词，再结合前述先秦驱傩和丧葬用方相氏、人俑习俗及当时高超的木俑尤其是歌舞俑制作技术，疑此舞实是远古驱恶祈福傩舞在军队中的变异，即它极可能是汉军突围之前举行的驱傩祈福仪式上的傀儡舞。就此角度而言，“傀儡子”始于汉初军傩的说法，有其合理之处。

而且，稍后的汉文帝（前203—前157）时期，官方专门管理艺人的机构——乐府中，已有专门的舞傀儡者。如贾谊（前200—前168）曾提议说：“若（匈奴）使者至也……为其胡戏以相饭。上使乐府幸，假之但（‘倡’之误）乐：吹箫，鼓鞀，倒挈、面者更进，舞者、蹈者时作。少间，击鼓，舞其偶人。”[①] 这里，贾谊建议汉文帝在匈奴使者来朝见时，要好好宴请他们，并召乐府艺人歌舞佐宴。他提及的乐府艺人，有吹箫者、击鼓者、翻筋斗（“倒挈”）者、戴假面者、舞蹈者，以及舞偶人者，而艺人表演时，需按一定次序，且已伴有鼓乐。汉文帝是否接受了这一建议，今已无从知晓，但可据此确知，这一时期的乐府中，已有后世俗称“傀儡子”的舞偶人，且已用于宫廷宴饮。

至西汉末年，这种舞偶人艺术已出现于民间吉庆活动中。如前引桓宽《盐铁论·散不足》篇中又载：“今富者祈名岳，望山川，椎牛击鼓，

① 于智荣译注：《贾谊新书译注》卷四《匈奴篇》，《二十二子详注全译》本，黑龙江人民出版社，2003，第115页。标点有改动。

戏倡舞像。”[1]这个出现于富有之家祭祀祈福仪式中的“舞像”，应该就是舞偶人。至东汉末年，舞偶人或舞像的称呼已被“作魁櫑”或“傀儡子”取代，且此艺术已更为普遍地融入广大民众的日常生活之中，成为民间喜庆礼俗中的常见节目。如梁刘昭注《后汉书·五行志一》中“灵帝数游戏于西园”条引东汉应劭《风俗通义》说：

> 《风俗通》曰：“时京师宾婚嘉会，皆作魁櫑，酒酣之后，续以挽歌。”魁櫑，丧家之乐。挽歌，执绋相偶和之者。[2]

这里的“魁櫑”，同“傀儡”。由上可知应劭（约153—196）所在时代，“傀儡子”已可广泛应用于民间祭祀、丧葬、“宾婚佳会”。

东汉末年以来，应用范围日渐扩大的“傀儡子”，逐渐生成了“滑稽戏调”以娱人的艺术风格，并一度出现了“郭秃”之类知名表演者。如北齐颜之推《颜氏家训》卷六《书证》载：

> 或问：“俗名傀儡子为郭秃，有故实乎？”答曰：“《风俗通》云：‘诸郭皆讳秃。’当是前代有姓郭而病秃者，滑稽戏调，故后人为其象，呼为郭秃，犹文康象庾亮耳”。[3]

此时，这个以“滑稽调戏”为主要特色、别称“郭秃”的“傀儡子”，应用于非丧葬场合，而且，这里的“为其象”应非舞弄雕刻成郭秃的木偶人，而是指艺人像宫廷驱傩仪式上的方相氏一样头戴像郭秃的面具（当然，此面具应是木制，而非金制）。如《汉书·礼乐志》载，西汉乐府中有“常从象人四人”“秦倡象人员三人”，三国时史学家韦昭（204—273）认为，“象人”即“著假面者也”。[4]这也应是传统假面舞和傀儡舞起源于同一事物的间接证据。

尽管颜之推关于“郭秃”别称源于前代郭姓艺人的观点并不一定

---

① 桓宽撰，王利器校注：《盐铁论校注》（增订本），中华书局，1992，第353页。
② 范晔撰，李贤等注：《后汉书》，中华书局，1965，第3273页。
③ 颜之推撰，王利器集解：《颜氏家训集解》，上海古籍出版社，1980，第453-454页。
④ 班固撰，颜师古注：《汉书》，中华书局，1962，第1074-1075页。

正确，但此别称直接促成了后世傀儡戏中“郭郎”角色的定型。如前引段安节《乐府杂录·傀儡子》条又说：“其引歌舞有郭郎者，发正秃，善优笑，闾里呼为‘郭郎’，凡戏场必在俳儿之首也。”[①]这个在唐代“傀儡子”表演中排在众演员之首、善于戏谑调笑、起“引歌舞”作用的“郭郎”，显然与颜之推所说的“郭秃”有一定关系。

至唐代，“傀儡子”已发展成为民间街市常见的娱乐活动，甚至可谓全面走上戏剧表演的舞台。如唐杜佑《通典·乐六》载：“窟礧子，亦曰魁礧子，作偶人以戏，善歌舞。本丧乐也，汉末始用之于嘉会。北齐后主高纬尤所好。高丽之国亦有之。今闾市盛行焉。”[②]今存《全唐诗》中梁锽《咏木老人》（一作李隆基《傀儡吟》）、顾况《越中席上看弄老人》、卢纶《焦篱店醉题时看弄邵翁伯》等诗反映的，应是当时宴饮或娱乐场所舞傀儡的场景。而封演《封氏闻见记》卷六“道祭”条载，“大历中，太原节度辛景运葬日”，范阳节度使送“祭盘最为高大”，其上乃“刻木为尉迟鄂公、突厥斗将之戏”，稍后又“设项羽与汉高祖会鸿门之象”[③]，丧葬用傀儡戏的传统，在唐末仍有流传，且已开始展演历史故事。依据这些零星资料可推知，唐代“傀儡子”的应用范围虽已由传统丧葬礼仪扩展至佳节盛会和城市歌舞场，但表演上仍以滑稽逗笑为主，且人物单一，也无相对完整的情节，难以称为真正意义上的“戏曲”。

另据研究，唐代的民间丧仪中，还出现了用纸扎方相氏代替艺人假扮方相氏的现象。[④]直至中华人民共和国成立前，以纸扎方相为开路神的习俗仍在山东民间丧仪中有所保留。综上则知，我国传统以傩

① 段安节：《乐府杂录》，载中国戏曲研究院编《中国古典戏曲论著集成》（一），中国戏剧出版社，1959，第62页。

② 杜佑：《通典》，中华书局，1988，第3730页。

③ 封演撰，赵贞信校注：《封氏闻见记校注》卷六，中华书局，1958，第56页。

④ 陆锡兴：《古代的纸扎》，《中国典籍与文化》，2007（4）。

舞为代表的假面舞、以傩戏为代表的假面戏乃至以“傀儡子”为代表的各种傀儡戏的最早源头，确当如前述现代艺术考古学家常任侠先生以及现代戏剧史家周贻白先生[①]所说，当远溯至先秦傩仪和葬仪中头戴面具、执戈而驱恶鬼的方相氏之舞。

其次，魏晋南北朝以来的多民族大融合、佛教广泛传播等，都为中华传统吉祥文化注入了新鲜的血液，进一步刺激了传统吉祥戏曲雏形的发育。

一方面，在传统驱傩仪式傩师头戴假面而舞的样式之外，出现了大面、拨头等明显带有西域驱恶祈吉特征的新艺术样式。如前所述，先秦傩仪上的方相氏舞，在两汉宫廷仍有传承。值得注意的是，前引《后汉书·礼仪志中》又载，东汉宫廷傩仪结束后，“百官官府各以木面兽能为傩人师讫”[②]。由此则知宫廷傩仪之外的“百官官府”之傩中，也应有头戴面具者的歌舞，只是其主持者不是“方相氏”，而是“傩人师”，其使用的不是“黄金四目”的面具，而是“木面兽”（疑即宫廷傩仪中“有衣毛角”的“十二兽”）。魏晋南北朝以来，这些源自传统驱恶祈福仪式的“木面兽”也与时俱进地产生了新变。如唐释慧琳《一切经音义》卷四十一载：

> “苏幕遮”，西戎胡语也，正云“飒麼遮”。此戏本出西龟兹国，至今犹有此曲。此国浑脱、大面、拨头之类也，或作兽面，或象鬼神，假作种种面具形状；或以泥水沾洒行人，或持绢索、搭钩，捉人为戏。每年七月初，公行此戏，七日乃止。土俗相传云，常以此法禳厌，驱趁罗刹恶鬼食啖人民之灾也。[③]

慧琳以为，苏幕遮和浑脱、大面、拨头均是源自西域龟兹国的表

---

① 周贻白：《周贻白戏剧论文选》，湖南人民出版社，1982，第 32-38 页。
② 范晔撰，李贤等注：《后汉书》，中华书局，1960，第 3128 页。
③ 释慧琳：《大正藏》第 54 册，内部资料，第 576a 页。

演艺术，后三者具有多个共同特征：一是演员均戴兽面、鬼神等种种面具；二是演出目的在于“禳厌”以“驱趁罗刹恶鬼，食啖人民之灾”；三是演出时间在每年七月初，且长达七日。与中华传统的专用于岁末驱傩仪式的方相氏舞、十二兽舞等一样，这些来自异域的表演艺术也戴假面，也意在驱恶祈福。但不一样的是，这些表演艺术的演出时间，与中华传统祭祀祖先亡灵的中元节（今俗称鬼节）和古印度佛教的盂兰盆节相近。所戴面具上的“鬼神”，应是佛教信仰中的“罗刹恶鬼”和能够驱除“人民之灾”的神灵。所谓的“人民之灾”，应是佛教信仰中的“生老病死苦”等灾异现象。可见，此类表演艺术显然带有浓郁的佛教色彩。此外，这些来自异域、带有明显佛教色彩的表演艺术的演出，似乎并没有歌舞表演，而是“以泥水沾洒行人”，或以“绢索、搭钩”捉逗观赏者（或演出者）。可见，其尚未形成完整的故事情节，人物形象也不如东海黄公戏那样丰满、生动，远不能称为严格意义上的“戏曲”，但就头戴假面的演出样式和驱恶祈福的演出目的而言，它们同样奠定了后世驱辟类民间吉祥戏曲的基础。

另一方面，佛教的广泛传播，刺激了“俗讲”“转变”等民间说唱艺术的兴盛，而这些新兴民间说唱艺术重在说唱宣讲佛教义理的经文和故事，从而奠定了目连戏等充满佛教驱恶祈福色彩的吉祥戏曲的生成基础。“俗讲”是一种从六朝以来的佛教讲经艺术中衍生而成的有说有诵但无唱的口头表演艺术，起初只讲述佛教经文，其故事底本即称“讲经文”。至唐五代时期，民间“俗讲”的内容兼及佛教故事和中华传统民间故事、历史故事等，从而产生了“因缘文”“变文”等故事底本。“转变”是另一种随着佛教兴盛而在唐五代时期成熟起来的说唱艺术，它的最大特色是看图说唱，其所依据说唱的故事底本叫作“变文”。“俗讲”“转变”等说唱艺术在民间极受欢迎，这从今存敦煌文献中为数众多的讲经文、变文等写本可约略推知。[1]今存敦煌文献中，最具驱恶祈吉意义的，当属演说佛教徒目连救母出地狱、去往西天佛国故事的变文。据研究，今存此类写本“至少有十四种版本”[2],篇题则有“大目乾连冥间救母变文”“大目乾连变文”“目连变文”“目连变”等多种。其中，最具代表性的是编号为S.2614的《大目乾连冥间救母变文并图一卷并序》。这些写本的存在，证明了目连变文于唐末五代时期在敦煌民间的流行程度。而据S.2614号写本可知，目连变文在当时的表演，主要采取看图讲唱故事的样式，讲唱者不用器乐，也不分角色扮演。可见，这一时期的讲唱目连变文，尚不能称为真正意义上的“演戏”。但目连救母变文的表演，迎合了中华传统孝亲文化与七月十五中元节祭悼先人亡魂习俗的需求，也与佛教对佛法无边等义理的宣讲、盂兰盆节习俗等相洽，因得以广泛流传并久远传承开来，奠定了本书前章述及的两宋民间于七月初搬演杂剧目连救母习俗的直接基础，也成为元明清时期成熟起来的目连戏、目连宝卷、“打目连”等吉祥艺术样式的间接依据。

再次，时代、风俗的变迁促进了民间驱傩内容的新变，刺激了以驱恶辟邪为主题的新戏种雏形的生成。

这些新戏种中，最先成熟起来的，应是以“东海黄公”戏为代表的伏虎降兽戏。现代学者普遍认为，东海黄公戏源自汉代“百戏”中的角抵戏，其最重要的依据，就是晋葛洪《西京杂记》、干宝《搜神记》中都曾收录的这则资料：

有东海人黄公，少时为术，能制蛇御虎，佩赤金刀，以绛缯束发，立兴云雾，坐成山河。及衰老，气力羸惫，

① 关于此等说唱艺术及其与变文等的关系，详可参阅侯传文等：《中印佛教文学比较研究》，中华书局，2018，第384-390页。

② 关于敦煌文献中目连变文概况，可参阅罗皓月：《敦煌文献中的目连变文研究》，硕士学位论文，四川师范大学，2015年。

饮酒过度，不能复行其术。秦末，有白虎见于东海，黄公乃以赤刀往厌之。术既不行，遂为虎所杀。三辅人俗用以为戏，汉帝亦取为角抵之戏焉。[1]

严格讲，角抵戏只是一种始自战国，兴于秦，盛于汉的民间角技或比武表演艺术，并不具备传统戏曲的基本要素。但在此基础上形成的东海黄公戏，则已具备简单故事情节、特定人物形象、一定剧情冲突等戏曲基本要素,因而有现代学者称其为“中华戏曲第一出”[2]。就剧情而言，东海黄公戏带有较强的喜剧色彩——以年少时能“制蛇御虎”的东海黄公晚年却被虎杀这一对比鲜明的滑稽情节与动作来娱乐观众，似乎与傩戏毫无关系，但就主题而言，东海黄公是一个能行法术以“制蛇御虎”、“兴云雾”、类似于远古之“巫”的术士，他以禳厌之术驱除蛇灾虎患，带有与远古傩仪一样的驱恶辟邪性质。可见，这个东海黄公戏之所以自秦末以来即在“三辅”一带（今陕西西安周边地区）盛演不衰，应是因为它与先秦以来的驱傩歌舞一样，都带有原始的驱恶祈福性质。从这个意义上说，称东海黄公戏为我国传统驱辟类吉祥戏曲的始祖，应不为过。

今存汉墓画像石中有着数量众多的射虎、搏虎、戏虎图，其中的

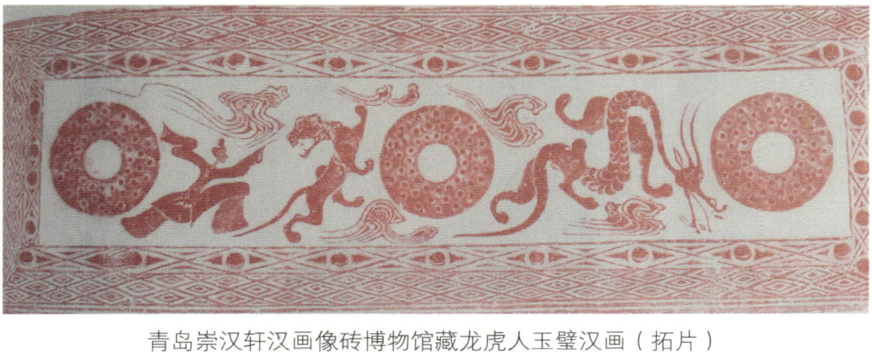

青岛崇汉轩汉画像砖博物馆藏龙虎人玉璧汉画（拓片）

① 葛洪撰，周天游校注：《西京杂记》，三秦出版社，2005，第120页。

② 孔瑾：《漫谈中华戏曲第一出》，《剧作家》，2002（3）。

戏虎图往往被现代学者当作“东海黄公”戏的证据。如龙虎人玉璧汉画拓片中，左图即为典型的人戏虎图。而今天多种地方戏曲中经常上演的《武松打虎》剧目，反映的就是与东海黄公戏一样的伏虎主题。旧时，该剧目在节庆期间反复搬演，主要原因应是其顺应了广大民众驱邪祈福的求吉心理。

2. 宋元社火与吉祥戏曲的发育成熟

北宋时期，商业经济的繁荣、市民阶层的壮大、小说曲词的兴起等，都为民间戏曲的发育成熟提供了必要的条件，民间滑稽戏（时称“杂剧”）、歌舞戏、讲唱戏等都在前代基础上日渐成熟。至两宋之交，杂剧与南曲相互碰撞、融合，生成了一个新的戏曲样式——南曲戏文，即南戏。而金元交替之际，杂剧与北曲相互碰撞、融合，形成了又一个全新的戏曲样式——北杂剧。最终，在元代，北杂剧与南戏发展为完全成熟的传统戏曲样式。这些具备现代戏剧基本要素的戏曲样式的发展成熟，在一定程度上促进了民间吉祥戏曲的成熟。因而，可以这样说，宋元时期传统戏曲的发育成熟，奠定了民间吉祥戏曲发育成熟的坚实基础。

首先，正处于发育成熟进程中的民间戏曲逐渐形成了正式表演前先念诵吉祥祝颂语或搬演开场小戏的固定模式。

早在晚唐时期，宫廷艺人正式演出前就有先说吉祥颂辞的习俗。如《太平广记·诙谐八》“俳优人”条引范资《玉堂闲话》中语说：“（梁）太祖入觐昭宣。（唐）昭宗开宴，坐定，伶伦百戏在焉。俳恒□□圣，先祝帝德，然后说元勋梁王之功业。”[①]由此可知，唐末艺人演出要“先祝帝德”，就是要先说祝贺或赞颂皇帝之语，然后才开始讲说故事。北宋宫廷艺人沿用这一习俗，但改其名为“致语”。如《东京梦华录》卷七“驾登宝津楼诸军呈百戏”条载，百戏演出前，“先列鼓子十数

① 李昉等编：《太平广记》，中华书局，1961，第1960页。

辈，一人摇双鼓子，近前进致语，多唱‘青春三月蓦山溪。”[1]这里的“进致语”，其实就是说吉祥话，本书在吉祥歌谣章已有述及，此处不赘语。而这则资料中，“进致语”者同时“摇双鼓子”，且在说完“致语”之后，又唱“青春三月”等流行歌曲。可见，北宋时期的开场致语，正在由单纯念诵吉祥话的样式向有歌有舞，且有器乐伴奏的小戏样式转变，实可谓宋元戏曲表演先演开场例戏的雏形。

另据其他资料，宋元杂剧演出时，在正式剧目开演之前，通常要先做一个俗称“艳段”（也叫“爨”）的寻常故事。如《梦粱录》卷二十“妓乐”条载：杂剧“先做寻常熟事一段，名曰‘艳段’，次做正杂剧。”南宋耐得翁《都城纪胜》“瓦舍众伎”条也说：“杂剧中，末泥为长，每四人或五人为一场。先做寻常熟事一段，名曰‘艳段’，次做‘正杂剧’，通名为‘两段’。”[2]再如元杜仁杰《耍孩儿·庄家不识勾栏》套曲中，这样描述乡下农民眼中城中“勾栏”的杂剧开演情况：

[五煞]要了二百钱放过咱，入得门上个木坡，见层层叠叠团圞坐。抬头觑是个钟楼模样，往下觑却是人旋窝。见几个妇女向台儿上坐，又不是迎神赛社，不住的擂鼓筛锣。

[四煞]一个女孩儿转了几遭，不多时引出一伙，中间里一个央人货，裹着枚皂头巾顶门上插一管笔，满脸石灰更着些黑道儿抹。知他待是如何过？浑身上下，则穿领花布直裰。

[三煞]念了会诗共词，说了会赋与歌，无差错。唇天口地无高下，巧语花言记许多。临绝末，道了低头撮脚，爨罢将幺拨。[3]

由此可知当时勾栏演出的戏台四面均是观众席，演出时有专门负

---

① 孟元老等：《东京梦华录（外四种）》，文化艺术出版社，1998，第 47 页。
② 孟元老等：《东京梦华录（外四种）》，文化艺术出版社，1998，第 309、96 页。
③ 孔繁信选注：《杜仁杰诗文选》，济南出版社，2009，第 48-49 页。

责锣鼓器乐的女乐队，正式开演前先由“一伙”有男有女的演员，在所谓“央人货”的带领下表演有说（诗、词）有唱（赋、歌）有舞蹈（转了几遭、低头撮脚）的“艳段”。这个被称作“央人货”的演员，浑身上下的装扮颇有特色：他戴一顶旧时受刑者才戴的黑头巾，却又像古代史官一样耳边插一支毛笔；化着戏剧中武生才用的黑白花脸妆，却穿一件读书人才能穿的直裰，但直裰所用布料却是小孩子才用的花布。可见，这个叫作“艳段”的开场小戏，原为逗人喜笑，它与明清时期成熟起来的“跳加官”“打八仙”等开场小戏之间，显然存有一定承继关系。

其次，宋元民间社火、驱傩、迎神赛会等活动，逐渐形成了搬演戏曲的传统，这一传统刺激了社戏、傩戏等吉祥小戏的发育生成。

社火源自远古祈求风调雨顺、庆祝丰收和胜利的祭神娱神活动。远古时代，崇奉多神信仰的先民们便采取歌舞娱神的祭祀方式来取媚于神灵，求得平安吉祥，因而产生了葛天氏执牛尾之歌舞、尧时“拊石”为乐的拟兽舞、周朝乐师祈雨的雩舞等吉祥歌舞，但此时的祭祀活动尚未形成专门的制度。自周王朝实行“封土分社”的分封制度以来，专门祭祀土地神、祈求和庆祝农业丰收的社祭制度逐渐形成，而且其形式固定，等级森严。如《礼记·祭法》规定：“王为群姓立社，曰大社；王自为立社，曰王社。诸侯为百姓立社，曰国社；诸侯自立为社，曰侯社。大夫以下成群立社，曰置社。”不过，民间百姓从此有了属于自己的“社”和社祭活动。不同于官方社祭的拘于礼仪、庄重肃穆，民间社祭一开始就是一场全民参与性质的庆祝娱乐活动。如《太平御览·乐部二二》“缶”条所引《淮南子》佚文说：“夫穷乡之社，扣瓮拊瓶，相和而歌，自以为乐。”[①] 在偏远乡村的社祭活动中，参与的村民们或许并不知晓编钟、建鼓等乐器为何物，但他们敲击日常生

① 李昉等编：《太平御览》，中华书局，1966，第 2632 页上。

活器皿以为节，随口应节相和以为歌，在欢乐喜庆的气氛中完成了祭祀仪式。这种自娱自乐、欢乐祥和、轻松自在的氛围，应该就是热热闹闹的民间社火活动传承不衰的根本原因。

至唐末，民间社祭活动愈加红火，有歌有舞有器乐伴奏的庆祝歌舞在活动期间较为常见。如晚唐白居易（772—846）《咏兴五首》其五："小庭亦有月，小院亦有花。可怜好风景，不解嫌贫家。菱角执笙簧，谷儿抹琵琶。红绡信手舞，紫绡随意歌。村歌与社舞，客哂主人夸。……"[①] 该诗写作者看到的一次乡村家庭社火活动的场景。这个发生在偏远乡村的社火活动规模不大，但意趣盎然：宴席前，一个叫菱角的女孩演奏笙簧，一个叫谷儿的女孩弹拨琵琶，一个叫红绡的女孩应节而舞，一个叫紫绡的女孩随乐而歌，殷勤陪客的主人则热情介绍着眼前的祈社乐舞，全然不顾来客脸上微露的讥笑之色……

两宋时期，意在春祈秋报的民间社火活动更为普及，甚至形成了表演和观看社火的专门场所。如陆游《稽山行》中有五月端午的戏场："空巷看竞渡，倒社观戏场。"《初夏闲居八首》其三中有初夏庆丰收的戏场："高城薄暮闻吹角，小市丰年有戏场。"《幽居岁暮五首》其三中有岁末的戏场："巷北观神社，村东看戏场。"[②] 而且，两宋时期社火的规模日益浩大，社火活动上歌舞百戏的种类也更趋丰富。如前述《梦粱录》卷一载，参加当时元宵社火活动的，仅舞队就有二十三类，其中，仅傀儡舞队一类中，即有来自二十四家傀儡社的众多艺人。在这些随着两宋民间社火而繁荣起来的傀儡表演中，就有可独立表演的傀儡戏新样式——艺人们操作木偶表演歌舞的悬丝傀儡。不过，悬丝傀儡的雏形，或当生成于隋唐时期。如隋末唐初诗僧王梵志诗中说：

造化成为我，如人弄郭秃。

① 谢思炜校注：《白居易诗集校注》，中华书局，2006，第 2251-2252 页。
② 钱仲联、马亚中主编：《剑南诗稿校注 8》，浙江教育出版社，2011，第 94、108 页。

魂魄似绳子，形骸若柳木。

……

掣取细腰鼓，抽牵动眉目。

绳子乍断去，即是干柳朴。[①]

这里的“弄郭秃”“绳子”等语均显示，悬丝傀儡的雏形应已出现。另如唐初名僧道宣（596—667）在解释僧衣“舍勒”时曾提及：“诸师不曾见此衣，谓如傀儡子戏围之类。”[②]“舍勒”是古印度僧人在雨天或沐浴时穿的一种类似短裙的内衣，中国僧人说它像“傀儡子戏围”。可知当时民间的“傀儡子”表演已使用将舞台分隔成前台、后台的“戏围”，但仅如僧人们围在腰间的“舍勒”般大小。综合此二说可以推知，唐初民间应已出现一种使用“戏围”和绳索，但规模不大的傀儡表演，极可能就是两宋时期广为流行的悬丝傀儡的雏形。

值得注意的是，两宋时期的悬丝傀儡不仅出现于社火活动中，还随着民间艺人们走街串巷的现场表演，频繁出现于人们的日常生活中，成为深受广大民众喜爱的吉庆艺术。如本书第一章宋代傀儡戏青铜镜上所展示的，即为民间艺人现场表演悬丝傀儡的场景。[③]另据南宋吴潜《秋夜雨·依韵戏赋傀儡》一词可知，其时的悬丝傀儡已发生新变：

腰棚傀儡曾悬索。粗瞒凭一层幕。施呈精妙处，解幻出、蛟龙头角。谁知鲍老从旁笑，更郭郎、摇手消薄。歧路难准托。田稻熟、只宜村落。[④]

这个“曾悬索”且有“一层幕”的“腰棚傀儡”，疑即悬丝傀儡。其情节，既有类于今之耍魔术的“解幻”，也有类于今之相声或小口

① 项楚校注：《王梵志诗校注》卷三，上海古籍出版社，1991，第 291 页。

② 道宣：《四分律删繁补阙行事钞》卷中（二），转引自弘一大师全集编辑委员会编：《弘一大师全集》第 2 册，福建人民出版社，1991，第 142 页。

③ 不过，也有学者认为此镜图展现的是儿童戏耍杖头傀儡场景，详见刘琳琳：《宋代傀儡戏研究》，博士学位论文，首都师范大学，2007，第 70 页。

④ 朱德才主编：《增订注释全宋词》第三卷，文化艺术出版社，1997，第 785 页。

的二人对口表演。结合前引杨亿《傀儡诗》中“鲍老当筵笑郭郎，笑他舞袖太郎当”二句，可以确知，两宋民间傀儡戏中已有“郭郎”“鲍老”两个固定角色。另据今存柳永词中《郭郎儿近拍》一作、元人王哲《憨郭郎》一曲以及元曲中《鲍老儿》《古鲍老》等曲牌，疑宋元民间傀儡戏中的“郭郎”“鲍老”两角不仅有戏谑调笑，且有歌唱表演。若如此，则宋元时期的傀儡戏不仅分角色，而且有歌有舞有说白，有简单的故事情节和戏剧冲突（二角色的相互调笑），已具备戏曲的基本要素，实可谓民间传统吉祥戏曲的雏形。

两宋民间驱傩、祈福社火等活动的兴盛，还刺激了另一种民间吉祥小戏——“打夜胡”的生成。打夜胡也称“打野狐”或“打野胡”，源自南北朝时即已出现的一种欢呼逐除活动。如《南史·曹景宗传》载，曹景宗“为人嗜酒好乐，腊时于宅中使人作邪呼逐除，遍往人家乞酒食。”[①] 宋代学者认为，“邪呼逐除”源自汉代宫廷傩仪的“嚾呼”送傩程序；现代学者则以为，“‘邪呼’与‘夜狐’乃一声之转”，之所以写作“邪呼”，乃“史家不谙‘打夜狐’之本事，而仅取其声尔”。[②] 至北宋时，这种曾经用于宫廷的驱邪仪式演变为一种载歌载舞的贫者乞讨活动。如孟元老《东京梦华录》卷十“十二月”条载：“此月即有贫者三数人为一火，装妇人、神鬼，敲锣击鼓，巡门乞钱，俗呼为‘打夜胡’，亦驱祟之道也。”吴自牧《梦粱录》卷六“十二月”条也载，此月，“街市有贫丐者三五人为一队，装神鬼、判官、钟馗、小妹等形，敲锣击鼓，沿门乞钱，俗呼为‘打夜胡’，亦驱傩之意也。”[③]

随着民间娱乐社火活动的兴盛，借驱傩之名而行乞讨之实的打夜胡，至南宋时发展成为一种春节期间必演的吉祥祈福小戏。它不再是

---

① 李延寿：《南史》，中华书局，1974，第 1355 页。
② 刘宗迪：《狐魅渊源考——兼论戏剧与小说的源流关系》，《攀枝花大学学报综合版》，1998（1）。
③ 孟元老等：《东京梦华录（外四种）》，文化艺术出版社，1998，第 61-62、181 页。

三五贫人逐门逐户的小规模乞讨式表演，而是由或头戴面具或面涂粉彩的多个演员分别扮成民间喜爱的神鬼、钟馗等多种吉祥人物形象，在某一固定的公共场所集中搬演。现代学者普遍认为，今存敦煌文献中的《进夜胡祠（词）》，即当时民间打夜胡唱词的一种；宋元杂剧词中的《门子打三教爨》《双三教》《三教安公子》《三教闹着棋》《打三教庵宇》《普天乐打三教》《满皇州打三教》《领三教》等，即此词的新变。而后世兴起于民间的花鼓戏、跳钟馗、跳判官等吉祥小戏，与这种流行于北宋时期的打夜胡戏，应也有着密不可分的关系。

另外，今山西临汾洪洞县广胜寺镇明应王殿南壁东次间墙壁上，一直保存有一幅珍贵的元杂剧壁画。据元延祐六年（1319 年）《重修明应王殿之碑》，明应王殿俗称水神庙，当地有以“每岁三月中旬八日”为水神节的习俗。届时，周边居民“携妻子、挈老羸而至”，“争以酒肴香纸聊答神惠”，“相与娱乐数日”。[①] 由此可推知，此杂剧图描绘的应是当时祭神赛会搬演戏曲的盛况。另据此图上方的“大行散乐忠都秀在此作场”大字及其之前的“尧都见爱”、之后的“泰定元年四月”等小字可推知，图中的“忠都秀”戏班来自今山西省临汾市的尧都区一带，演出时间或此图的绘制时间为元泰定元年（1324 年）四月。这也进一步证明，忠都秀戏班的搬演杂剧活动与民间三月十八日期间的酬谢水神庙会关系密切，而元代民间迎神赛会期间搬演戏曲的现象，由此亦可猜知一二。

山西洪洞县广胜寺镇
水神庙壁画中的《杂剧图》

① 冯俊杰编：《山西戏曲碑刻辑考》，中华书局，2002，第 98 页。

再次，宋元时期尤其是元代，杂剧、南戏等传统戏曲日益发展繁荣，民间演戏之风盛行。如《水浒传》第五十一回间接写到的白秀英父女坐场演出盛况、前引杜仕杰套曲所写农村人在城中“勾栏”看到的元杂剧演出盛况、元明应王殿壁画展现的民间庙会搬演戏曲情况等，都显示了传统戏曲在宋元时期的繁荣与兴盛。为了寻求更为广阔的生存和发展空间，也为了迎合民间的驱恶祈福传统，这些传统戏曲样式生成了一些以驱恶祈福为主题、演出场合也相对固定的特定剧目，从而成为民间吉祥戏曲的重要组成部分。

其中最为普及的，应是专用于祝寿场合的八仙戏。民间祝寿用戏的传统，应源于唐末五代时期。如《太平广记·嘲诮五》“陈癞子”条引五代范资《玉堂闲话》载：唐时营丘有一个陈姓富人，他过生日时已开始请艺人搬演杂技百戏，“每年五月，值生辰，颇有破费。召僧道，启斋筵，伶伦百戏毕备”。[①]到南宋初，民间庆寿时搬演“杂剧”应已成为传统。如洪迈《夷坚三志》壬集卷九“诸葛贲致语”条载，淳熙七年（1180年），太学生诸葛贲的“叔祖母生辰，相招庆会，门首内用优伶杂剧”。[②]与民间祝寿活动相关的吉祥剧目，如以道教八仙为题材的贺寿类剧目，应也在宋元时期应运而生。现今保留下来的宋元南戏、杂剧等剧种中，都有祝寿类剧目。如元陶宗仪《辍耕录》所录金院本中，与贺寿相关的即有《瑶池会》《蟠桃会》《王母祝寿》《八仙会》等多种。而王国维《宋元戏曲史》中全文收录的这个院本《长寿仙献香添寿》，更是我们了解当时祝寿庆生类吉祥戏曲的宝贵资料：

捷云：“歌声才住。”末泥云：“丝竹暂停。”净云：“俺四人佳戏向前。”付末云：“道甚清才谢乐？”捷云：“今日双秀才的生日，您一人要一句添寿的诗。”捷先云：“桧柏

① 李昉等编：《太平广记》卷二百五十七，中华书局，1961，第2006页。
② 洪迈撰，何卓点校：《夷坚志》，中华书局，1981，第1537页。

青松常四时。”付末云：“仙鹤仙鹿献灵芝。”末泥云：“瑶池金母蟠桃宴。”付净云：“都活一千八百岁。”付末打云：“这言语不成文章，再说。”净云：“都活二千九百岁。”付末云：“也不成文章。”净云：“有了，有了，都活三万三千三百岁，白了髭髯白了眉。”付末云：“好好！到是一个寿星。”捷云：“我问你一人要一件祝寿底物。”捷云：“我有一幅画儿，上面三个人儿：两个是福禄星君，一个是南极老儿。”问付末云：“我有一幅画儿，上面四科树儿：两科是青松翠柏，两科是紫竹灵芝。”问末泥云：“我有一幅画儿，上面两般物儿：一个是送酒黄鹤，一个是衔花鹿儿。”净趋抢云：“我也有。我有一幅图儿，上面一个靶儿，我也不识是甚物，人都道是春画儿。”付末打云：“这个甚底，将来献寿。”净云：“我子愿欢会长生。”净趋抢云：“俺一人要两般乐器：一般是丝，一般是竹，与双秀才添寿咱。”……

…………

付末云：“付净的巧语能言。”净云：“说遍这丝竹管弦。”付末云：“蓝采和手执檀板。”净云：“汉钟离书捧真筌。”付末云：“铁拐李忙吹玉管。”净云：“白玉蟾舞袖翩翩。”付末云：“韩湘子生花藏叶。”净云：“张果老击鼓喧阗。”付末云：“曹国舅高歌大曲。”净云：“徐神翁慢抚琴弦。”付末云：“东方朔学踏焰爨。”净云：“吕洞宾掌记词篇。”付末云：“总都是神仙作戏。”净云：“庆千秋福寿双全。”付末云：“问你付净的办个甚色？”净云：“哎哎！哎哎！我办个富乐院里乐探官员。”付末收住：“世财红粉高楼酒，都是人间喜乐时。”[1]

① 王国维撰，叶长海导读：《宋元戏曲史》，上海古籍出版社，1998，第105-107页。

据此可知，这出院本由捷、净、付末、末泥四角色出演，演出中有对白、唱词和科介（即动作），未提及有无器乐伴奏。但该院本辑自明宪王朱有燉编辑的《吕洞宾花月神仙会》一剧，其中明确交代四人乃“自山东瀛洲来到此处”的“乐工”，由此可知四人应是自带乐器相互伴奏。另外，该演出在例行的开场诗句之后，先由捷说出演出的贺寿主旨，并先后提出表演的具体要求——先是“一人要一句添寿的诗”，继而“一人要一件祝寿底物”；在四人依次按要求表演之后，又让净抢先提出“一人是两般乐器”“一个曲儿”的新要求；最后让净与付末争相念出关于长寿仙人的喜庆诗句，在付末的祝福诗中收结全场。全剧以祝寿贺寿的吉祥话为主，间有插科打诨之语（如“春画儿”数语），其中尤其值得注意的，是收结全场前关于长寿仙人的对白。该对白提及的十位仙人之名，与明清时期广为流传的八仙（铁拐李、钟离权、张果老、吕洞宾、何仙姑、蓝采和、韩湘子、曹国舅）已有极高的重合度，是研究民间八仙传说形成过程的宝贵资料。而随着民间喜庆活动的需要和八仙传说的发育成熟，至明清时期，独具喜庆祝贺色彩的八仙戏逐渐生成，其应用场合也由最初的贺寿庆生拓展至结婚、生子、新居落成、开业庆典甚至菩萨寿诞等喜庆活动，而且产生了《八仙庆寿》《常椿寿》《十长生》《神仙会》等专门剧目以及“打八仙”“跳八仙”等吉祥小戏。从这个意义上说，这个题作《长寿仙献香添寿》的金院本，可谓开启了明清“打八仙”类吉祥戏曲之先河。

就时间而言，最先成熟起来的吉祥剧目，应是与前述唐五代时期即已广为流传的目连救母变文相关的目连救母杂剧。关于此剧，前引《东京梦华录》卷八“中元节”条虽仅一语述及，仍奠定了此剧目在我国民间吉祥戏曲史上不可动摇的开山地位：它应是我国首部成熟的充满佛教色彩的驱恶祈福剧目。它所宣讲的目连救母出离地狱、去往西方极乐世界主题中，蕴藏着中华传统的酬神祭祖以求福佑意愿、孝亲救亲的孝文化理念以及佛教的业报轮回、佛法无边、西天极乐世界等思想，迎合了中华传统的祈吉求福心理，因而得以久演不衰。大致生成于元末明初的《目连救母出离地狱升天宝卷》、明代戏曲家郑之珍编撰的长达一百出的《目连救母行孝戏文》、清代扩至二十卷的《劝善金科》，以及明清时期民间戏班搬演的各种“打目连”小戏等，都是两宋时期目连救母杂剧的衍生品，由此可见目连戏强盛的生命力。而下面这副为 1945 年在郑之珍故乡安徽祁门县城最后一次演出目连戏而创制的对联，更是宣示了该剧目曾经的盛况：

两姓告打目连，都来看戏人，听戏人，男人女人，老人少人，士农工商人，巫医僧道人，人山人海，嚷来熙往人世界；一杖顿开地狱，放出长子鬼，矮子鬼，赌鬼烟鬼，色鬼冤鬼，孤寡鳏独鬼，跛聋残疾鬼，鬼精鬼怪，争先恐后鬼门关。①

而在元代，最受欢迎的当属有驱恶辟邪意味的关公戏。关公本是依据“三国故事”演义而成的一个历史人物形象，但在民间流传过程中，其形象日臻“神”化，而“神”化了的关公一旦登上戏曲舞台，便使其剧目本身充满了吉祥的祈福意义。今知宋元杂剧中的关公戏有九种，至今留有传本的有关汉卿的《关大王单刀会》和佚名的《关云长千里独行》《寿亭侯怒斩关平》《关云长刀劈四寇》四种，留有残曲的有无名氏的《刺颜良》一种，仅有存目的有元戴善夫的《关大王三红衣怪》和佚名的《关云长古城聚义》《寿亭侯五关斩将》《关大王月下貂蝉》四种。其中，《刀劈四寇》《三捉红衣怪》《月下斩貂蝉》三种，均为“神”化的关公戏，一般在逐疫禳鬼、袚邪除祟的祭祀祈福活动中演出，其中的吉祥之意不言而喻。至今，皖南山区贵池、青阳一带民间仍保留有于祭祀仪式结束时搬演《关公斩妖》傩戏以驱鬼的习俗。

3. 明清堂会与吉祥戏曲的繁荣兴盛

明清时期，随着各种祭祀、娱神活动尤其是山会、庙会活动的繁荣，

---

① 郑建新、陈琪主编：《徽州五千村·祁门县卷》，黄山书社，2004，第 124 页。

民间戏曲的演出活动日渐兴盛，一些优秀文人也开始自觉参与到戏曲剧本的创作中，戏曲成为普通民众最为喜闻乐见的娱乐样式，昆山腔、京腔、秦腔、弋阳腔、梆子腔、罗罗腔等各种地方戏种迅猛发展。至今，戏曲的发展盛况仍可从遍布全国各地的明清屋舍中镶饰的砖雕、木雕、石刻、壁画，以及仍存于世的明清瓷器、年画、剪纸、织绣、泥塑等作品所保留的许多戏曲图案中窥见一斑。而民间戏曲的大繁荣，直接促进了吉祥戏曲的大发展。

明清时期，民间继承并发展了宋元民间形成的于岁时节庆、社火庙会、婚嫁寿诞等喜庆时节搬演戏曲的习俗。其中，春节期间的戏曲活动最隆重，经常搬演的是一些充满宗教、神话色彩的升仙得道、辟邪捉妖类剧目。如杂剧《庆丰年五鬼闹钟馗》是明时春节期间经常搬演的剧目，而形成于明清之际的莆仙戏《钟馗斩狐》剧目，至今仍于春节期间在福建民间上演。另据前引明解缙《河州正月十五夜有感》诗，河州（今甘肃临夏一带）民间俗以正月十五驱傩，其间搬演傀儡戏的场面极其热闹："青狮傀儡动地来，歌钟彻夜兼鼙鼓。"这类剧目其实与源自远古傩仪、肇端于宋元时期的驱傩傀儡戏、打夜胡戏等有着一脉相承的关系。今天，带有驱邪辟恶性质的吉祥傩戏仍在民间各地上演，有的已入选国家级非物质文化遗产名录，如河北武安傩戏、安徽池州傩戏、湖南新晃侗族傩戏、湖南沅陵辰州傩戏、贵州德江傩堂戏等。其他如西藏民间的"阿吉拉姆"、贵州威宁县板底乡裸戛村的"撮衬姐"、贵州安顺附近的傩戏"跳鬼"（习称"地戏"）、广西壮族自治区民间的"师公戏"、江西民间的"跳傩神"与"童子戏"、四川芦山一带的傩戏"庆坛"（也叫"端公戏""鬼脸壳戏"）、浙江永康民间的禳解戏"省感戏"、山西曲沃的"扇鼓神谱"戏、陕西民间的"端公戏"等，都属此类驱恶祈福的吉祥小戏。

而且，为了迎合人们趋吉避凶、增寿添福的吉祥期盼，民间戏班于春节期间搬演的剧目多为喜剧，如京剧剧目《龙凤呈祥》《金榜乐》《普天同庆》《黄金台》等。一些原本并不喜庆吉祥的传统剧目，或因观众喜欢或因演员擅长，也会登上春节舞台，不过为迎合民众普遍的趋吉心理，一般会将其名称改得喜庆吉祥，如京剧剧目《棒打薄情郎》在春节期间会改称为《红鸾喜》。这种在节庆、社火、迎神赛会期间搬演戏曲的传统，一直持续到近现代时期。鲁迅的《社戏》一文，即写其儿时看社戏的印象。民国诗人陈宗和在《蓬溪小住观戏感怀》诗前小序中注明，该诗写的是四川蓬溪县六月中旬的城隍会："时六月中旬，县城城隍会，会期颇盛。"[①] 而马一浮的《社戏》诗，记载的则是赛江神活动中的戏曲演出："前村笳鼓赛江神，峒舞蛮歌爨演新。"[②]

明清时期民间社火、庙会、祭祖等活动更趋繁荣，活动规模和参演杂技、戏曲等都更趋庞杂。如清宣统《清平县志》"岁时二月"条记载，清平（今山东临清、高唐一带）民间每到二月都有大规模的祭赛活动，"演戏"成为活动期间最重要的项目：

> 初一日至初三日，城内演戏，祭赛土地庙神。……初三日，文昌诞辰，家设香烛庆贺。又，是日至初五日，胡里庄演戏，祭赛麻佛寺佛。初八日至十一日，康家庄演戏，祭赛真武庙神。十二日至十五日，刘芳庄演戏，祭赛娘娘庙佛。二十三日至二十六日，城里十里铺演戏，祭赛玉皇阁佛。二十五日至二十八日，戴家湾竞集香烛，或演戏祭赛娘娘庙佛。[③]

据此可知，清平县迎神赛会期间一月之内竟有十九天（不包括重合之日）有戏曲表演，民间戏曲活动之丰富可谓空前。如据前引清末富察敦崇《燕京岁时记》所载老北京民间"过会"习俗可知，"过会"是一种类似于民间器乐班"行街"的表演样式，所不同的是：器乐班

① 胡传淮编选，四川省蓬溪县政协文史学习委员会编：《蓬溪诗存》（内部出版物），2005，第 128 页。

② 刘士林：《20 世纪中国学人之诗研究》，安徽教育出版社，2005，第 174 页。

③ 陈世前、傅秉鉴修，张敬承纂：〔宣统〕《增辑清平县志》，清宣统三年（1911）刻本。

行街时要边走边演奏，而戏曲艺人们过会时只是装扮成各种人物形象边走边舞，并不演唱。不过，一旦遇到需要开唱的场合，如“城隍出巡及各庙会等”，过会的戏曲艺人们就“随时演唱”，可见其演唱技艺之娴熟。另如国家博物馆收藏了一件创作于清代的天津《天后宫过会图》画册，它以绘画的方式保存了当时天后宫“过会”活动中近百家民间戏曲、百戏样式，其中就有至今仍广受民间欢迎的秧歌、莲花落、太平鼓等地方小戏以及杠箱、高跷等民间杂技。

明清时期繁荣发展的祭神赛会活动极大地丰富和促进了民间戏曲吉祥剧目的发展成熟。民间祭神赛会多搬演驱恶祈福、喜庆热闹的剧目，如明王稚登《吴社编》中“舍会”条载：当地迎神赛会上既有娱人的杂剧类剧目，也有祭神的神鬼类剧目，“杂剧则《虎牢关》《曲江池》《楚霸王》《单刀会》《游赤壁》《刘知远》《水晶宫》《劝农丞》《采桑娘》《三顾草庐》《八仙庆寿》”，“神鬼则《观世音》《二郎神》《汉天师》《十八罗汉》《钟馗嫁妹》《西竺取经》《雷公电母》《后土夫人》”。[①]而安徽婺源民间新春祭祀祖先神“段莘十八”的戏曲演出活动中，保佑老人多福多寿的“人丁戏”和祈求婴孩顺利出痘的“天花戏”（俗称“痘戏”）是必演剧目，杀人戏和花脸戏因其看起来不干净，则在禁演行列，此习俗传承至今。另据记载，明清时期晋东南民间的迎神赛会上，既搬演《改婚姬簿》《神杀忤逆子》等充满祈福劝善性质的敬神戏，也搬演《土地堂》《闹五更》等洋溢着滑稽、逗乐性质的娱人戏。

明清时期吉祥戏曲的发展繁荣，还与民间喜庆堂会的兴起有着密不可分的关系。堂会是盛行于明清时期的一种邀请民间戏班登门演出的活动。一般大户人家遇到节庆、寿诞、婚嫁、生子、升迁、新居落成等红白喜事时，或者不同行业的从业人员要举行集体祭祀、庆祝活动时，都可请戏班、做堂会。如明程敏政《饮张挥使家观戏》一诗，

① 杨循吉等著，陈其弟点校：《吴中小志丛刊》，广陵书社，2004，第171-172页。

从诗题即可看出当时家庭宴集有请戏班演出的习俗。而《金瓶梅词话》《红楼梦》等反映明清世俗生活的长篇小说中，也多次写及主人公家在节庆、生日、婚嫁、出丧等红白喜事期间请戏班演出的情景。如曹雪芹《红楼梦》第十九回载，贾妃元春元宵节省亲的次日，东府贾珍家即有民间戏班演戏，因请宝玉去看：

谁想贾珍这边唱的是《丁郎认父》《黄伯央大摆阴魂阵》，更有《孙行者大闹天宫》《姜子牙斩将封神》等类的戏文，倏尔神鬼乱出，忽又妖魔毕露，甚至于扬幡过会，号佛行香，锣鼓喊叫之声远闻巷外。满街之人个个都赞："好热闹戏，别人家断不能有的。"①

据《红楼梦》庚辰本批语可知，戏班所演诸戏都是弋阳腔剧目，其中后三出或"神鬼乱出"，或"妖魔毕露"，或"扬幡过会，号佛行香"。在从小就饱读圣贤之书、惯听高雅"细乐"、深受儒家中庸之道影响的贾宝玉看来，这些剧目"繁华热闹到如此不堪的田地"；而在普通百姓看来，这都是带有驱恶祈福性质的"好热闹戏"，能在家庭堂会上搬演此类吉祥戏曲，那是贾府之外的"别人家断不能有的"。由此可知旧时所谓"正统""主流"阶层与普通民众艺术审美观的天壤之别。

不同性质的堂会，搬演的剧目是断然不可混而为一的。一般说来，以祝寿为主的家庭堂会，当搬演《八仙》《大四福》《蟠桃会》《白猿献桃》《麻姑献寿》等常见喜庆剧目，或如清代王廷绍辑《霓裳续谱》所收录的《乡老庆寿》《合和庆寿》《蒲台庆寿》等曲目。如成书于明末的《梼杌闲评》第二回记载，在王尚书给其母庆寿的堂会上：

吹唱的奏乐上场，住了鼓乐，开场做戏。锣鼓齐鸣，戏子扮了八仙上来庆寿。看不尽行头华丽，人物清标，唱

① 曹雪芹：《红楼梦》，人民文学出版社，1991，第261-262页。

一套《寿域婺星高》。王母娘娘捧着仙桃，送到帘前上寿。[1]

这次堂会中，艺人们搬演的是常见的八仙戏，但值得注意的是，该戏最后出现了以王母献仙桃上寿收结全剧的情节。自元以来，民间出现了诸多祝寿剧目，如元陶宗仪《南村辍耕录·院本名目》中收录的《瑶池会》《蟠桃会》《八仙会》《王母祝寿》等，明代教坊编演有《群仙庆赏蟠桃会》《祝圣寿金母献蟠桃》等。但这些传统剧目中，八仙与王母都不会同时出现于同一剧目中。而《梼杌闲评》所录的八仙戏，却让八仙与王母同时出场并同祝一人之寿，可见民间戏曲艺人的大胆创新与丰富想象力。另外，该段文字提及的《寿域婺星高》套曲中，寿域即太平盛世，婺星是二十八宿中玄武七宿的第三宿，民间常用以代指身份高贵的女性长者，此曲对国泰民安、人寿年丰的祈愿意味不言而喻。而在行会庆典之类公共性堂会上，常搬演《十万金》《富贵图》《九莲灯》等祈愿发财、富贵的剧目。而且，不同行业的堂会常有搬演本行业特色剧目的特殊要求，如渔业堂会喜演《千里顺风赐福》，理发业堂会喜演《取金刀》，搬运行业堂会喜演《翻天印》，等等。

明末以来的民间戏曲，还形成了先演喜庆开场小戏的传统。其中，跳加官是清代各地各戏种通用的开场小戏，如晚清刘禺生《世载堂杂忆》"跳加官"条中说：

> 跳加官之制，清朝二百年来官民演剧，普通用之；而不用于宫廷大内[2]，因观戏主座为太后、皇帝，无官可加，只加臣下之官耳。加官一出，手执长条，曰"一品当朝"，曰"加官晋爵"。故宰相至于贵客，一莅场座，加官跳而接福讨赏，表晋吉兆。

① 佚名著，刘文忠校点：《梼杌闲评》，人民文学出版社，1983，第 28 页。

② 需要指出的是，清代民间戏班也进入宫廷大内演出，演出前也要先搬演吉祥例戏，那就是"跳灵官"。相传灵官来自道教圣地——龙虎山，"三只眼，红须红袍，左手挽诀，右手持杵"（详见刘禺生《世载堂杂忆·跳加官》），因此，"跳灵官"有祛恶辟邪的作用。

除了跳加官，明清时期的开场例戏还有多种。如《世载堂杂忆》“跳加官”条中又载，清宫内廷演戏之前虽不能跳加官，但要跳星官和灵官之类祈寿驱邪例戏：

跳星官之制，乾隆万寿偶用之，福禄寿三星，同时出台并跳。寿星居中，福星列左，禄星列右。寿星两手持长条，书“天子万年”四字；福星长条书“泽被万民”四字；禄星长条书“玉食万方”四字。

跳灵官之制，为宫中演剧之常例。……宫内演戏，无官可加，先跳灵官以驱邪。……清亡，不复跳灵官矣。[①]

到清末，跳加官已成为民间堂会必演的开场小戏。如清末韩邦庆的长篇小说《海上花列传》第十九回中载：“堂戏照例是《跳加官》开场。《跳加官》之后，系点的《满床笏》《打金枝》两出吉利戏。”[②]

有时，民间堂会演出会连跳多种开场小戏，从而形成了“三出头”之类复杂的开场例戏。如《儒林外史》第十回写蘧公孙婚宴上请了戏班，“戏子上来参了堂，磕头下去，打动锣鼓，跳了一出《加官》，演了一出《张仙送子》、一出《封赠》”，“唱完三出头，副末执着戏单上来点戏”。[③]这里“点戏”前“跳”“演”的三出戏，就是民间俗称的“三出头”，都是正戏开演前的喜庆小戏。其中，《封赠》取自明代民间戏曲《金印记》中的苏秦六国大封相故事，因而也称《封相》或《六国大封相》。另如李绿园《歧路灯》第二十一回载，“新发财主”林腾云“约会人与他母亲庆寿”，请了戏班，“戏班上讨了点戏，先演了《指日高升》，奉承了席上老爷；次演了《八仙庆寿》，奉承了后宅寿母；又演了《天官赐福》，奉承了席上主人。然后开了正本，先说关目，次扮

---

① 刘禺生撰，钱实甫点校：《世载堂杂忆》，中华书局，1960，第 301-302 页。
② 韩邦庆著，焦裕银、郭筠修校点：《海上花列传》，齐鲁书社，1993，第 90 页。
③ 吴敬梓著，李汉秋辑校：《儒林外史汇校汇评》，上海古籍出版社，2010，第 137 页。

脚色，唱的乃是《十美图》全部”。[1] 这里的《指日高升》《八仙庆寿》《天官赐福》三出戏，就是正戏《十美图》开演之前的开场吉祥戏。再如华广生辑《白雪遗音》中，辑录有一则题为“庆寿”的俗曲：

（白）海上蟠桃初熟，人间岁月如流；
开花结子几千秋，我等特来上寿。
（唱）九重春色醉鲜桃，八洞神仙过海潮；
打从洞庭湖内来经过，只见潮头滚滚浪滔滔。
福禄寿，三星到，白鹤腾空飞舞高；
和合二圣哈哈笑，手内还将如意敲；
刘海戏蟾蟾戏海，洒落金钱往上抛；
鲁班仙，把橹摇，载来花甲不知年多少；
张仙送子怀中抱，神弹原来打的高；
麻姑仙，进酒肴，也往蟠桃走一遭；
陈抟一觉千年睡，醒来提了篮儿去采药苗；
彭祖寿高八百岁，闲来炉内把丹烧。
众仙齐集云端内，王母宫内把手招：
请问群仙归何处？特来庆寿赴蟠桃。
金童问道谁家好？玉女回言此处高。
敕赐善门多吉庆，并增百福乐逍遥。
庆寿筵，万万年，长生不老。[2]

其中有对白，有唱词，唱词中述及的八洞神仙，有福禄寿三星、和合二圣、戏蟾刘海、鲁班仙、送子张仙、麻姑仙、陈抟、彭祖，以及王母和金童玉女。其唱词似可分角色演唱，应为当时民间《八仙庆寿》之类小戏的词本。

① 李绿园著，栾星校注：《歧路灯》，中州古籍出版社，1998，第 165-166 页。
② 华广生编：《白雪遗音》（卷三），中华书局，1959，第 34 页。

清代兴起的京剧戏班演出前，也流行先演吉庆戏的开场形式。其出场角色无朝代限制，凡有吉祥喜庆之意的神仙、佛道、历史人物等皆可混同登场。每剧曲文不多，纯属开场附带吉祥兼增加喜庆热闹性质的演出。今存有曲文的剧本有《天官赐福》《三多九如》《风调雨顺》《五谷丰登》《魁星点元》《财源辐辏》《福禄寿荣》《遐龄永祝》《八仙庆寿》《群仙祝寿》等。

二、现代吉祥戏曲

随着广播、电视等新兴媒体的兴起，民间戏曲的传播受到了一定的影响，但其中的吉祥成分却因符合民间普遍的求吉心理而得以很好地传承下来。综合而言，现代民间戏曲中的吉祥成分主要体现在以下方面。

1. 热热闹闹新剧目

现代民间戏曲的吉祥主题，不仅体现在其喜庆开场例戏、吉祥唱词和大团圆式结尾模式的盛行，还体现在一些经典性的喜庆剧目的盛演不衰。就具体内容而言，现代民间戏曲中的吉祥剧目可分为以下三类：

第一类是源自传统驱傩、赛神仪式的驱恶辟邪类剧目，以傩戏、目连戏等为代表。

其中，傩戏至今仍在民间流传较广，而武安傩戏、池州傩戏、侗族傩戏、沅陵辰州傩戏、德江傩堂戏等更是被列入国家级非物质文化遗产名录而受到保护。这些来自不同地域的傩戏形成了各具特色的经典剧目，如武安傩戏、沅陵辰州傩戏、德江傩堂戏等都喜演《孟姜女》《龙王女》《庞氏女》《七仙女》《鲍三娘》等女性戏，但武安傩戏又重《桃源洞神》《梁山土地》等神鬼戏和来自小说的三国戏、西游戏等娱乐戏。池州傩戏重《刘文龙》《章文显》《花关索》《陈州放粮》《薛仁贵征东》等男性戏，侗族傩戏则喜《癞子偷牛》《老汉推车》等本民族戏以及《关公捉貂蝉》《古城会》等关公戏，而重庆彭水苗族傩戏常演《出二郎》

《出灵官》《出土地》《安童老娘》等神鬼戏以及《先锋助阵》《将军出阵》《兴周灭纣》《包文公问案》等将相戏。综合比较这些常演剧目，可以发现，现代傩戏中的驱恶祈吉剧目已日渐减少，而欢快喜庆、娱乐为主的剧目日渐增多。

带有浓厚佛教色彩的目连戏，自宋元以来即以其救母出离地狱的孝亲主题和宗教色彩而广受推崇，迄今仍在各地搬演不衰，并衍生出众多相关剧目。如今，与明清目连戏一脉相承的徽州目连戏、辰河目连戏、南乐目连戏等，已列入国家级非物质文化遗产名录。而在徽剧、川剧、汉剧、婺剧、昆曲、黄梅戏、桂剧、湘剧等多个剧种中，都有衍生自传统目连戏的折子戏，其中比较经典的有《男吊》、《女吊》、《无常》、《双下山》（也叫《僧尼会》）、《哑背疯》（也叫《老背少》）、《王婆骂鸡》等多种。

不过，这些经过民间艺人多次改编的折子戏中，救母崇佛、祭祖祈福主题已大为削弱，其中更强调的是世俗的欢乐、眼前的幸福。如清人王廷绍编《霓裳续谱》卷二收录的这支来自民间戏曲《俺双亲看经念佛把阴功作》，与传统目连戏的救母出离地狱主题已毫无关系：

俺双亲看经念佛把阴功作，
每日里佛堂口烧钵火；
生下奴疾病多，命里犯孤魔。
把奴舍入空门，削发为尼学念佛。
荐亡灵，敲动铙钹；
众生法号，不住手击磬摇铃、擂鼓吹螺；
平白的与地府阴曹把功果作。
《多心经》也曾念过，
孔雀经文（叠），好教我参不破；
惟有九莲经卷最难学，
俺师傅精心用意也曾教过。
念一声南无佛，哆啰哆唆娑波诃，般若波罗，念的我无其奈何。

……

奴把这袈裟扯破，

藏经埋了，丢了木鱼，我摔碎了铙钹；

学不到罗刹女去降魔，学不到水月观音作。

夜深沉独自卧，醒来时俺独自个，这凄凉（叠）谁人似我？

总不如将钟楼佛殿远离却，拜别了佛像，

辞别了韦驮下山去（叠），寻一个年少的哥哥，

我与他作夫妻永谐合。任他打我，骂我，说我，笑我。

一心心不愿成佛，我也不念弥陀；

愿只愿生下一个小孩儿，夫妻到老同欢乐。

愿只愿夫妻到老同欢乐。①

而旧题《孽海记》、今署《缀白裘》的昆曲中，有《尼姑思凡》一折，其曲词与此有异曲同工之妙：

[山坡羊]小尼姑年方二八正青春，被师父削了头发。

每日里，在佛殿上烧香换水，见几个子弟游戏在山门下。

他把眼儿瞧着咱，咱把眼儿觑着他。

他与咱，咱共他，两下里多牵挂。

冤家！

怎能个成就了姻缘，就死在阎王殿前，

由他把那碾来舂，锯来解，磨来挨，放在油锅里去煠。

由他，只见那活人受罪，那曾见死鬼带枷？

由他，火烧眉毛，且顾眼下！

火烧眉毛，且顾眼下！

① 王廷绍编：《霓裳续谱》卷二，中华书局，1959，第23-24页。

…………

[新水令]：……奴把袈裟扯破，

埋了藏经，弃了木鱼，丢了铙钹。

学不得罗刹女去降魔；学不得南海水月观音座。

夜深沉，独自卧；起来时，独自坐。

有谁人，孤恓似我？似这等削发缘何？

恨只恨，说谎的僧和俗：

那里有天下园林树木佛？那里有枝枝叶叶光明佛？

那里有江河两岸流沙佛？那里有八万四千弥陀佛？

从今后，把钟楼佛殿远离却，下山寻一个少年哥哥。

凭他打我，骂我，说我，笑我。

一心不愿成佛，不念弥陀般若波罗！①

正因这种世俗欢乐、眼前幸福更为易得，也更接近普通民众的现实生活，此类折子戏才拥有更为广阔的生存空间。直至今天，该曲词仍被湖北黄梅戏剧院2012年新排演的古装戏《双下山》采用。由此亦可知，意在宣讲佛教业报轮回思想和孝亲观念的传统目连戏，已被世俗色彩浓重、追求现实快乐和幸福的相关折子戏所取代。

一些改编自民间神话、传说故事、小说佚闻等的剧目，也在民间驱恶祈福时节经常搬演。如来自民间传说的《白蛇传》，是包括木偶戏、皮影戏在内的民间戏曲各剧种的常演剧目，旧时多于端午节期间搬演，其中的《断桥》《水漫金山》等折至今仍为广大戏曲爱好者耳熟能详。另如晋南民间锣鼓杂戏《关公战蚩尤》，是来自神话传说和长篇小说《三国演义》的关公戏之一，至今仍是当地常演的热门剧目。而由于旧时民间特别尊崇关公，民间艺人在搬演关公戏时还形成了许多禁忌，如扮演关公的演员化妆前要斋戒，出场前要放鞭炮，前台搬演关公戏时

① 《明清戏曲观止》编委会编：《明清戏曲观止》，学林出版社，2015，第273-275页。

后台要设香案等。至今,演关公的戏曲艺人仍坚守化好妆后忌言忌行、举止端庄等原则。

此外，民间常有出于特定目的而聘请戏班的演出，此类演出的戏曲常有特定名称，如为生儿育女、驱病免灾、神佛保佑等而搬演的酬神戏、还愿戏、开市戏、香火戏、平安戏等。这些有着特定名称的民间戏曲往往都有特定的剧目，如粤北韶关师公戏中有《十月怀胎》《游四门》《打鬼还愿》《赶鬼上路》等，河南梆子戏中有《麒麟送子》《大赐福》《赶药王》《大排宴》等，甘肃陇南皮影戏有《金顶山还愿》《五台山还愿》《武当山还愿》《巫山还愿》《香山寺还愿》《白玉庵还愿》，祁剧有《观音戏》，等等。另如各地戏曲中多有用于新建筑落成典礼、意在祓除不祥及驱疫逐祟的专门剧目，闽西傀儡戏中的“安龙戏”、粤东海陆丰皮影戏中的“入火戏”、四川皮影戏中的“打叉戏”等，都属此类。

第二类是源自春节、元宵节等传统节庆活动中上演的庆祝类剧目。

现代民间戏曲最为热闹、最为隆重的时节，莫过于春节、元宵节。前引儿歌中“姥姥门前唱大戏”的美好回忆，也往往是以节庆期间的全民参与性娱乐活动为背景。1990 年以前，各地民间节日尤其是春节期间最常用的庆祝方式就是聘请戏班唱戏，所演剧目常因地、因戏班特长而异。山东大部分地区流行吕剧，春节期间常演《借年》《姊妹易嫁》《李二嫂改嫁》等剧目；青岛、潍坊、日照等地则流行茂腔，常演剧目为“四大京”“八大记”，即《东京》《西京》《南京》《北京》四剧及《罗衫记》《玉杯记》《绣鞋记》《火龙记》《金簪记》《钥匙记》《风筝记》《丝兰记》八剧,前引《赵美蓉观灯》就是《东京》之一折。下图为青岛地区民间茂腔剧团露天演出时的剧照，舞台虽然简陋，剧目虽未创新，但台下的观众依然可用“济济一堂”“如痴如醉”等词语形容。由此可见，传统吉祥剧目在民间还是拥有深厚的生存和发展基础的。

青岛地区茂腔剧团露天演出剧照

不能否认，1990年以来，随着多媒体技术的发展成熟和人们物质生活的极大丰富，中央电视台自1991年以来举办的春节戏曲晚会、元宵戏曲晚会正在受到越来越多的戏曲爱好者的关注，“姥姥门前唱大戏”的记忆正在悄然被家家户户围坐在电视机、电脑前看春节晚会的情景所取代。这些晚会上展演的，仍是传统喜庆剧目中的经典唱段，如京剧有《红娘》《四进士》《凤还巢》《大登殿》《上天台》《龙凤呈祥》《天女散花》《百鸟斗金蟾》等的选段，地方戏曲有评剧《剪窗花》，吉剧《喜贴春联》，豫剧《百岁拜年》《美女涅槃记》《穆桂英挂帅》，黄梅戏《牛郎织女》，越剧《五女拜寿》，赣剧《八仙飘海》，河北梆子戏《宝莲灯》《钟馗嫁妹》，晋剧《珍珠塔》，粤剧《宝玉成婚》，高甲戏《金龙戏珠》，歌仔戏《三家福》《白鹭女神》等喜庆剧目中的选段。

第三类是适用于婚丧嫁娶等人生红白喜事的喜庆戏，主要包括丧葬戏、祝寿戏以及用于婚嫁、生子、升迁、发财等内容的剧目。相比而言，民间家庭喜庆戏曲中，最为普遍和隆重的莫过于丧葬戏和祝寿戏，这与中华尊老敬老的孝亲传统有着极为密切的关系。

中华传统丧葬礼仪向来有用乐传统，如前述先秦葬仪用方相氏、两汉葬仪用“傀儡子”等。但在丧葬期间使用有器乐伴奏的戏曲的做法，应出现在传统戏曲发育成熟且日渐普及的明清时期。这一时期内，丧葬用戏已成为权贵富豪之家张扬炫耀、嬉戏娱乐的一种手段。据记载，明崇祯年间（1628—1644），山东济南历城一带民间出殡日，往往“列鼓吹导拥，士民所同”，而大家富户则在鼓吹之外，又“演剧纵欲，日暮始归，悖侈已极”。[①] 以明末山东临沂民间世态人情为时代背景的《金瓶梅词话》第六十三回记载，李瓶儿葬礼结束的第二天晚夕，西门庆“叫了海盐子弟，搬演戏文”，锣鼓响动后，搬演的居然是讲述“韦皋、玉箫两世姻缘”的《玉环记》，而当被问及具体唱哪一出时，西门庆不耐烦地答道：“我不管你，只要热闹。”这种丧葬用戏“只要热闹”的现象，已然出现在以信守儒家礼仪而闻名的齐鲁大地上，其他各地的情况可推想而知。再如清李海观撰长篇小说《歧路灯》第六十三回也载，河南贡士谭忠弼的出殡仪式上，不仅有跑竹马、耍狮子、走旱船、绑高抬（高跷）等杂戏，还有正宗的戏曲表演：“昆腔戏，演的是《满床笏》，一个个绣衣象筒。陇州腔，唱的是《瓦岗寨》，一对对板斧铁鞭。”[②]《满床笏》和《瓦岗寨》是两个来自不同剧种且内容和特色也千差万别的剧目，前者以喜庆热闹的祝寿场面而闻名，后者则以激烈精彩的打斗场面而获誉。民间戏曲艺人却创新性地将其同时搬演，并与竹马等杂戏相互映衬，更显出丧葬场面的奢华热闹和举丧之家的富贵殷实。其中的昆曲版《满床笏》，至今仍是大型节日庆典中经常搬演的剧目。

不过，从民国至今，丧葬用戏的习俗虽仍有流传，却逐渐转变为只用于“喜丧”。“喜丧”也称“白喜事”，专指为无病无灾、安然去世的高寿老人举办的丧事。喜丧期间，丧家一般会聘请戏班搬演戏曲，宾客临门时是称喜道贺而不是哀悼悲泣，具体搬演何类戏曲何种剧目，并无定规，大多便宜行事。如山西祁县民间常聘请当地秧歌戏班，搬

① 成瓘、冷烜编纂：《济南府志》卷十三“风俗”条，清道光二十年（1840）刻本，凤凰出版社，2004。

② 李绿园著，栾星校注：《歧路灯》，中州古籍出版社，1998，第 463-464 页。

演剧目以滑稽调笑者为主；华县民间则多请秦腔班或皮影班，常在喜庆热闹类剧目中不时穿插《祭灵》《吊孝》等悲伤悲悼类剧目。另如福建民间喜丧时，常演当地人喜爱的目连戏，以及《孟姜女》《朱寿昌》《庄子戏妻》《唐僧请经》《太子游四门》《李世民游地府》等剧目。

祝寿用戏的做法，南宋以来即已成为传统，现代民间仍有传承，采用的也多是传统祝寿曲目，以演说八仙过海为王母祝寿故事的《八仙庆寿》以及演说七子八婿齐为郭子仪祝寿故事的《满床笏》最为常见，京剧《八仙过海》、越剧《五女拜寿》等现代改编剧也极受欢迎。不过，民间祝寿一般并不搬演全场戏曲，而是常演由此而生的俗称“打八仙”“跳八仙”之类的“八仙戏”，有时也使用喜庆开场小戏“跳加官”等。浙东民间至今流传有两种适用于家庭祝寿的八仙戏：一为仅有八人出场、相对简单冷清的“八仙寿”；一为阵容庞大、喧哗热闹的“天宫寿”，演出时的上场人物除八仙外，另有四功曹、福禄寿喜四星、招宝财神、文昌帝君、南极仙翁、送子观音、麻姑、东方朔等多个神仙人物。

适用于家庭的喜庆戏，另有婚嫁戏、贺子戏、贺开业戏等多种。其中婚庆时常演剧目有京剧的《龙凤呈祥》《状元媒》，黄梅戏的《天仙配》《女驸马》，绍剧的《龙凤锁》《双贵图》，豫剧的《朝阳沟》，川剧的《贺良宵》等多种，也可演婺剧的《黄金印》、高甲戏的《金魁星》、昆曲的《张仙送子》、益阳花鼓的《送财》和《送子》等。但家庭喜庆时聘请戏班、搬演戏曲的习俗，正在日趋消亡。即使仍保留有此习俗的地区，也常常不再搬演整部戏曲，而是象征性搬演一些喜庆热闹的折子戏、例戏或某剧目的某唱段。跳加官、打八仙等传统小戏因此也有了更为广泛的“用武之地”，并发展出更多新样式。如打八仙戏中，就种类而言，昆曲有大八仙、小八仙两种，前者是四海龙王、诸天菩萨、八洞神仙等各路神仙为王母庆寿，后者是福、禄、寿、喜四神为人间祈福、消灾；婺剧的“踏八仙”则有大小八仙、文武八仙、对花八仙、偷桃八仙、三星八仙、天官八仙、五路八仙等多种，每一种出场人物都有所不同。就内容而言，各地“八仙”戏多演说道教八仙为西王母祝寿的故事。但粤剧的《碧天贺寿》却说众仙为长庚星贺寿，并因多与“六国大封相”先后搬演而合称“封相贺寿”；闽剧的《八仙摘桃》《八仙贺庆》《八仙过海送平安》等剧目，意在突出平安寿喜；赣剧的《十福八仙》《遐龄八仙》《对花八仙》等剧目，则洋溢着更为丰富的祝福意味。

2. 红红火火大舞台

民间戏曲的舞台尤其是专用于节庆、寿庆等场合时，色彩斑斓、喜庆热闹。从演员们脸上精美艳绝的脸谱、身上光彩夺目的行头，到舞台上华丽富贵的台帐和异彩纷呈、精巧逼真的各种道具，再到台帐后（或舞台下）或锣鼓喧天或琴笛悠扬的器乐，无不彰显着欢快热闹、振奋人心的神奇力量。

脸谱（或面具），是民间戏曲舞台上至为精彩的亮点之一。民间戏曲的脸部化妆艺术大致起源于宋元时期，如前引图山西洪洞县明应王殿元杂剧壁画中，前排左二艺人脸部已有比较明显的造型。明清时期，艺人脸部化妆渐成常态，但相对固定、图样繁多的脸谱模式的形成，却是清末民国以来的事情。如这幅相传是清末画家沈蓉圃创作的《同光十三绝》，在一幅画面上绘画了清同治（1862—1874）、光绪（1875—1908）年间十三位京剧名角所饰演的人物形象，其中勾勒了特定脸谱的，仅有后排右三杨鸣玉饰《思志诚》中丑角明天亮。这是因为在当时，用油彩画脸谱的做法多用于净、丑角色，而生、旦角色仅施朱敷粉，不画脸谱。

梅兰芳纪念馆藏《同光十三绝》

而今天，旦角之外的生、净、丑，都可根据剧情需要，勾画一张夸张虚幻、美艳逼人的脸谱。如老生名角高庆奎演《铡判官》之包拯、武生宗师杨小楼演《霸王别姬》之项羽，都曾勾画脸谱；而《水帘洞》《闹天宫》等猴戏，旧时本是武丑之专长，今天则多由武生扮演，也都勾画了脸谱。对于戏曲尤其是其中必用脸谱的净、丑角色来说，脸谱有着区别性格和品质的重要作用。就色彩而言，红色有吉祥、富贵之义，多用于忠贞、英勇的正面人物，是民间戏曲中关公等正面人物脸谱的基本色；黑色多象征直率、鲁莽，是民间戏曲中张飞类人物脸谱的基本色；白色多象征阴险、狡诈，是民间戏曲中曹操等反面人物脸谱的基本色；金、银二色则多象征着神圣、华贵与富足，是民间戏曲中加官、财神、判官等神仙人物脸谱的基本色。就谱式而言，戏曲脸谱有整脸、三块瓦脸、花脸、花元宝脸、十字门脸等多种。其中，整脸就是整个面部涂上基本色再画出五官，如民间戏曲中的关公、曹操，一般都画整脸；三块瓦脸就是仅在脑门和左右脸颊涂上基本色，又在五官等部位杂用其他色画出复杂花样，如民间戏曲中的窦尔墩就用花三块瓦脸；花脸由花三块瓦脸演变而来，但图案更复杂，色彩更多样，一般只在脑门上留一点基本色，民间戏曲中鲁莽直率且顽固暴躁的李逵多用此脸谱；花元宝脸是花脸的变异，图案、色彩更为复杂，一般脑门涂或红或紫或蓝或白的辅色，主色是两颊上的黑色，民间钟馗戏中的钟馗、三国戏中的周仓多用此脸谱。如下图为笔者前些年偶然拍摄的陕西现代民间戏曲中部分人物的脸谱，其夸张的造型、对比鲜明的色彩，共

陕西现代民间戏曲中的人物脸谱与头饰
（左起分别为周仓、张飞、王彦章、马武、七品官、张郃）

同体现了民间美术、民间戏曲等追求喜庆热闹的特色。以喜庆热闹为最主要特色的吉祥戏曲中，加官、八仙、关公、钟馗等广受欢迎的各路神仙最经常用到的，大都是以红、黄、绿、金银等为基本色勾画而成的脸谱。

行头，是对传统戏曲人物服饰的俗称，是民间喜庆戏曲吉祥舞台的又一构成要素。穿红着绿、披金戴银，是民间喜庆活动中最受欢迎的戏曲人物的穿着打扮，因为其中蕴藏了民间对喜庆富贵最简单最直接的认知。自古以来，民间戏曲艺人就非常重视色彩和服饰的搭配。如汉代东海黄公戏中，黄公以大红绸子束发系腰。唐代参军戏中，参军身着绿色袍服。至宋元时期，戏曲服饰更加讲究，如《水浒传》第八十二回中，宋江等人接受招安后在宫廷看戏，搬演杂剧的教坊艺人中，一个头戴光洁如明镜的“黑漆幞头”，身穿生动逼真的“描花罗襕”，一个“系离水犀角腰带，裹红花绿叶罗巾”，身穿两袖和前襟绣满山水纹样的“黄衣襕长衬”，其余诸人，“个个青巾桶帽，人人红带花袍”。[①] 现代民间吉祥戏曲中，不仅偏爱让出场人物身披象征着红红火火、富贵吉祥的“中国红”，而且还要在这“中国红”上加上华丽的刺绣。各地民间开场例戏中的加官、八仙、魁星、财神等神仙以及各种团圆戏中的男、女主人公等，无不以热闹、喜庆而且装饰繁复、明丽豪华的服饰加身。

在民间喜庆活动中的戏曲舞台上，不仅有专用的台帐，就连那些根据剧情需要而设的桌椅台凳、刀枪剑戟、伞扇仪仗等各种道具，都会装饰成与喜庆场合相当的富丽堂皇、艳丽夺目色调。台帐也叫堂幕，演出时挂在舞台上起隔离和装饰作用，类似于现代艺术舞台上的幕布。但民间戏曲舞台上的台帐大都绣花涂彩、富丽堂皇，而且常因戏班而异，有的大戏班甚至会有因剧目、剧情而异的多种台帐。前引山西洪

① 施耐庵著，金圣叹评点：《金圣叹评点第五才子书水浒传》，天津古籍出版社，2006，第710页。

洞县明应王殿元杂剧壁画中，就使用了两块台帐：左为持剑而舞、竭诚祈雨的术士，右为在电闪雷鸣之中张牙舞爪、行云布雨的神龙。这两块台帐都明确地昭示：这场在水神“明应龙王”殿上搬演的杂剧与祈雨酬神有关。另如民国初年潘月樵、夏月珊等人在上海“新舞台”演出时，曾有绘着狮子滚绣球、万象回春等吉祥图案的多种专用台帐；四川、湖南一带戏班旧时在家庭喜庆堂会上演出时，大多使用绣或画有福、禄、寿三星的台帐，当地民间因而至今有将舞台幕布叫作“三星壁”的说法。不过，随着现代数字化舞美技术的发展，曾经是民间戏曲大舞台最重要组成部分的台帐，正在让位给绚丽多彩、简便易用的数字投影屏、LED 背景墙、全息幕等。如上图为山东青岛少儿京剧团的演出照，其台帐即以现代数字舞美技术生成。

山东青岛少儿京剧团演出剧照

除了台帐，民间吉祥戏曲大舞台上的桌椅台凳等物品，一般也装饰有以五色彩缎制作、绣有各种吉祥图案的装饰品，如桌围、椅帔等；灯烛壶盏、扇笏桨鞭、刀枪棍棒、旗伞仪仗等种种道具，也大都涂金饰彩，竭力追求一种视觉上的喜庆热闹与富丽堂皇。

民间戏曲大舞台的喜庆热闹氛围，还离不开适时而至的或锣鼓喧天或琴笛悠扬的伴奏器乐。传统的戏曲器乐，一般分为打击乐器主奏的“武场”、管弦乐器主奏的“文场”、两类乐器合用的“文武场”三种。其中，文场多用于演唱伴奏，武场多用于演员展示身段动作、念白、跳舞、武打等场合。而且，不同地域的民间戏曲器乐，往往会采用不同的主奏乐器，如京剧器乐往往以京胡、月琴胡为主，越剧器乐则喜用二胡和琵琶，河北梆子主要使用板胡、梆笛和笙，粤剧则以高胡、扬琴为主，等等。但无论以哪种乐器主奏，各地民间吉祥戏曲器乐，都力求为观众营造欢乐热闹的喜庆氛围。

3. 加官祝寿开场喜

明清时期的民间戏曲正式演出前先搬演喜庆例戏的开场样式，大致形成于明清时期。民间对这些开场小戏的称呼各有不同，有“例戏”“开场戏”“帽儿戏”“扮仙戏”“口彩戏”“讨彩戏”等多种叫法，但其驱邪祈福的性质却是一致的。大致说来，这种至今流传的戏曲开场样式可按小戏数量简单分为两类。

第一类为只表演“跳加官”之类的单独小戏。跳加官也称打天官，是民间戏曲开场小戏中最受欢迎的。一般由头戴面具、身穿红袍、手持红底黑字或金字条幅的一个演员单独表演，旧时条幅上多写“当朝一品”“加官晋爵”字样，近现代以来，多写“天官赐福”“福禄寿喜”“福如东海，寿比南山”“五谷丰登”“一帆风顺”之类喜庆祥和的祝颂语。但演员没有任何台词，既不说唱，也不念白，只是在器乐伴奏中将条幅一一向观众展示，借以表达祝福之意。而且，旧时地方戏曲中的“加官”名目繁多，不仅有男女、文武之别，还有“土地加官”“四喜加官”等。其中，“女加官”由不戴面具的女演员扮演，一般头戴凤冠，身穿红蟒袍，手捧盛有凤冠的红漆盘，边跳边舞边将手捧的凤冠向台下多方展示，以表达对女观众的祝福之意。演出时具体扮成何种“加官”，一般由雇请戏班的东家决定。这种始自明清时期的开场例戏，至今仍在各地节庆、庙会、社火等喜庆活动中盛演不衰，现代学者周贻白在其《谈汉剧》一文中也说：

> 这种搞法，京、徽、川、湘诸剧种都曾有过，尤其是跳庙台戏，如果上场无加官，散场不送客，便认为违反成例，观众一定要鼓噪起来。①

除了“跳加官”，民间戏曲开演前的吉祥小戏多种多样。据统计，

① 周贻白：《中国戏曲论集》，中国戏剧出版社，1960，第 341 页。

仅湖南一地即有表现神鬼形象和表现禽兽形象的两大类三十五种开场“跳”，如跳天官、跳判官、跳灵官、跳功曹、跳魁星、跳财神、跳钟馗、跳无常、跳凤凰、跳蚌壳、跳大鹏等。这些开场小戏的演出形式与跳加官大同小异，都充满了浓郁的驱恶祈福、喜庆热闹色彩。曾在河南灵宝、陕西渭南等地广泛流传的跳功曹，先由扮作天界、地界、阳界、水界“功曹”的四名演员在器乐伴奏声中一一登场亮相，上齐后分别自报家门，然后一人念“今奉玉帝旨意与民赐福，我等走走”之类的台词，众人应答后即在器乐声中巡舞一番后退场。

而且，为适应现实演出的种种不同需求，灵活多变的民间艺人还时常临时改编旧有戏曲的开场小戏。如也称“唱八仙”或“八仙戏”的“打八仙”，其本源是流传于山东青州、临淄一带的地方戏曲《八仙庆寿》，但经过民间艺人的改编，成为具有加官、祝寿、送子、赐福、祈求平安发财等吉祥寓意的讨彩折子戏，至今仍是浙江苍南农村的京剧、越剧、瓯剧、婺剧等戏班喜庆演出前必演例戏。苍南民间戏曲艺人们还根据不同的演出需要，将“八仙戏”改编为大、小两类：大八仙包括《赐福》、《拾福》、《上寿》、《堆仙》(又名《奉蟠桃》)、《三张桌》(又名文武会)、《天官八仙》、《七星八仙》、《狮子鹤八仙》八种，“小八仙”则包括《三星》《抬寿》《送子》《上台盘》《一文钱》《万道金光》《富贵长春》等。另如原本仅用于春节驱傩仪式的跳钟馗，经过民间艺人的改编，又演化出《钟馗赐福》《钟馗除五毒》《钟馗嫁妹》等不同样式，其应用场合也随之拓展。

第二类是以“三出头”为代表的多种吉祥小戏的连演。“三出头”连演三种不同开场小戏的演出形式。前引《儒林外史》第十回、《歧路灯》第二十一回中二例，都是以“三出头”开场，但其“三出头”的戏目并不相同。可见民间戏曲的“三出头”虽名称一致，但其具体剧目常因地、因景、因人而异。一般民间最常采用的是跳八仙、跳加官、跳财神，借喻人寿年丰、加官晋爵、福禄寿喜之意，但剧种、地域差异等导致的不同也是非常明显的。就戏班而言，河南梆子戏班爱演《加官》

《拦路封相》《拜堂》,陕西皮影戏班常演《天官赐福》《拦路封官》《三仙上寿》，苏浙昆腔戏班则多搬演《天官赐福》《封相》《搬窑》，广东粤剧戏班多演《八仙贺寿》《六国封相》《天姬送子》，云南滇剧戏班喜用《黄金诰》《跳加官》《六国封相》，等等。就地域而言，旧时上海民间喜爱《跳加官》《跳财神》《跳灵官》,香港民间则爱选《跳八仙》《跳加官》《天妃送子》，前者有加官、发财、驱邪之愿，后者偕添寿、加官、多子多福之意。此外，个别地方的开场例戏还有连四出、五出的情况。如江西戏班的开场例戏有“四跳”,即《跳魁星》《跳加官》《跳财神》《跳麻姑》;浙江绍兴戏班的开场例戏中有五出，即《庆寿》《跳加官》《跳魁星》《小赐福》《掘藏》。

比较而言，“三出头”等多个小戏连演的开场形式并不流行，已逐渐被单独一出的开场例戏所取代。这些简短开场例戏的传承，正是中华民族祈盼人丁兴旺、福寿双全、五谷丰登、财源广进、官运亨通、平安幸福等求吉文化心理的普遍反映。

4. 吉利喜庆好唱词

在祭神赛会等大型庆典及婚丧嫁娶等红白喜事活动中，现代民间至今仍喜爱聘请戏班搬演地方戏曲，尤其喜欢点演一些地方戏曲剧目中的经典唱段。这与演员唱腔的优美、妆容的雅致有一定关系，更重要的，这些经典唱段的唱词内容符合了民间普遍的娱乐祈吉心理。如《白雪遗音》卷三收录的这些来自旧时京城八角鼓的经典唱词：

今日大喜，喜的是千祥云集，
吉星高照，万事如意，好比那七子八婿郭子仪。
异草奇花庭前秉，丙灵宫的太子在阶前竖；
隶字对，写的是：年年寿同山岳永，岁岁福共海天齐。

——《今日大喜》

万寿无疆，江河湖海长。
长命富贵，金玉满堂。堂生瑞气，万事吉祥。

[罗江怨]纱窗儿外，月照花堂，
远远望见，紫雾飘扬，
魁星独坐在鳌鳌鳌头上。
手拿着朱笔，跟定文昌，
点你状元，陪伴君王，蟒袍玉带风风风飘荡。
[尾]祥云霭霭，紫雾霞光光闪闪，
闪出一副金丝对，挂在庭柱以上。
上写着：春风春月春光好，仁德仁心仁寿长。

——《万事如意》[1]

这些唱词中处处洋溢着的对国泰民安、福禄寿喜等内容的期盼，应是旧时八角鼓艺术在民间盛演不衰的重要原因之一。

除了唱说喜庆、吉利话语之外，一些传统民间戏曲的经典唱词还凭借独具特色的欢快语言营造出一种热闹、红火、欢乐的喜庆氛围。流行于山东青岛、高密一带的茂腔剧目《赵美蓉观灯》，全剧借助女主角的唱词极力展现了元宵灯火的喜庆、热闹，其唱词中描述的花灯大类就有四门灯、朝代灯、列国灯、庄稼灯、菜园灯、围场灯、昆虫灯、姻缘灯等多种，每大类中又含许多种，在此仅举笔者据录音整理的姻缘灯曲词为例：

比目鱼儿对对行，蝴蝶双双舞花丛。
天上飞的比翼鸟，对对鸳鸯游水中。
乐哈哈的老头灯，笑嘻嘻的老婆灯。
摇啊摆啊的相公灯，扭啊扭啊的女孩灯。
十八的大姐门口站，手里拿着个绣鞋灯。
东庄有个俊相公，西庄有个女花容。
年貌相当定姻缘，男婚女嫁把亲成。

① 华广生编：《白雪遗音》（卷三），中华书局，1959，第23页。

成亲就是小登科，旗锣伞扇高低行。

坐花轿，把亲迎，笙笛唢呐真好听。

新郎官，帽插宫花身披红，新娘子，凤冠霞帔耀眼明。

拜天地，拜祖宗，拜拜公爹和亲朋。

喝罢了合婚酒把亲成，小夫妻恩恩爱爱地度秋冬。

这段唱词中，名目繁多、寓意吉祥的花灯，如比目鱼灯、蝴蝶灯、比翼鸟灯、鸳鸯灯、老头灯、老婆灯、相公灯、女孩灯、绣鞋灯、新郎灯、新娘灯等，已然令观众神清目爽，心情愉悦。民间艺人又插入对郎才女貌、你情我愿的理想婚姻的成婚过程、婚庆场面甚至婚后幸福生活场景的联想和想象，更使观众满怀憧憬、心潮澎湃，沉浸在对美好生活的想象和期盼之中。这样深入人心的曲词，怎能不给人以欢乐祥和之感，怎能不受民众欢迎！

还有一些戏曲曲词则因其深厚浓郁的乡土气息、诙谐幽默的民间风格和对美好生活的真诚期盼而备受民间欢迎。如京剧《华容道》中，曹操有这样一段唱词："在曹营我待你恩高意好，上马金下马银美女红袍。保荐你寿亭侯爵禄不小，难道说你忘却了旧日故交！"这曲词一望便知是出自善于咬文嚼字的文人之手，虽用词高雅，合韵合辙，却很难得到目不识丁的普通民众的认可。但经过地方戏曲艺人的改编之后，曹操对关公的挽留之意更加情真意切，但曹操及其妻子却变成了地地道道的农夫农妇。如这则被多位现代文人作为笑谈的河南戏曲版唱词：

在许都我待你哪点儿不好，顿顿饭包饺子又炸油条。

你曹大嫂亲自下厨烧锅燎灶，大冷天只忙得热汗不消。

白面馍夹腊肉你吃腻了，又给你蒸一锅马齿菜包，

搬蒜臼还把蒜汁儿捣，萝卜丝儿拌香油调了一瓢……

我对你一片心苍天可表，有半点孬主意我是屌毛！[1]

每次读到或听到这段唱词，总是忍俊不禁，同时也无比佩服民间艺人的聪明才智。天天包饺子、炸油条，白面馍夹腊肉吃腻了，再吃马齿苋野菜包，外加大碗的醮蒜汁和成瓢的萝卜丝拌香油，普通民众梦寐以求的幸福生活就是这么简单，这么实在！这种幸福生活虽比不上京剧唱词中“上马金下马银美女红袍”的奢华富贵，但对普通民众而言，它看得见想得到，真实自然得就像他们不得不天天面对的黄土地，因而远比虚无缥缈的京剧唱词更易于理解和接受。

当然，这些充满地方色彩的喜庆唱词因地域所限，往往不能在更广范围内普及开来。能够在更广范围普及开来的民间吉祥曲词，一般都具有雅俗共赏、喜庆热闹的特色。如这段来自豫剧《五世请缨》的《一家人欢天喜地把我来请》：

一家人欢天喜地把我来请，佘太君我穿宅越院来到前厅。
众儿孙为我把寿诞庆，一个个膝下承欢满面春风，
年少人盼的是立功边境，年老人我喜的是一门忠贞。
老身我今年活了一百单七岁，眼不花，我这耳不聋，
腰不酸，我这腿不疼，先王爷他说我是老寿星（啊），
先王爷他说我是老寿星。
红罗朱缎扎门彩，青松翠柏（呀）搭寿棚。
扎（呀）扎门彩，搭（呀）搭彩棚；
寿棚上（啊）高悬着一对红纱灯，
那呀那么大（呀），那呀那么红，
下坠五色穗（儿），上面系红绳，
有一对大红喜蜡点在那正当中，
哟咳！那上面还画着个老寿星（啊）。

① 周同宾：《乡关回望：中原农耕笔记》，百花文艺出版社，2009，第159页。

进门来见一幅《麻姑献寿》，那（呀）一旁（啊）那一旁还有一个南极老仙翁。

寿桃寿果摆在正当中，哎哟哟呦呦，他嘴上鲜溜溜溜溜溜溜溜溜红（啊）。

天波府大大小小齐来把寿庆，猛想起小文广远镇边庭。

这几年虽不能在堂前孝敬，他也是遵庭训移孝作忠。

但愿他胜乃父，似乃祖，身先士卒杀敌制胜，早奏凯歌还汴京。①

这段唱词由年逾百岁、身体康健的老寿星佘太君演唱，其中的祝寿祈福意味不言自喻，而唱词中对年轻人保家卫国、建功立业、早奏凯歌的期盼和祝愿，更使此曲成为男女老幼人人喜爱的节庆曲目。

其他如现代京剧《红灯记》中的《都有一颗红亮的心》、评剧《朝阳沟》中的《亲家母，你坐下》以及传统京剧《贵妃醉酒》中的《海岛冰轮初转腾》、黄梅戏《天仙配》中的《夫妻双双把家还》等唱段，也都因共有的喜庆、热闹、欢快特色，至今仍是春晚、元宵晚会等全国性节日庆典上频频搬演的经典曲词。

5. 团团圆圆收场乐

民间戏曲中普遍存在的大团圆式结尾，迎合了中华民族尚圆祈吉的传统心理，也使采用此模式的民间戏曲成为节庆、庙会、堂会等喜庆活动中备受欢迎的项目。

早在《易经》时代，中华先民就形成了天圆地方、天尊地卑的自然观和社会伦理观，开启了中华民族尚圆的文化传统。在这种尚圆传统的影响下，我国民间戏曲形成了大团圆式结尾的固定模式。如王国维《红楼梦评论》中评小说和戏曲结构时说："始于悲者终于欢，始

① 方可杰主编，范丹珩执笔：《豫剧名段精选》，金盾出版社，2006，第 35-41 页。

于离者终于合，始于困者终于亨。非是而欲餍阅者之心，难矣。”[1]就是说，传统小说和戏曲作品，在情感安排上一般让观众先悲后喜，在人物安排上是让主人公先分离后团圆，在故事安排上则让主人公先艰难困苦、备受挫折而后万事亨通、一切如意，获得美满幸福的结果。这样的安排反映了基层民众渴求社会公平、希望人生美满的理想，使对现实生活怀有不满的观众能够获得精神上的暂时愉悦和满足。如明末诗人卢若腾在其《观剧偶作》诗中说：

老人年来爱看戏，看到三更不瞌睡。
所喜离合与悲欢，末后半场可人意。
模糊世界谁认真，满前脸花兼眉翠。
嗔喜之变在斯须，倏而狰狞倏妩媚。
……
插科打诨态转新，竟是收场成底事。[2]

这“末后半场”之所以“可人意”，正是因为它大团圆式结尾终结了所有的“离合与悲欢”，实现了经历过人生苦难的“老人”在现实生活中不能实现的美好愿望，而这也正是老年人“爱看戏”“看到三更不瞌睡”的根本原因。

正因以“老人”为代表的广大民众的喜爱，这种模式才会广为那些并未受过专业训练的民间戏曲艺人所采用，并受到那些终生舞文弄墨的文人戏曲家们的青睐，成为传统戏曲作品中最为普遍的结尾样式。京剧的经典之作大都采用了这种大团圆式结尾，如《玉堂春》《锁麟囊》的最终团圆，《打龙袍》的沉冤昭雪，《铡美案》的陈世美伏法等。另如传统的文人戏曲作品中，不仅许多正剧采用这种模式，如《西厢记》《牡丹亭》《倩女离魂》等的终成眷属，《包待制智斩鲁斋郎》《十五

① 傅杰、乌国义主编：《王国维全集》第1卷，浙江教育出版社，2009，第55页。
② 福建省戏曲研究所编：《福建戏史录》，福建人民出版社，1983，第51页。

贯》《瓦盆记》等的正义伸张等，就连那些原本充满了不可调和的矛盾冲突的剧本，也大都采用这种喜剧性结尾模式，如《窦娥冤》的昭雪冤情、《赵氏孤儿》的报仇雪恨、《长生殿》的月宫团圆、《鸣凤记》的献首祭告、《清忠谱》的锄奸慰民、《雷峰塔》的雷峰佛园，等等。

因此，以王国维、鲁迅为代表的一批近现代学者曾经猛烈抨击这种结尾模式，认为其中的乐观主义色彩大大削弱了剧本本身的悲剧性。胡适在其《文学进化观念与戏剧改良》一文中批评说："这种'团圆'的小说戏剧，根本说来，只是脑筋简单、思力薄弱的文学，不耐人寻思，不能引人反省。"甚至认为，"这种'团圆的迷信'乃是中国人思想薄弱的铁证！"[①] 以至有现代学者因此而评价说，中国传统戏曲中根本就没有真正意义上的"悲剧"！这种大团圆式的结尾模式，不仅使民间戏曲之美符合了中华民族传统的"中和"审美观，还使民间戏曲迎合了广大民众尚圆祈吉的文化心理，满足了人们借戏曲虚拟之圆满，补人生现实之缺陷的心理，进而使民间戏曲获得经久不衰的强大生命力，使这一结构模式成为中国传统戏曲屹立于国际戏剧之林的独有特色。

河北省宏艺河北梆子剧团 2013 年 8 月在山西五台山五爷庙的演出剧照

① 胡适著，朱正编选：《胡适文集》第 1 卷，花城出版社，2013，第 78 页。

如今，现代民间戏曲的大团圆式结尾还呈现出一个新的特点：喜剧色彩更加浓厚，戏剧冲突更加淡化。如经过历代民间艺人的改编之后，现代评剧《花为媒》、黄梅戏《女驸马》、吕剧《王小赶脚》、豫剧《朝阳沟》、淮剧《柜中缘》、楚剧《吵嫁妆》等地方戏曲剧目，无不极大地减弱了矛盾冲突的悲剧性，突出了戏曲的喜庆欢乐、祈福求吉特色。其中一些经典唱段,如《花为媒》中的“亲家母你坐下”、《女驸马》中的“谁料皇榜中状元”、《王小赶脚》中的“说济南道济南”等等，更是成为一度风靡全国、广受欢迎的节庆必演节目。在国泰民安、和谐稳定的当今社会中，这种结尾模式既是社会现实的真切反映，也是时代进步的必然选择。

最后，需要指出的是，在现代科学知识不断进步、多媒体传播技术日趋成熟以及数字电视、计算机、手机等新媒体形态日益普及的现状下，传统民间戏曲的发展前景极其堪忧，建立在传统驱恶祈吉习俗基础上的民间吉祥戏曲的发展前景也并不乐观。如上图为河北省宏艺河北梆子剧团 2013 年 8 月在山西五台山旅游景点五爷庙的演出照，其搬演的虽是传统剧目，但显然与五爷庙庙会或节庆毫无关系。潦草的舞台设计、大幅缩减的乐队规模、寥寥无几的流动观众，都显示了传统民间戏曲所面临的窘困状态。

参考文献

一、专著

[1] 江西省音乐工作组 . 宁都地方戏音乐 [M]. 南昌：江西人民出版社，1954.

[2] 王重民 . 敦煌曲子词集 [M]. 北京：商务印书馆，1954.

[3] 叶俊英 . 中国民歌集 [M]. 上海：上海三民图书公司，1954.

[4] 任二北 . 敦煌曲校录 [M]. 上海：上海文艺联合出版社，1955.

[5] 杜文澜 . 古谣谚 [M]. 周绍良，校点 . 北京：中华书局，1958.

[6] 广西省群众艺术馆 . 广西民间音乐选集（第二届民间会演 音乐资料）[M]. 南宁：广西人民出版社，1958.

[7] 中国戏曲研究院 . 中国古典戏曲论著集成 [M]. 北京：中国戏剧出版社，1959.

[8] 华广生 . 白雪遗音 [M]. 北京：中华书局，1959.

[9] 刘禺生 . 世载堂杂忆 [M]. 钱实甫，点校 . 北京：中华书局，1960.

[10] 崔寔 . 四民月令校注 [M]. 石声汉，校注 . 北京：中华书局，1965.

[11] 章诗同 . 荀子简注 [M]. 上海：上海人民出版社，1974.

[12] 郭茂倩 . 乐府诗集 [M]. 北京：中华书局，1979.

[13] 蒋星煜 . 以戏代药 [M]. 广州：广东人民出版社，1980.

[14] 阮元 . 十三经注疏（附校勘记）[M]. 北京：中华书局，1980.

[15] 杨荫浏 . 十番锣鼓 [M]. 北京：人民音乐出版社，1980.

[16] 中国旅游出版社 . 敦煌飞天 [M]. 北京：中国旅游出版社，

1980.

[17] 高厚永．民族器乐概论 [M]. 南京：江苏人民出版社，1981.

[18] 吴自牧．梦粱录 [M]. 杭州：浙江人民出版社，1981.

[19] 富察敦崇．燕京岁时记 [M]. 北京：北京古籍出版社，1981.

[20] 张岱．陶庵梦忆 西湖梦寻 [M]. 马兴荣，点校．上海：上海古籍出版社，1982.

[21] 逯钦立．先秦汉魏晋南北朝诗 [M]. 北京：中华书局，1983.

[22] 项春松．辽代壁画选 [M]. 上海：上海人民美术出版社，1984.

[23] 屈大均．广东新语 [M]. 北京：中华书局，1985.

[24] 张朋川，张宝玺等．嘉峪关魏晋墓室壁画 [M]. 北京：人民美术出版社，1985.

[25] 云南省民间文学集成编辑办公室．云南彝族歌谣集成 [M]. 昆明：云南民族出版社，1986.

[26] 朱锡禄．武氏祠汉画像 [M]. 济南：山东美术出版社，1986.

[27] 陈天国．潮州大锣鼓 [M]. 北京：人民音乐出版社，1987.

[28] 任二北．敦煌歌辞总编 [M]. 上海：上海古籍出版社，1987.

[29] 宗懔．荆楚岁时记 [M]. 宋金龙，校注．太原：山西人民出版社，1987.

[30] 王廷绍．霓裳续谱 [M]. 上海：上海古籍出版社，1987.

[31] 冯梦龙，王廷绍，华广生．明清民歌时调集 [M]. 上海：上海古籍出版社，1987.

[32] 郑传寅．传统文化与古典戏曲 [M]. 武汉：湖北教育出版社，1990.

[33] 翟作正．中国歌谣集成（河南焦作卷）[M]. 内部资料，1990.

[34] 傅正谷．唐代音乐舞蹈杂技诗选释 [M]. 北京：人民音乐出版社，1991.

[35] 田仲一成．中国的宗族与戏剧 [M]. 上海：上海古籍出版社，1992.

[36] 鲁文忠．中国古代音乐诗 200 首 [M]. 上海：上海音乐出版社，1993.

[37] 吐鲁番地区文物中心．高昌壁画辑佚 [M]. 乌鲁木齐：新疆人民出版社，1995.

[38] 阎水村．淄博民间锣鼓 [M]. 济南：山东友谊出版社，1995.

[39] 李国珍．大唐壁画 [M]. 西安：陕西旅游出版社，1996.

[40] 叶春生．岭南俗文学简史 [M]. 广州：广东高等教育出版社，1996.

[41] 河北省文物考古研究所．历代铜镜纹饰 [M]. 石家庄：河北美术出版社， 1996.

[42] 中国舞蹈艺术研究会舞蹈史研究组．全唐诗中的乐舞资料 [M]. 北京：人民音乐出版社，1996.

[43] 牛龙菲．敦煌壁画乐史资料总录与研究 [M]. 兰州：敦煌文艺出版社，1996.

[44] 陈振裕．中国漆器全集（第一卷）[M]. 福州：福建美术出版社，1997.

[45] 董锡玖，刘峻骧．中国舞蹈艺术史图鉴 [M]. 长沙：湖南教育出版社，1997.

[46] 盖山林，盖志浩．中国岩画图案 [M]. 上海：上海三联书店，1997.

[47] 徐艺乙，陈健．中国收藏小百科——木版年画 [M]. 济南：山东科学技术出版社，1997.

[48] 吴纳，徐师曾．文体明辨序说 [M]. 北京：人民文学出版社，1998.

[49] 周君言 . 明清民居木雕精粹 [M]. 上海：上海古籍出版社，1998.

[50] 左汉中 . 中国吉祥图案大观 [M]. 长沙：湖南美术出版社，1998.

[51] 姜亮夫等 . 先秦诗鉴赏辞典 [M]. 上海：上海辞书出版社，1998.

[52] 孔繁明 . 山东鼓吹乐 [M]. 济南：山东文艺出版社，1998.

[53] 孙培松 . 敦煌壁画・魏晋南北朝 [M]. 南京：江苏美术出版社，1998.

[54] 王国维，叶长海 . 宋元戏曲史 [M]. 上海：上海古籍出版社，1998.

[55] 王仁湘，贾笑冰 . 中国史前文化 [M]. 北京：商务印书馆，1998.

[56] 张彤，耿默 . 中国民间吉祥艺术博览 [M]. 沈阳：辽宁美术出版社，1998.

[57] 陈元靓 . 事林广记 [M]. 北京：中华书局，1999.

[58] 何积全 . 苗族文化研究 [M]. 贵阳：贵州人民出版社，1999.

[59] 祈本隆，孙丽编著 . 灯彩与秧歌 [M]. 济南：济南出版社，1999.

[60] 喻再华等 . 秀山花灯 [M]. 内部参考资料，1999.

[61] 陈振裕 . 中国古代漆器造型纹饰 [M]. 武汉：湖北美术出版社，2000.

[62] 尚会鹏 . 闹洞房 [M]. 北京：中央民族大学出版社，2000.

[63] 李振球，乔晓光 . 中国民间吉祥艺术 [M]. 哈尔滨：黑龙江美术出版社，2000.

[64] 杨向东，杨晨雄，杨天福 . 中国民间吹打乐 [M]. 长沙：湖南

文艺出版社，2000.

[65] 张连 . 中国戏曲舞台美术史论 [M]. 北京：文化艺术出版社，2000.

[66] 常人春，张卫东 . 喜庆堂会：旧京寿庆礼俗 [M]. 北京：北京学苑出版社，2001.

[67] 蓝克宽，蓝正祥 . 背带歌 [M]. 南宁：广西美术出版社，2001.

[68] 罗梅君 . 北京的生育婚俗和丧葬 [M]. 北京：中华书局，2001.

[69] 刘义庆 . 世说新语校笺 [M]. 徐震堮，校笺 . 北京：中华书局，2001.

[70] 杨修生 . 中国民族器乐名曲赏析 [M]. 长春：吉林音像出版社，2001.

[71] 张静波 . 民族器乐赏析 [M]. 昆明：云南大学出版社，2001.

[72] 冯俊杰 . 山西戏曲碑刻辑考 [M]. 北京：中华书局，2002.

[73] 李惠芳 . 湖北民俗 [M]. 兰州：甘肃人民出版社，2002.

[74] 王树树 . 中国年画史 [M]. 北京：北京工艺美术出版社，2002.

[75] 覃九宏 . 传统礼仪山歌 [M]. 南宁：广西民族出版社，2002.

[76] 张振涛 . 冀中乡村礼俗中的鼓吹乐——音乐会 [M]. 济南：山东文艺出版社，2002.

[77] 郑岩 . 魏晋南北朝壁画墓研究 [M]. 北京：文物出版社，2002.

[78] 孙建君，高金龙 . 民间面具 [M]. 武汉：湖北美术出版社，2002.

[79] 李清 . 梼杌闲评 [M]. 长春：时代文艺出版社，2003.

[80] 李福顺 . 中国美术史 [M]. 重庆：西南师范大学出版社，2003.

[81] 龙建国 . 诸宫调研究 [M]. 南昌：江西人民出版社，2003.

[82] 王克芬 . 中国舞蹈发展史（修订本）[M]. 上海：上海人民出版社，2003.

[83] 王子初 . 中国音乐考古学 [M]. 福州：福建教育出版社，2003.

[84] 郑传寅 . 中国戏曲文化概论 [M]. 武汉：武汉大学出版社，2003.

[85] 重庆音协 . 黄杨扁担——重庆秀山花灯歌曲集 [M]. 重庆：西南师大出版社，2003.

[86] 刘秋霖等 . 中华吉祥画与传说 [M]. 北京：中国文联出版社，2003.

[87] 陈永，孟宪辉 . 中国民间音乐概论 [M]. 武汉：华中师范大学出版社，2004.

[88] 陈水根 . 鄱湖棹歌研究 [M]. 南昌：江西人民出版社，2004.

[89] 陈佩芬 . 夏商周青铜器研究 [M]. 上海：上海古籍出版社，2004.

[90] 郭道荣 . 清早起来就上坡 [M]. 北京：科学技术文献出版社，2004.

[91] 黄洁等 . 重庆土家族民歌选集 [M]. 北京：中国文史出版社，2004.

[92] 王希彦 . 山东民间器乐概论 [M]. 济南：山东文艺出版社，2004.

[93] 吴梅 . 中国戏曲概论 [M]. 北京：中国人民大学出版社，2004.

[94] 吴裕成 . 中国的门文化 [M]. 天津：天津人民出版社，2004.

[95] 杨循吉等 . 吴中小志丛刊 [M]. 陈其弟，点校 . 扬州：广陵书社，2004.

[96] 谢桂华 . 民间年画 [M]. 石家庄：河北少年儿童出版社，2004.

[97] 岳邦湖等 . 岩画及墓葬壁画 [M]. 兰州：敦煌文艺出版社，2004.

[98] 朱万曙，卞利 . 戏曲 · 民俗 · 徽文化论集 [M]. 合肥：安徽大

学出版社，2004.

[99] 北京文物鉴赏编委会 . 商周青铜器 [M]. 北京：北京美术摄影出版社，2005.

[100] 康保成 . 傩戏艺术源流 [M]. 广州：广东高等教育出版社，2005.

[101] 薛瑞兆 . 宋金戏剧史稿 [M]. 北京：生活・读书・心知三联书店，2005.

[102] 王树树 . 中国门神画 [M]. 天津：天津人民出版社，2005.

[103] 吴晓玲 . 撒帐词 [M]. 桂林：广西师范大学出版社，2006.

[104] 关也维 . 唐代音乐史 [M]. 北京：中央民族大学出版社，2006.

[105] 杨衒之 . 洛阳伽蓝记校笺 [M]. 杨勇，校笺 . 北京：中华书局，2006.

[106] 李期博等 . 哈尼族习俗歌（汉哈对照）[M]. 昆明：云南民族出版社，2006.

[107] 齐易 . 中国民族民间音乐 [M]. 保定：河北大学出版社，2006.

[108] 吕肖焕 . 中国古代民谣研究 [M]. 成都：巴蜀书社，2006.

[109] 吴藕汀 . 词名索引（增补本）[M]. 北京：中华书局，2006.

[110] 柯杨 . 民间歌谣 [M]. 北京：中国社会出版社，2006.

[111] 六安市政协 . 安徽文史资料书・六安卷 [M]. 合肥：安徽人民出版社，2006.

[112] 王杰文 . 民间社火 [M]. 北京：中国社会出版社，2006.

[113] 王世雄，刘永根，临沧市文化局 . 云南佤族 民间舞蹈 [M]. 昆明：云南民族出版社，2006.

[114] 赵承楷，江继其 . 走进汉画 [M]. 上海：上海书店出版社，

2006.

[115] 韩毅峰 . 祝酒辞大全 [M]. 北京：中国社会出版社，2007.

[116] 吕品田 . 中国民间美术观念 [M]. 长沙：湖南美术出版社，2007.

[117] 牛存明 . 图像生存：汉画像田野考察散记 [M]. 南宁：广西人民出版社，2007.

[118] 潘嘉来 . 中国传统核雕 [M]. 北京：人民美术出版社，2007.

[119] 施维 . 中国民族器乐作品解读 [M]. 上海：上海音乐学院出版社，2007.

[120] 王兆乾，吕光群 . 中国傩文化 [M]. 汕头：汕头大学出版社，2007.

[121] 吴晟 . 明人笔记中的戏曲史料 [M]. 南昌：江西人民出版社，2007.

[122] 徐华 . 赤裸的性灵——中国古代民歌民谣 [M]. 成都：天地出版社，2007.

[123] 夏兰 . 中国戏曲文化史 [M]. 北京：时事出版社，2007.

[124] 肖惠华 . 中国彝族酒歌（楚雄辑）[M]. 昆明：云南民族出版社，2007.

[125] 叶明生 . 莆仙戏剧文化生态研究 [M]. 厦门：厦门大学出版社，2007.

[126] 赵声良 . 艺苑瑰宝：莫高窟壁画与彩塑 [M]. 兰州：甘肃教育出版社，2007.

[127] 耿东升 . 中国陶器定级图典 [M]. 上海：上海辞书出版社，2008.

[128] 范兴儒 . 敦煌飞天 [M]. 兰州：敦煌文艺出版社，2008.

[129] 江西省非物质文化遗产保护研究中心，江西省艺术档案馆 . 江

西省第一批省级非物质文化遗产名录图典 [M]. 南昌：江西教育出版社，2008.

[130] 王树树 . 中国民间门神艺术史话 [M]. 天津：百花文艺出版社，2008.

[131] 王山水，张月贤 . 陕西民居木雕集 [M]. 西安：三秦出版社，2008.

[132] 王洪震 . 石头的史诗—徐州汉画拓片精品九十九 [M]. 深圳：大中华文化出版社，2008.

[133] 尹秀凤 . 实用民间剪纸艺术 [M]. 北京：清华大学出版社，2008.

[134] 中国文物学会专家委员会 . 中国文物大辞典 [M]. 北京：中央编译出版社，2008.

[135] 包耀新 . 宁夏鼓吹乐考察研究 [M]. 银川：宁夏人民出版社，2009.

[136] 常熟市文化局 . 中国白茆山歌集 [M]. 上海：上海文艺出版社，2009.

[137] 陈其射 . 中国音乐历程 [M]. 北京：中国广播电视出版社，2009.

[138] 何直升，陶根德 . 舟山锣鼓 [M]. 杭州：浙江摄影出版社，2009.

[139] 河南博物馆 . 河南文物故事・青铜篇 [M]. 郑州：海燕出版社，2009.

[140] 罗斌，朱梅 . 舞龙舞狮 [M]. 北京：中国文联出版社，2009.

[141] 牛天伟，金爱秀 . 汉画神灵图像考述 [M]. 郑州：河南大学出版社，2009.

[142] 马芳 . 民间喜庆剪纸 [M]. 长沙：湖南美术出版社，2009.

[143] 殷伟 . 钟馗 [M]. 北京：文物出版社，2009.

[144] 左汉中 . 中国吉祥图像大观（修订本）[M]. 长沙：湖南美术出版社，2009.

[145] 王国轩，王秀梅译注 . 孔子家语 [M]. 北京：中华书局，2009.

[146] 洛阳市文物管理局，洛阳古代艺术博物馆 . 洛阳古代墓 葬壁画 [M]. 中州古籍出版社，2010.

[147] 曲艳玲，王伟 . 云南纸马的艺术人类学解读 [M]. 昆明：云南大学出版社，2010.

[148] 孙方友 . 乐神葛天 [M]. 北京：中国工人出版社，2010.

[149] 欧阳琳，史苇湘，史敦宇，鑫洵瑨 . 敦煌壁画复原精选 [M]. 兰州：甘肃文化出版社，2010.

[150] 张道一 . 吉祥文化论 [M]. 重庆：重庆大学出版社，2011.

[151] 杜兴海，杜运通 . 中国古代音乐文学精品评注 [M]. 北京：线装书局，2011.

[152] 关红编 . 中国最美皮影 [M]. 武汉：湖北美术出版社，2013.

[153] 金秋 . 国家级非物质文化遗产名录：中国少数民族民间舞蹈赏析 [M]. 郑州：郑州大学出版社，2013.

[154] 刘莹 . 中国最美面具脸谱 [M]. 武汉：湖北美术出版社，2013.

[155] 郃高娣 . 中国最美年画 [M]. 武汉：湖北美术出版社，2013.

[156] 赵文成 . 中国最美泥塑 [M]. 武汉：湖北美术出版社，2013.

[157] 胡晓东 . 赣中南打八仙音乐文化 [M]. 重庆：西南师范大学出版社，2014.

[158] 周连科 . 辽宁文化记忆 · 非物质文化遗产 [M]. 沈阳：辽宁人民出版社，2014.

[159] 刘晓明 . 中国符咒文化研究 [M]. 北京：中央编译出版社，2014.

[160] 原源 . 精神世界里的欢愉：云南边境民族的民间信仰 [M]. 昆明：云南大学出版社，2015.

[161] 中国人民政治协商会议广西河池市委员会 . 广西河池非物质文化遗产荟萃 [M]. 南宁：广西人民出版社，2016.

二、期刊论文

[1] 赵景琛 . 采茶歌中的宋元南戏 [J]. 中国戏剧，1962（9）.

[2] 褚斌杰 . 论《楚辞・九歌》的来源、构成和性质 [J]. 河北大学学报（哲学社会科学版），1995（2）.

[3] 宋彦丽 . 中国古代玉器中的佩蝉、琀蝉与冠蝉 [J]. 文物春秋，1996（1）.

[4] 欧阳可惺，陈增甫 .《周易》中的民间歌谣琐议 [J]. 通化师范学院学报，1997（4）.

[5] 韩高年 .《诗经・小雅・鱼丽》篇发微 [J]. 西北师大学报（社会科学版），1997（6）.

[6] 张剑 . 论《周易》卦爻辞歌谣的艺术特色 [J]. 兰州大学学报（社会科学版），1998（2）.

[7] 倪润安 . 论两汉四灵的源流 [J]. 中原文物，1999（1）.

[8] 段学俭 .《诗经》中“南山”意象的文化意蕴 [J]. 辽宁师范大学学报（社会科学版），1999（3）.

[9] 张琴 . 唐代民歌“竹枝”与文人竹枝词 [J]. 山西大学师范学院学报，1999（3）.

[10] 史晓蕾 . 吉祥绘画发展概况 [J]. 东南文化，1999（6）.

[11] 路应昆 . 明代“弦索调”略考 [J]. 天津音乐学院学报（天籁），2000（1）.

[12] 王玉金．从汉画看汉代辟邪风俗 [J]. 民俗研究，2000（2）.

[13] 莫道才．生命的终结——汨罗民间丧葬招魂习俗考察札记 [J]. 民族艺术，2000（4）.

[14] 张国强．西厢记诸宫调初探 [J]. 中国音乐学（季刊），2002（2）.

[15] 邢怒海．焦作传统婚俗文化与民间歌谣 [J]. 焦作师范高等专科学校学报，2003（4）.

[16] 易心．生活再造之美——谈民间剪纸艺术造型的审美意蕴 [J]. 浙江工艺美术，2003（4）.

[17] 武东．魏晋玄学对绘画创造的影响 [J]. 装饰，2004（9）.

[18] 段文．宋代音乐的转型及起因探微 [J]. 德州学院学报，2005（1）.

[19] 孙敏．中原出土先秦青铜乐器论略 [J]. 音乐研究，2005（2）.

[20] 张学正．近百年来戏曲文献的重要发现及其意义 [J]. 学术交流，2005（5）.

[21] 陈四海，卫雪怡．汉画像石中的建鼓 [J]. 寻根，2006（1）.

[22] 尹宣胜．祛魅与魏晋山水画的勃兴 [J]. 贵州大学学报（艺术版），2006（1）.

[23] 安宁．唐铜镜纹饰的造型、结构、造意 [J]. 美与时代，2006（2）.

[24] 孙长初．汉画像石“铺首衔环”图像解析 [J]. 南京艺术学院学报（美术与设计版），2006（3）.

[25] 尹占华．唐人酒席间的歌舞与酒令 [J]. 中国典籍与文化，2006（4）.

[26] 王小平．《扬州画舫录》与清代扬州的音乐活动 [J]. 艺术百家，2006（5）.

[27] 翁敏华．门神信仰及戏曲舞台上的门神形象 [J]. 中华戏曲，2007（1）.

[28] 张万爽，关佳琦．古帝婚姻礼赞——读《涂山歌》[J]. 青海师

范大学民族师范学院学报，2007（2）.

[29] 刘亦群 . 从史前岩画看中国原始舞蹈的艺术特征 [J]. 西安文理学院学报（社会科学版），2007（2）.

[30] 史纲 . 民间艺术审美意识 [J]. 当代艺术，2007（4）.

[31] 李静 . 略论明清堂会演剧的仪式特征 [J]. 华南师范大学学报（社会科学版），2007（4）.

[32] 宁胜克 . 诗经中 26 种乐器的文化解读 [J]. 江西社会科学，2007（5）.

[33] 李健 . 宋代院体风范影响下的晋冀地区民间美术 [J]. 艺术百家，2007（6）.

[34] 陈雪飞 . 民间舞蹈商业化"剧场"雏形——宋代"勾栏"探析 [J]. 职业圈，2007（09S）.

[35] 王厉冰，赵丰 . 汉代丝绸纹样中的祥瑞意念及题材 [J]. 丝绸，2007（11）.

[36] 吴志武 .《新定九宫大成南北词宫谱》收录的元明杂剧考 [J]. 天津音乐学院学报，2008（1）.

[37] 王胜男 . 试论南北西厢记的宫调曲牌 [J]. 西南交通大学学报（社会科学版），2008（1）.

[38] 赵昌 . 汉代铜镜的历史文化内涵 [J]. 济源职业技术学院学报，2008（3）.

[39] 孙发成 ."老鼠嫁女"年画的意义解读 [J]. 北京理工大学学报（社会科学版），2008（3）.

[40] 林移刚 . 浅析中原地区狮舞渊源及其流变 [J]. 时代文学，2008（4）.

[41] 焦林 . 汉代西王母龙虎座文化含义研究 [J]. 美苑，2008（5）.

[42] 田率 . 从《诗经》中的"束薪"看古代婚俗 [J]. 宁夏社会科学，

2008（6）.

[43] 吕宗力 . 略谈民间歌谣在汉代的政治作用及相关迷思 [J]. 社会科学战线，2008（9）.

[44] 邵学海 . 先秦绘画诸问题 [J]. 湖北美术学院学报，2009（2）.

[45] 赵永寿 . 民和马营“神鼓舞”唱词 [J]. 中国土族，2009（2）.

[46] 韩永林，吴晓玲 . 汉画像石中“三鱼同首”图像的艺术造型辨析 [J]. 雕塑，2009（2）.

[47] 李菲，刘斌 . 湖北房县出土摇钱树考 [J]. 四川文物，2009（4）.

[48] 王沪川 . 四川省南部县傩舞的民间特色与传承 [J]. 西南大学学报（社会科学版），2009（4）.

[49] 曲艳玲 . 试论民间吉祥美术的审美功利主义色彩 [J]. 作家（下半月），2009（8）.

[50] 杨冬连 . 史学家视野下方相氏的形象及行傩意义 [J]. 新乡学院学报（社会科学版），2010（1）.

[51] 李延浩，杨向东 . 藏族原始“拟兽舞”考察 [J]. 北京舞蹈学院学报，2010（2）.

[52] 刘倩倩 . 拟兽舞蹈初探——以鄂伦春黑熊搏斗舞为中心 [J]. 北方音乐，2010（2）.

[53] 祝静，郁明 . 汉画像石牛耕图给人的启示 [J]. 徐州史志，2010（4）.

[54] 严屏，霍静 . 元代道教壁画艺术的典范——《朝元图》研究 [J]. 兰台世界，2014（26）.

[55] 龚世学 . 论《五瑞图》与《西狭颂》的图文关系，[J]. 文艺评论，2015（7）.

[56] 黄晶晶 . 嘉祥“鲁西南鼓吹乐”班社的传承与演变 [D]. 天津：天津音乐学院，2009.

后　记

作为中华吉祥文化的象征之一，民间吉祥艺术一直深深植根于中华民族的日常生活之中，并潜移默化地影响着每一位中华儿女。从小，我们就接触到门神年画、窗花剪纸、过年谣、扭秧歌、舞龙舞狮、贺婚鼓乐、庙会大戏等民间艺术样式。但是，大多数人几乎从未意识到：这些在我们日常生活中普遍存在的美术、歌谣、舞蹈、器乐、戏曲作品，就是民间吉祥艺术的重要组成部分，更是中华传统吉祥文化的重要载体。

2010 年，在郭泮溪先生的引导下，我有幸参与了刘德龙、党明德、张廷兴、王加华等先生组织的“中华吉祥文化”丛书的撰写工作。在数年来的不断学习和努力探索中，我这个像大多数人一样从未将这些日常可见的民间艺术样式当作艺术的人，逐渐认识到其特有的吉祥内涵与文化价值。数年来的多次统稿会，更使我受益匪浅：我不仅有幸结识参与丛书撰写工作的诸位学界同仁和泰山出版社的梁晓东总编、王艳艳编辑等同行，也从最初对民间吉祥艺术的无甚感觉发展到现在的“兴致勃勃”，我所接手的民间艺术卷则从最初的提纲扩充成现在丰富的内容。

完稿之际，我的心中充满了感激：感谢郭泮溪先生引导我走进这个博大的学术和艺术领域，感谢丛书编委会刘德龙、王加华等先生的不懈指导和及时督促，感谢泰山出版社梁晓东总编、王艳艳等编辑的辛勤付出，感谢青岛大学提供的良好工作和学术环境，感谢冯师国荣、窦师秀艳无偿给予的学术指导和诸多异地调研机会，感谢宋亚莉、范兴昕、王术臻、焦绪霞等同事及北京鲁强、江西师范大学冷纪平和刘爱华、高密赵鹏等友人及时提供的珍贵资料和图片，感谢我的家人和亲戚朋友长期给予的无穷支持和深厚期盼。

交稿之际,我的心中充满了忐忑。一是民间艺术的内涵包罗万象,本书却将民间吉祥艺术的内涵界定为驱恶辟邪、祈吉求福、欢庆祝贺三大类;民间艺术的外延无边无际,本书却将民间吉祥艺术的外延界定为美术、歌谣、舞蹈、器乐、戏曲五大类。这样的界定是否合乎学术传统和学术规范,我其实并无十分把握。二是本书初拟在追溯民间吉祥艺术发展演变的过程中,简述其各自的艺术特色,探寻促进其活态传承的历史、文化因素,但实际写作过程中,囿于个人能力,却未能凸显这一点。即将交稿之际,诚惶诚恐,寝食难安。然而,俗语说得好:丑媳妇总得见公婆。敬祈方家批评斧正。

潘文竹

2018 年 7 月 20 日写于青大浩园